和聪明的投资者一起学习投资

生活中的投资学

普通投资者的股市盈利之道

正确的理念、正确的方法，可以帮助普通人成就伟大的投资

小生活、大智慧，源于生活的投资常识，

也是普通投资者必须掌握的制胜法宝

我是腾腾爸◎著

中国经济出版社
CHINA ECONOMIC PUBLISHING HOUSE

·北 京·

图书在版编目（CIP）数据

生活中的投资学：普通投资者的股市盈利之道／我是腾腾爸著.
北京：中国经济出版社，2017.9（2021.1 重印）
ISBN 978-7-5136-4885-1
Ⅰ.①生… Ⅱ.①我… Ⅲ.①股票投资—基本知识 Ⅳ.①F830.91
中国版本图书馆 CIP 数据核字（2017）第 237281 号

责任编辑　燕丽丽
责任印制　巢新强
封面设计　任燕飞

出版发行　中国经济出版社
印 刷 者　北京力信诚印刷有限公司
经 销 者　各地新华书店
开　　本　710mm×1000mm　1/16
印　　张　20.25
字　　数　250 千字
版　　次　2017 年 9 月第 1 版
印　　次　2021 年 1 月第 4 次
定　　价　56.00 元
广告经营许可证　京西工商广字第 8179 号

中国经济出版社　**网址** www.economyph.com　**社址** 北京市东城区安定门外大街 58 号　**邮编** 100011
本版图书如存在印装质量问题，请与本社销售中心联系调换（联系电话：010-57512564）

生活中的投资学

目录

第一章

一个家庭的兴盛：投资与投资者的战略

首先声明，我是计划写一本关于投资的书，而不是单纯地告诉大家一个煽情的励志故事。

但是为了形象而生动地说明问题，我不得不从讲述一个家庭的故事开始。

01 困难与进步

生存之困

我们家在农村是小门小户。我爷爷只活到二十岁，在战乱时代，死于一场惊吓。留下我两岁的父亲和奶奶腹中尚未出世的姑姑。奶奶带着父亲、姑姑，生活得十分困苦。父亲天生聪慧，上学成绩极好，但因为贫困，只上到小学四年级就被迫辍学了。姑姑干脆一天学也未上。父亲辍学之后，以十一二岁的年龄在生产队里当记分员，开始为家里攒工分挣口粮。可能是备受人丁不兴之苦，父亲对生育孩子备感兴趣。他和我母亲一口气生下七个孩子，最终存活下来五个，三男两女。我是老小。

我们一家七口，全靠父亲一个劳力赚钱养家，家境之艰苦，可想而知。十岁那年，上小学五年级，因为跟着老师参加数学竞赛，我才第一次去了饭馆，第一次在饭馆里喝上了一碗传说中的羊肉汤——以前哥哥姐姐总是告诉我羊肉汤不好喝，因为羊肉太膻了。但喝过羊肉汤之后我才知道，他们都错了，羊肉很香，很好吃。

以前农村的会计报酬极低，难以养家糊口。而家中吃饭的嘴多、干活的手少这一基本现实，则时刻提醒着父亲！他无法以力服人，唯有以巧取胜。左右衡量之后，父亲看上了木匠这个行当。当时邻村有个木匠，手艺很好，父亲想去拜师学艺，被一口回绝。后来他年老体衰，父亲就跑过去，无偿给他打下手。老木匠光让干活，不给讲解道理。父亲一天劳累后，回家再自己琢磨。渐渐地，竟然开窍。后来父亲开始拉着橱子、柜子赶集，四处售卖，老木匠才喟然长叹，见人即夸我父亲勤劳聪慧，免费推介。

前后易位，果然天道酬勤是也。

父亲暗习手艺时，曾经为花五毛钱买一把斧头与我母亲大吵一架：在母亲看来，五毛钱能买一家人一个星期的油盐酱醋，而买一把冷冰冰的铁疙瘩，管吃还是管喝呢？后来父亲用这一把斧头开始养活全家以后，常常拿这个例子取笑母亲或自我炫耀。他忍屈受辱、勤学苦练，终于习得一门手艺，首次建立了自己的能力圈，而且迥异于平常村里人，并且依靠这门手艺，可以养家糊口——是的，作为一个男人，他的确有资格自我炫耀。

无论多么艰难困苦，都不要失去追求更好生活的心，就像一株草，生在石缝中，依然顽强坚定。生存下来，这是一个家庭开始走向兴盛的第一步。

跃出农门

家中孩子多，家庭的总资源又是那么有限，我们兄弟姊妹几人的上学问题渐渐成为父母第一大头疼的事儿。

我大哥是父亲的长子，父亲对他寄予厚望。实事求是地说，大哥的成绩不如大姐好，考虑到家庭负担，父亲咬咬牙，还是做出了让大姐辍学的决定。大姐辍学的时候，大哥已经上了高中，懂事了，格外珍惜自己来之不易的学习机会。几经努力，终于考上了省人民警察学校。他是我们兄妹五人中第一个跃出农门的孩子。

后来大哥被分配到县公安局，从刑侦基层干起，一路苦拼，由普通民警到副队长、队长、副局长，曾经被评为全省优秀人民警察，荣立过个人二等功一次，个人三等功七次。

大哥的成功给我们开了好头。后来二姐和我，也都相继依靠考学跃出了农门。二哥因为调皮捣蛋，总是跟老师作对，最终没能完成学业，上到小学五年级就回家务农了。

后来回忆我们兄妹几人的学业问题，父亲曾总结说，最不遗憾的是我二哥，因为他自己太过顽皮，致有今日；最遗憾后悔的，是大姐。因为大姐的成绩非常好，如果坚持到底的话，一定可以通过考试改变命运。

后来大姐在农村找了婆家。她出嫁后的某一天，父亲谈及大姐的命运，突然在家人面前痛哭流涕。父亲说："那时候虽然穷，但也没有穷到完全没有办法的地步。要是再咬咬牙就好了，大妮就不会窝在农村受苦了。"前两年母亲告诉我，父亲直到现在，还会在睡觉时梦到当初决定大姐是否辍学的事情。母亲说："你父亲都是哭着醒来的。"

这件事，给了我很大的触动。多年来，母亲一直告诉我，大姐辍学一方面是因为大哥，另一方面也是因为我——当时我很小，二哥、二姐刚上小学，大姐辍学回家，也有看护我的考虑。

八岁之前，我是在大姐背上长大的。

后来，二姐当了小学教师。我也考上学，毕业后通过社招的方式，考取了县公安局的公务员。我从一名小职员做起，一路升迁。在我三十四岁那年，已经干了四年派出所所长。当时风头正劲，是单位里数一数二的业务标兵，进党委的呼声甚高。大哥时任副局长，因为回避关系，组织上把他调到法院工作。这样，才有了我今天的进步。

我曾经两次被评为省级优秀人民警察，一次荣立个人二等功，三次荣立个人三等功。跟大哥二十余年的刑警生涯相比，我在秘书和派出所的岗位上，也干得风生水起。作为从农村出来的孩子，能有今天的成绩，我们已经非常知足。

大姐虽然生活在农村，但特别吃苦耐劳，又头脑灵活，日子过得比一般人好得多。目前我们五兄妹中，只有二哥条件差些，结婚后一口气生了三个孩子，家庭负担也重。但兄妹互相帮衬，日子过得去，早已没有父辈那般的艰辛和酸苦。

大哥的女儿法律研究生毕业后，通过公务员考试，以第一名的成绩，进入某市公安局，成为大哥乃至全家的骄傲。大姐的儿子，遗传了父母的聪明基因，考上东北的一所大学，现在省内一家国企工作，找的对象是研究生同学。他算是完成了大姐未完成的心愿。二姐有一女儿，成绩很棒，学医的，目前已上大四，正信心百倍地筹划考研事宜。我和二哥的孩子尚小，都还在高中以下的求学阶段。剩下的这几个孩子，要么天生聪明，要么身负一种勤劳的秉性。最重要的是，他们再也不用经受他们父辈们曾经受到过的困苦了。

化蛹为蝶

有一天，二姐的女儿跟我聊天，聊她目前的大学生活，未来的研究生志愿甚至更长久的人生规划，我听了，心下欢喜，忍不住地跟她聊起了我们这个家庭的奋斗史。聊着聊着，热血沸腾起来，我突然发现，我们整个家庭，已经不知不觉地走出了最初的困境：当初，我们常常为吃饭而发愁，现在完全没有这类低层次的问题了；当初，我们在村里是小门小户，最害怕的就是受到外族大姓的欺负，现在已经完全没有这样的担心了；当初，我们对未来总是懵懂无知充满忐忑，而现在大家都在各自的岗位上混出了应有的名堂；再简单直白一点，当初父母省吃俭用供我们上学而遭村邻耻笑，而今十里八乡村民督促孩子用功，多以我们家庭为正面教材——我父亲在村里的地位和荣耀，也多因此而来。

说起来，我们整个家庭，不是简单地走出了困境，而是经历了一个激动人心的化蛹为蝶的蜕变过程。这个过程固然包含着时代的背景，但整个家庭的努力奋斗同样清晰可见。

平时浑浑噩噩地生活，每一天似乎都没有变化，就像平原上慢悠悠流淌的河水，貌似平淡无奇、波澜不惊，但把眼光拉长，回望源头，蓦然发现，它已走出高原，走出山谷，走向大海，历经九曲十八弯，终达目标。

整个过程，裹挟着泥沙，包养着鱼虾，亲吻着大地，滋润着万物。看似平淡无奇，实则惊心动魄；看似波澜不惊，实则包容并蓄。在平凡中包含着奋斗，在艰苦中孕育着辉煌。生活就在这寂寂无声地流淌中，完成了惊人的蜕变。

02 父亲的战略

蜕变原动力

对于这个问题的思索和认识，在我这里有一个复杂的否定之否定的过程。起初，我认为我们家庭的成功是因为兄妹几人头脑聪明——从小学到中学，所有教过我们的老师都称赞我们兄妹智商过人；后来，我认识到，人生在世，只有聪明还是远远不够的，于是又归因于勤奋——大哥不是最聪明的，但是通过勤奋，他考学成功了，二哥头脑是非常聪明的，但却因为不够勤奋，最终回家务农；再后来，我认识到光有聪明和勤奋还是不够的，还得有时代的支持——母亲就经常说，自从生下大哥之后，国家的经济就好转起来了，人们从此再也没有挨过饿，这种时代背景是我们成功必不可少的依赖因素。

我很少，甚至从来没有把家庭的成功归功于父母。直到有一天，母亲在聊家常时，突然以一种骄傲、赞叹的口气说："我觉得你们的父亲真是了不起，一个人养活了我们这么一大家子人，还把你们五个全都培养成才，光考学就考走了三个！"母亲的语气、神态，让我突然意识到我以前的认识偏差：在内因和外因之前，我似乎唯独缺少了对父亲这个因素的思考。

青春期，很长一段时间，父亲在我眼中，毛病众多：他很固执，认死理，保守而又故步自封；他小农意识强，遇事犹豫，做出的决策常常悲观而小气；他性情暴躁，对家人说话也常常是急急躁躁的；他还比较自以为是，经常拿着一点微不足道的成绩自我吹嘘，前文提及的那把斧头的故事，即是明证之一。

以前母亲也说过赞扬父亲的话。当时听了，甚感好笑：我们兄妹都聪明、勤奋，考上学自然而然，跟父亲有什么关系呢？和外甥女聊天，回忆我们整个家庭的进步历史，我突然看到了自己的龌龊和卑小，突然脑洞大开意识到了父亲的英明和伟大。从世俗的角度来看，父亲的确没有多大的本事，充其量会砍砍斧头，算算账，也仅糊口而已，但是他一个重视教育的想法，却最终从根本上改变了我们这个家庭的命运。

我们的蜕变，的确来自于父亲的奉献。

父亲的奉献

在家庭蜕变的过程中，父亲都做了哪些正确的事情呢？

忽视细节，重视战略

彼时家贫，柴米油盐酱醋茶，看似寻常小事，对我们家却是大事。正因如此，母亲才会为五毛钱一把的斧头而与父亲生气吧。但是当时父亲常挂在嘴边的一句话是“忠厚传家远，诗书继世长”。上小学时，我因为成绩好，受老师表扬，常被同龄的朋友嫉妒，经常找碴打骂。我因此回家哭鼻子，父亲开导我：“他们之所以打你，是因为嫉妒你的成绩，所以你现在要做的，不是在拳头上压倒他们，而是要在成绩上压倒他们。越被嫉妒越好好学，这才叫争气。”现在想来，父亲立意高远。与宏观的战略相比，鸡毛蒜皮的细节都算得了什么呢？及长，读史记，看到韩信甘受胯下之辱那一段，由衷感叹，小学还没有读完的父亲的确有大人物的眼光和胸怀。

对战略的重视，很容易带来对细节的忽视。虽然世有“细节决定成败”之说，但细节对成败的决定作用，显然是在战略决定之后。战略是一种宏观上的导向，细节是在宏观的导向确定之后，在操作层面上的重要。二者本不在一个层面上。

立足自身，选择战略

父亲对子女教育路线的选择，显然不是心血来潮。后来他曾给我解释：“我们家在村里怎么都算不上大户，村里资源有限，我们在村里发展，怎么都竞争不过人家。再则，当时环境下务农能有什么出息？同时我独身一人，没有兄弟，你姑姑又嫁得远，互相不能照应，自己也没有什么特长，给你们既传不了钱，又传不了什么技术。所以想来想去，只有走读书考学这一条途径。”所以，父亲对家庭前途的战略选择，是经过充分考虑的。当然包含许多无奈的成分，但战略选择，不都是在诸多局限条件规定下的权衡取舍吗？

克服困难，坚守战略

现在回头想想，终生务农、最大“行政职务”为农村会计的父亲在供养五个子女长大成人的过程中，真是费尽心力。为了解决生存问题，他一边种庄稼，一边干木匠，一边做会计，身兼数职。为了贴补家用，更是钻窟窿打洞，尽可能地为家庭财务开源节流。

但这一切，只是父亲精明的一小面。他更大的精明，是为了实现大战略，可以毫不犹豫地牺牲眼前利益。有一年，我们兄妹几个都要交学费，家中一时无法筹措资金，父亲计划卖掉一块宅基地应急。买主知晓我们家中的困难，故意将地价压到极低。母亲听到报价后，眼泪都流下来了。但父亲摆摆手，欣然接受。多年之后聊起此事，父亲给我的解释是：实在找不到买主了，所以贱价也得卖出去。如果光看这一块地的卖价，我们是吃亏了，但从整个家庭考虑，这块贱卖的宅基地却解决了当时全部的困难。

要算大账，不要算小账。

好一个“要算大账，不要算小账”！

父亲没有学过经济学，不知道经济学中有一个“外部性”的概念，但他的所思所行，完全符合经济学常识。后来国家要建高铁，看到网上那么多人长篇大论地表示反对，所持论据无非是造价、收益等，我看了，感觉实在好笑。很多学富五车的人，目光如豆，眼界不过三尺，见识还不如我小学没毕业的父亲，想来真是荒诞。

坚持不懈，实现战略

父亲培养孩子上学的工作，从二十多岁一直持续到五十几岁，将近花甲之年。我通过社会招考的方式进入警营，五十七岁的父亲才一声长叹：你们几个都上完学了，我终于可以松口气了。有一次，老家喜事，我在席间听父亲向别人谈起孩子的教育问题时自豪地说：“对我们农村人来说，孩子的学习是天下第一件大事——只有知识才能改变命运啊！”厕身在一众农人中间，父亲能说出这样一番话，真是不简单。我为有这样的父亲而庆幸、骄傲。

多年后，我投身股市，有了一定的阅历和体悟，我发现父亲为了改变全家命运而制定战略、坚守战略、实现战略的过程，和股市投资中发现价值、坚守价值、实现价值的过程如出一辙。这让我开始认真地思考战略对于股市投资的意义。

03 投资的战略

投资是生活的一部分

战略对一个普通的中国家庭具有如此重要的意义，对于投资者而言，是否也具有不可替代的作用和地位呢？

答案当然是肯定的。

投资是生活的一部分，二者从来都是一种紧密相连而不可分割的关系。彼得·林奇甚至认为普通投资者相比专业投资者的优势之一就是更容易感受到生活的启发从而产生超越专业的力量。当投资渐渐成为一种习惯，我不自觉地开始用投资的眼光和思维来观察和思考生活。这时我突然明白投资与生活的辩证关系：投资原本就是生活的一部分，它具有生活所具有的一切特质。这段话的另一层含义解读是：在普通的生活中，我们也常常可以寻找到投资的规律、体悟到投资的真谛。

那么回归到投资的话题上来，战略对于投资的意义何在？

其实在对我们家庭的分析中，我已经给出了答案：**战略是一种方向的选择，战术只是一种技巧的框定**。当方向选择正确的时候，技巧的作用只是加速或延缓目标的实现。也就是说，针对目的地，只要我们选择的方向没有南辕北辙，行走的速度只能改变到达的时间，而无法改变或迟或早最终到达的结果。

所以确定投资的战略，是投资者在投资领域为攻城略地而需要面对的第一件头等大事。

股市三观

投资的战略需要解决哪些问题呢？

正如一个人在走向社会的过程中无可避免地会选择和建立自己的人生观、世界观、价值观一样，投资者进行理财投资，首要解决的，当然也是自己的“投资三观”——再明确一下，对于股市投资者而言，就是“股市三观”。

第一，我们如何正确地认识和看待股市？

第二，我们如何正确地认识和看待投资？

第三，我们如何正确地认识和看待自己？

对这三个问题的不同认识、不同回答，会从根本上决定我们在股市上的不同表现。投资理念、投资技巧、操作系统、交易心态，这些看似局部或零碎的东西，其实都取决于我们最初建立的“股市三观”。再进一步，可以肯定地说，投资者最终的命运，也完全取决于“股市三观”的规定：巴菲特之为巴菲特，来源于他对上述三个问题的回答；利弗莫尔之为利弗莫尔，也来源于他对上述三个问题的回答。对股市三观的不同思考和不同抉择，最终造成了两位资本大佬首富与自杀的不同命运。

苏格拉底说：“人类普遍地对一件事情无知，而这是一件最必要知道的事情。那就是怎样正确地生活，怎样去照顾自己的灵魂并且使它尽可能地完善，还有，人们对这种无知普遍地是视而不见的。”这个被人们普遍视而不见的东西，就是后来流传千古的“苏格拉底之问”：我是谁，我从哪里来，我将到哪里去？对这三个问题的不同回答，最终造成了后世哲学的纷纭流派。

对于股市投资者而言，如何看待股市，如何看待投资，如何看待股市中投资的我们自己，同样是不得不正面回答的“股市苏格拉底之问”。

很多投资者在进入股市之前，甚至完全不知道股票是什么？这就是大多数人对第一个问题的回答。进入股市之后，原本是想进行长期投资达到稳定盈利的目的，但搞来搞去最后却搞成了高频交易、波段操作、趋势为王的狂热投机分子。这就是大多数人对第二个问题的回答。自己对股市对投资明明“无知识、无经验、无脑子”（我谓之“股市三无人员”），却自视甚高，以为自己天赋异禀，智力超群，甚至运气最终会站在自己这一边，渴望“赌王式”的一夜暴富。这就是大多数人对第三个问题的回答。

正是因为大多数人对“股市苏格拉底之问”的上述回答，才最终造成了股市后来流传的“一胜二平七负”之说。大多数人股市三观不正，乃致此境。

04 如何正确认识和看待股市

股市的本质

股市本质上就是一个市场，一个可以让交易双方互通有无的地方。你有钱，但是没有企业，更不会经营企业；我有企业，也会经营企业，但是没有钱。在股市中，通过股票的买卖，二者可以达到一种完美的结合。你的钱买了我的股票，你的钱就不再是普通的钱了，而是流入企业，成为企业经营的资本。我的股票卖给了你一部分，意味着我的企业就不再单纯地是我一个人的企业了，而是有了自己的股东。企业通过股票的出售，实现了经营资本的聚合，当然，也同时实现了股权的分散——我卖给你的那部分股票，不是一个简单的电子凭记，它其实是我企业的一部分股权。当你拥有了股权，哪怕再多或再少，你都拥有了法律所赋予股权的一切权利和义务。也就是说，依据股票，你有了分享企业发展红利的权利，也有了维护企业健康发展的义务。当你的股权达到一定程度的时候，你甚至可以解散董事会，重组企业。

从互通有无的角度看，股票市场和生活中常见的菜市场没有两样。但从股权的角度看，股市与菜市的最大区别是，股市除了是一个市场，具有普通市场所具有的一切性质，还具有普通市场所不具有的股权交易的特质。

记住，股权既是股市交易的最终标的，也是股市交易的本质所在。

这意味着我们买卖股票的行为，实质是一种企业经营行为。既然是企业经营，那么我们盈利的手段就是企业的分红和企业的成长。一家经营正常的企业，每年的利润分配无外乎两个方面：拿出一部分维持经营者与所有者的正常生活；剩余部分进行再投资，从而扩大企业的经营规模。前者就是企业的每年分红，后者就是企业的后续成长。

获利的途径

如果把股票投资者作为一个整体看待，其从股票投资行为中获利的根本途径，有且只有以下两条：**企业的分红，企业的成长**。

但是作为普通投资者，股票市场尤其是二级市场的投资者，明明是作为一个个的个体存在的呀。所以，当普通投资者化身为个体的时候，盈利的途径还有一条：**市场波动的钱**。

支撑股票价格的因素从广义上来看有两条：一是股票所代表的那家企业的基本面，二是市场交易者的总体预期。当企业经营良好，利润丰厚，迭创新高，并不停成长，企业给投资者回报的能力就会格外突出，股票的价格就会表现得相对坚挺。从长远看，股票的价格就是企业基本面的反映。但是股票的买卖毕竟是在不同个体间进行的，所以个体对未来趋势的预期，会在短期内成为影响和制约股价涨跌的重要因素。当大家一致看好未来时，会加大股票购买力度，于是股价越涨越抢手，而当大家一致看衰未来时，会加大股票的抛售的力度，于是又出现股价越跌越乏人问津的尴尬局面。这种境况，在股市中经常见到。以至于有人疑问，这等现象完全有悖于经济学讲义中的“市场供需规律”。其实，价格和需求的规律并没有被违背，根本原因就是股市的短期走势中加入了人的预期这一额外的局限条件，书本上严格的“供需规律”被扭曲异化了。从长期和本质上看，供需规律并无丁点变化。它依然存在，只是被某种阶段性的表象短期屏蔽掉了。

正是因为人的预期因素，股价总会产生短期的波动。曾经有人问一位投资界大佬：“你怎么预测未来几年的股市？”大佬回答：“我预测未来几年股市将继续波动。”好像是一句顽话，却直抵市场规律的核心。股市唯一不变的规律就是股市将永远波动。对于这一规律的认识和追究，投资学家们又总结出了“周期理论”和“钟摆理论”。对这些理论，霍华德·马克斯在《投资最重要的事》一书中均有论述，有兴趣的朋友可翻书一读，这里略过不提。

我想强调的是：正是因为股价波动的存在，所以投资者似乎又从中嗅到了除分红和成长之外的第三种股市盈利之道。是的，这就是人们常说的：赚市场波动的钱。

所谓市场波动的钱，就是差价。昨天股价 10 元，今天 11 元，这 1 元的差价就是投资者渴求的目标。理想的模式是：在 10 元的时候买入，然后在 11 元的时候卖出。网络上无数的“股神”和“骗子”就是这样诱导或者说欺骗他们的追随者的：打板说，神准说，诸如此类的蛊惑和吹嘘均由此而来。

波动与骗子

既然波动无时无刻不存在于股市，我为什么还说宣扬靠股市波动赚钱的“股神”多是骗子呢？原因就在于从整体和长远看，股价的波动就是一种随机行为。我投身股市十余载，历经 2008 年、2015 年两次堪称经典的“世纪大崩盘”，数度穿越牛熊，阅人不在少数，除了骗子，我的确没有看到多少靠谱的依靠股价波动即能实现稳定盈利的人。暴富是有的，但一次性的成功，往往具有不可复制性。例如，体育彩票几乎期期都能产生一位百万富翁，但这样的机会可遇而不可求，我们最好还是不要奢望好运总是降到自己头上吧。我的意思是，我的确见到过因为依靠市场的波动而一夜暴富的人，但我没见过总是依靠市场波动而致富的人。格雷厄姆不是，巴菲特不是，费雪不是，彼得·林奇不是；利弗莫尔是，但最终破产，一枪自毙。中国投资者中也不乏投机制胜的传说，后来的事实证明，这些人要么涉嫌内幕交易而锒铛入狱，要么归于沉寂，消失于无踪。我不相信这些人已经衣锦夜行、富贵而隐。资讯无限发达的时代，巴菲特在这个星球上恐无隐身之所。因此，我更相信这些爱吹牛的“股神”在追求财富的道路上最终都会被淘汰出局。

不止一位投资大佬告诉我们：要像经营企业一样投资股票。我相信这些人不会是骗子。因此，我愿意再强调一遍，投资者股市获利的两大最重要、最靠谱的手段：企业的分红，企业的成长。当然，市场有时候会为企业进行错误的定价，我们在低于企业价值的价格上进行购买，然后在企业价格回归到价值线附近的时候卖出，这种获利手段貌似也在做波段。但究其实质，这种方式依靠的还是企业的基本面分析，从本质上讲，它赚的还是企业成长的钱，与靠预测下一步的股价走势具有完全不同的性质。

股市不是赌场

关于如何正确认识和看待股市的问题上，市场上杂音颇多。最著名的，当数“中国股市赌场论”。因为此言出自某著名经济学家之口，又非常贴合市场中的某些现实表现，因此在市场中流传甚广。

这就是中国股票市场可笑和可悲的地方。很多时候，连专家学者都无法正确地认识和看待这个问题。中国股市散户众多——单从数量上看，市场上 99% 的投资主体系自然人投资者；波伏较大——以我的粗略统计，中国股市自开埠以来，每年高低点的比率很少低于 1.3，最大可达 3.3；每逢暴涨之后必有暴跌——欧美成熟市场股市短期回落 20% 以上，就可用股灾形容了，而我们动辄回落 50% 以上，管理层还不好意思承认股灾；每一次股灾，都会害惨一大批新入市者，而套牢者更众——更重要的是，中国股市体制不健全，规则不健全，投资主体不成熟，管理层也不成熟，坐庄、“黑市”、内幕交易等乱象丛生。

如果仅仅纠缠于这些情节，我们的确很容易得出“中国股市连赌场都不如”的结论。但事实上，这些都是短期的、局部的、静态的观察和结论，并非事实真相。如果一个投资者，稍具一点理性，略懂估值的艺术，坚决不在泡沫期买入，也不一定在最底部买入——只在一个平常的点位进入股市，只要坚持长期投资，那么我们看到，在过去近三十年的股票市场上，任何一次股价高点后的回调，都是一次介入的良机。我的意思是，过去二三十年，混在中国股市，随便找一个估值合理的点位进入，至今都会获利丰厚。损兵折将的，总是那些在狂热期的高点不顾一切投入，然后又在萧条期的低点不计代价“割肉”抛出的投资者。

中国股市从一百点起，至今已涨逾数十倍，股票数量从最初的“老八股”扩展到今天的三千多家，基本涵盖了中国经济方方面面的龙头支柱企业，股票市值也从微不足道的几十亿元、几百亿元迅速扩充到数十万亿元，一大批诸如茅台、万科、格力、美的、云南白药之类的企业为投资者带来了几十、几百、几千倍的投资回报。说中国股市就是一个大赌场，那是你看待问题的眼光不行而已。

投资者的悲剧

我们刚才分析过，总体上股票给投资者回报的根本途径就两个：分红和成长。分红和成长依靠的都是企业的经营，而企业的经营都有完整的周期，至少按年计，哪能靠分分钟计时、评比、衡量？市场不管波动的问题，它只以自己的方式回报于长期投资者。我以前曾有一个比喻：市场就像一个厚道人，他拿着你的钱去做生意，赚完钱后捧着利润返回来，但是再也找不到当初投资他的人，但这位厚道人才不管三七二十一，在他眼里，所有的投资者都是投资者，所以找不到你，他不会把利润私藏起来，而是毫不犹豫地将真金白银撒向市场——得到者获利。

所以作为普通投资者，我们需要做的，就是寻找一个合理的价格介入市场，然后耐心地等待市场的回馈——**投资者最大的悲剧就是，市场需要资本的时候，你来了；而市场捧来利润的时候，你走了**。西方股市有句谚语：当闪电来临的时候，你要确保自己在场。只有在场，你才能享受到甘霖的滋润。

05 如何正确认识和看待投资

投资的威胁

股市交易的本质就是资本和企业的结合。当我们认识到需要以经营企业的精神来投资股市时，那种一夜暴富的思想可能立即下降大半。因为常识告诉我们，企业的经营和成长绝对不会是一朝一夕的事情。也正因如此，坚持投资，坚持长期投资才会变得非常不容易。它常常遭受到人性、舆论、外力等各方面的诱惑与影响。对它威胁最大的，可能就是笔者一再批判的投机思想了。

股票市场就是一个大的即时报价系统，每一只股票每一秒钟的价格变动都会实时地呈现在人们面前。而且这个报价系统就像传说中的永动机一样，几乎不会停息。即便在休市期间，看似大市已经停盘，但是各种各样的消息面还是会影响股价，股价还在人们的意念中涨涨跌跌。正因为这个“意念盘”的存在，我们可以看到，几乎每一只股票每一天的开盘价位都与前一天的收盘价格不同。这个事实恰恰说明，股市的报价系统，始终运转，无论以有形的方式，还是以无形的方式。所以看股市 K 线，你能够很直观地得出一个结论：股市为我们提供了一个无限多的机会流程。只要你愿意，你随时可以在这个市场里杀进杀出，只要你足够聪明，你随时可以在市场中挣到钱。

波动永远存在，所以这种快速杀进杀出的短频交易的诱惑便永远存在。很多投资者进入市场多年后才突然想到：自己原本是想来股市进行长线投资的，怎么操作来操作去，操作成了短频投机手了呢？其很大的原因，就是受到了这种波动的惑乱。要想化投机为投资，我的建议是：漠视，甚至忘掉股市的这套“即时报价系统”。

前两年有一位经济学家说：要是没有几台电脑同时操作，你都不好意思说自己是炒股的。因为大多数普通投资者是不可能有这么多电脑的，所以他得出的结论是：散户还是不要炒股了。这样的言论本末倒置，甚至完全颠倒了黑白。股票投资，不是这样搞的——时时盯着电脑屏幕，而且还得同时盯着几个屏幕，这哪还有投资的影子？农民不会有事没事就把种子从地里扒出来观察一番，花匠也不会天天把花草从盆里拔出来看看根系的生长情况。但是我们的“经济学家”，为什么对股市投资的认识就那么肤浅呢？

投资三段论

股市投资有三个阶段：低估阶段，平衡阶段，高估阶段。所谓低估阶段，就是原本价值 10 元的东西，售价 8 元，甚至 5 元、3 元。所谓均衡阶段，就是原本价值 10 元的东西，售价又成了 10 元。所谓高估阶段，就是原本价值 10 元的东西，售价 15 元，甚至 20 元了。

上文提到的股市“周期理论”与“钟摆理论”几乎宿命般地决定了，股市总是不停地在牛熊间转换，股票们总是在三个阶段中来来回回地穿梭。均衡阶段当然是最客观、最理想的状态，但遗憾的是，情绪化的市场总是在悲观与乐观间跳跃，这也就决定了市场要么跌过头，要么涨过头。这种情形很容易给我们提供一种盈利启示：在大众极度悲观时，买入股票，然后在大众极度乐观时，卖出股票。

那么，什么才叫极度呢？简单的解释是：当大众的某种情绪产生一致性时——一致性悲观，或一致性乐观——往往就意味着情绪已达共振，彼时即是极度。当然，极度也好，一致也罢，都是一种笼统的感性表达。没办法，世上能量化的指标千千万万，唯“情绪”二字最难确切衡量。这个只能靠经验、感觉、印象进行“毛估估”的测量。我的方法是，当身边多年不炒股的朋友突然也开始炒股时，就应该开始警惕市场在走向极度乐观，若发现这种现象非止一例而带有某种普遍性时，就应该将这种警惕的级别从普通提至警觉的高度。如果再辅以一定的股市估值技术、大盘定位系统的配合，感受并寻找到风险点，并非难事。反之同理。你身边一众炒股高手渐渐归于沉寂，则极有可能意味着悲观的情绪发展到了极点。

投资三件事

归纳起来，股市投资者只有三件事可做：寻找一个好的价值，然后再寻找一个好的价格，最后就是买入并耐心等待。说得直白点就是，找一个有发展潜力的企业，以合理的价格买入，然后沉下心来，等待时间的玫瑰静静地开放。

这就又回到了老话题：陪企业一块成长，然后挣企业分红与企业成长的钱。

投资的属性

投资的过程、模式，决定了投资的三大基本属性：确定性、平衡性、耐力性。

确定性

确定性也可以称为“概率性”。实际上，投资的世界没有百分之百的确定性，原因是影响结果的因素往往丰富而多变。投资家说“一定”，其真实的含义无非就是实现的概率大一些而已。这个问题，细究极深，难以把握，不如化繁为简，掌握个宏观的大概。诚如“股神”之言，追求一个模糊的正确即可。所以我把确定性简化成了四个字：“低买高卖”。这四个字借用了波段操作手的行话——但在这儿，已经与原意有了本质上的差别。我们只要记得“在低位处投资，获利的确定性大；在高位处投资，获利的确定性小”就可以了。以沪市A股为例：5000点时进行投资，成功的确定性就小而失败的确定性就大，3000点之下进行投资，成功的确定性就大而失败的确定性就小。一举例，很复杂的事情看起来就非常简单，但事实上做起来常常非常难。因为人性决定了我们的随众心理，在众人恐惧时恐惧，在众人贪婪时贪婪。

投资界一个有趣的现象是：人们在低位处对确定性的视而不见几成常态。说起来简单而做起来很难的事情，本质上讲就不是简单的事情了。“低买高卖”本来就是世上任何成功买卖的精义，但被波段操作手给糟蹋了。现在一提这四个字，好像就是指高频投机一样。在我的印象中，格雷厄姆老先生就曾开辟专章，分析和嘲笑这四个字的投机大法。由此可见，投机分子将这四个字祸害到了什么地步，就像暗娼对小姐这个称谓的亵渎，罪孽深重。

平衡性

这是对投资操作方面的管理要求。人走路，东倒西歪，就是失去了平衡性。没有平衡性的人，恐怕很难把路走好、走远。投资的道理，与此相若。我常常嘲笑那些一会儿空仓一会儿满仓的人，原因就在于此。畸轻畸重，都有违平衡性，都不是优秀的投资。

平衡性从小到大，有这么几个层次：一是同类投资品种间的平衡；二是不同类品种间的平衡；三是不同市场间的平衡。以前笔者在网络上也常常撰文论道：寻找最舒服的姿态面对市场。这话的意思其实也是在讲平衡性。平衡性就是寻找低估，没有平衡性就没有成功的投资——这两句话是对平衡性的最高概括。

在本书的第八章，笔者会专门探讨平衡的问题，这里点题从略。

耐力性

耐力性也可以称为“持久性”。种子从播种，到发芽，生长，开花，结果，再到最终收获，这样的一个周期叫一季。股票投资的周期性也完全体现于买和卖及其中间的持有。买，需要时间准备；卖，需要时间端详；持有，更需要时间的酝酿，甚至有时候可以说是煎熬。很多人的耐心只体现在卖上。这是多么可笑。

成功的投资者都有自己稳定的盈利模式，然后用自己的这套盈利模式和时间有机地进行结合，最终才会结出硕大的胜利之果。仅有模式，没有时间，胜利之果不会多么丰硕。巴菲特之为巴菲特，有一个非常重要的因素不容忽视，就是他活得足够长。假如他的生命在 60 岁、甚至 50 岁那年终止，巴菲特就不再是巴菲特了。而有关研究也为我们提供了数据方面的支持——研究表明，巴菲特 90% 的金钱是在他 50 岁之后的这 30 年中积累下来的。看到这条消息，心怀暴富心态的年轻人，多少会有些失望吧。但这的确就是世界提供给我们的现实。对投资抱有不切实际的幻想是我们中间 80% 以上的人最常犯的错误——首要、最具根本性的错误，就是这条，没有之一。

要投资，不要投机

时间的最大属性，对于人来说，就是耐心。市场上绝大多数人忧心时间的成本，动不动就会对长线投资人提出这样那样的质疑，最常说的一句话是：“人生有几个五年（十年）啊？”所谓的短线操作高手就投其所好，应运而生。

很遗憾，他们的理论，大多数都被事实证伪。网络上经常会冒出一些粉丝庞大的短线交易型选手——最后要么被证明是骗子，要么就渐行渐远，自己绝迹于江湖。所以投资界流传起一句口头禅：挣得多，不如活得久。

其实，只要寻找到属于自己的稳定的盈利模式，活得久就意味着挣得多。如果把投资当作一种事业看待，那么投资就需要一种信仰。耐力是对信仰的最好体现。我常常看到一些在牛市汹汹期匆匆赶来的投资者，很快在熊市中寻不到踪迹。这是耐力对信仰的最大讽刺。说得温情点：这样的人，殊为可惜；说得冷酷点：这样的人，死不足惜。

综合地看：确定性是对方向的选择，平衡性是对路径的选择，耐力性则是对信仰的选择。

深刻认识投资的三大性质，是我们区分投资与投机的基础：当操作行为不具有投资的三大属性时，我们就完全可以毫不犹豫地将其归入投机的行列。弄明白这些，会对我们未来的投资行为产生深刻的影响。

通过分析，我们可以轻松得出如下一条重要的结论：**股市交易，要投资，不要投机！**

06 如何正确认识和看待自己

按照学界的说法，厮混在股票二级市场的个人投资者，叫自然人投资者。与之相对地，还有机构投资者。笔者喜欢把自然人投资者叫作“普通投资者”。之所以如此取舍，主要原因就是涉及投资者的自我身份定位问题。

投资者分类

根据投资者的个人能力，我把所谓的自然人投资者分成四类：神人、贵人、高人、普通人。

所谓**神人**，是指天赋异禀、无师自通的人。这类人能掐会算，长着阴阳眼，股市的涨涨跌跌似乎完全掌握在他们手中。每天都有交易，每天都能抓住涨停板。这类人活跃于各大投资网站与论坛中。也就是说，我在网上听说过，在现实中却尚未见过。考虑到我没见过的东西并不一定不存在的现实，本着科学谨慎的精神，我愿意暂时承认这类人的存在，姑且先在我的投资者分类中为其保留一个位置。虽然我不信，但万一要是有呢？

所谓**贵人**，是指出生于大贵之家，从小就受到父辈高人的精心指导，财智开发得早，财技训练得好，并且很早即在实战中积累了丰富的投资经验。这类人因为出身的不同，与我等凡夫俗子相比，更早地接触和学会了股票投资，也因为近水楼台先得月，少走许多弯路，因此更容易获得投资方面的成功。这类人在现实中是存在的。比如，大家现在耳熟能详的“股神”巴菲特先生，大学一毕业即师从于价值投资的老祖师格雷厄姆先生，你能天真地认为他只是一介平民之子吗？

所谓**高人**，是指久经沙场、身经百战，已在穿越多轮牛、熊间建立和健全了自己独特的投资交易体系，并寻找到了稳定的赚钱盈利之道的老手。这类人没有天生神技，也无深厚的背景关系，但依靠自己后天的努力与领悟，在投资方面已经多有斩获。

剩下的，就是所谓的**普通人**。可能是新入市的“股市三无人员”，也可能是早就入市但至今一事无成的人。说直白点，这是市场中的绝大多数人。你说他不懂股市投资吧，他懂点；你说他懂股市投资吧，他懂得并不多。这类人在市场中被称为“韭菜”，暗含被收割的贬义。

那么问题来了：你是上述四类人中的哪一类呢？

普通投资者

人类争强好胜的本性，决定了很少有人会主动承认自己是普通的，甚至是愚笨的。面对上述问题，绝大多数人的第一反应是：我可能不是神人，也不是贵人，但也许会成为高人。

通过努力，人人都可能成为高人，问题是，现在呢？研究表明，无论智商还是情商，在大众层面总是呈现出典型的正态分布。这也就意味着，最聪明的人和最笨的人总是占据着人类中的少数，大多数人则是相差不大的寻常人。哪怕最聪明的人，也要记住这个世上一定还有比自己更聪明的人，也要记住世上还有“三个臭皮匠赶上一个诸葛亮”的说法。

如果能认识到这一点，投身股市我们就能冷静许多。

投机的人总是认为自己比别人聪明，“博傻”的人总认为这世上一定还有比自己更傻的人。这些都有违科学规律。不把自己当普通人对待，恐怕是股市投资者最常犯同时也是严重、最愚蠢的一个错误。所以，现在，我们只是普通人。对于市场中的绝大多数人而言，这是最大的现实。出于审慎原则，我认为这一告诫，应该适用于市场中所有的投资者，尤其对新入市者而言，没有例外。

我见过各行各业的佼佼者进入股市后也曾充满幻想，认为既然能在工作中有出色表现，那么在股市投资方面也极有可能具有超越常人的能力，但最后也不得不放弃幻想，洗耳恭听市场先生的残酷告诫：在股市，无论出身，无论职业，无论学识，大家都是平等的。

这就是我喜欢用“普通投资者”来称呼市场上大多数自然人投资者的原因。

放弃暴富思想

承认自己只是一个普通投资者，没有超越常人的力量，这即意味着我们要想获得超过市场的投资收益是一件很难的事。事实上，世上很少有连续 20 年增长速度能维持在 20% 的企业，世上也很少有财富年复合增长率维持在 20% 的投资者——不是完全没有，很少，有就是奇迹。作为一名投资者，你能达到这个水准，你就是巴菲特。

普通投资者初来乍到，经常被网上各式各样的“股神”诱惑，以为一年挣几倍甚至几十倍的事情是很容易发生的。然而，事实恰恰相反。这些事情更多的只是发生在传说和谎言中。极端的市场环境下，会偶尔产生这样的奇迹，但从来都不具有长期意义上的连续复制性。这就是网上的诸多“大神”最终又归于泥迹的真正原因。统计上的数据，股市收益的长期年复合增长率，也就在 10% 左右——加上通胀，年复合增长率能达到 14% ~ 15% 的水平，就已经相当不错了。很多世界级优秀的投资基金也就处在这个档次上。能够做到这一点，我们已经算得上足够优秀。能实现每年 20%

的财富增长当然很爽——因为这意味着你已经达到“股神”的水平，但要是能做到每年15%左右的财富增长，实际上已经是跑赢了市场。是20%更有实现的可能性呢？还是15%更有实现的可能性呢？

这一段话的意思，是想告诉大家，一定要放弃暴富的思想。股市投资的确能够致富造富，但这至少需要两个基本的前提条件：一是你有正确的方法，二是还有时间的浸润。香港已故“股神”曹仁超先生曾提出一个“三十年巨富”的观点，认为一个人要想通过股市投资达到大富巨富的目的，没有三十年的时间是不可能的。笔者对这一观点深表赞同。当然，或许会有例外，但对普遍性规律而言，三十年的要求，对大众可能更有实际意义。

结论

对这一话题的探讨，可以得出两点结论：

1. 我们中的绝大多数人，只是普通投资者而已。
2. 这意味着我们应该放弃暴富思想。

正所谓静水流深，不疾而速。这是我能送给阅读本书的普通投资者最大的忠告了。

07 投资者的战略

生在中国很幸运

在拙著、电子书《投资大白话》中，介绍自己的三层投资交易体系时，我提出“投资首先投的是国运”这一观点，引起很多读者的共鸣。这番道理并不难理解。古语讲：“皮之不存，毛将焉附。”不仅股市投资者，生活在这个国家中的所有的人，其人生命运（当然包括财富命运）都与这个国家的未来息息相关。举个简单的例子，一百年前，作为普通人，你在中国无论搞什么样的投资，最终的结局可能都是非常惨淡。国运不举，实业不振，哪里会有投资者的未来？

所以这一点，要恭喜大家，我们都生在中国，尤其是生在当今之中国，我们赶上了两百年来中国最好的时代。这可能是今天的投资者应当投资、勇于投资、坚持投资的最大逻辑基础。巴菲特说：“生在美国，我像中了五百万美元的彩票一样幸运。”套用一下，作为当代中国人，我们完全可以说：生在中国，我像中了五百万人民币的彩票一样幸运。也许现在看起来，五百万美元所代表的财富价值远超五百万人民币，但如果放在更长的时间里来验证，焉知情形不会颠倒过来？

一组数据

泛泛地谈国运聊情怀，可能还不能充分说明问题，那么我们就简单罗列和分析一下几组数据吧。

历史数据

2007年牛市的时候，中国A股一年新入市股民近6000万户；2015年牛市进行到一半的时候，一年新入市股民3000余万户，加上行情开始启动的2014年也有900多万户，所以2014—2015年共入市近4000万户新股民。现在全国总共有多少户股民呢？据统计约有1.2亿户。也就是说，光2007年、2015年两轮牛市就带来约1亿多户的股民——当然有进就有出，这里只是对新进入股民的“毛估估”计算——2006年、2007年大牛市之前，中国股民撑死不过千万户。

股民数量随股市波动而逐阶升高已是一个不争的事实。我们可以认为，这一番转变，具有创世纪的意义。2007年之后，中国社会才真正具有股民这一特定的阶层。此前，股民规模很小，炒股是一种典型的小众文化。但2007年之后，情形大变，作为一个拥有数千万用户基数的群体，股民开始以一个阶层的形式出现在中国的社会生活之中。

从上述分析与回顾中，我们看到，每一轮牛市行情，都能吸引大批股民入市，而每一轮牛市行情过后，都有大批股民在股市中沉淀下来，成为下一轮行情的中坚力量。从趋势上看，这一股中坚力量是逐步发展壮大的。这也就是二十多年来每次牛熊转换后股市的底部区域总是逐阶抬升的根本原因——哪怕是市场热度再回到从前，大盘点位也很难再回到从前，因为股灾中总有一部分新股民留存下来，和以往经历多届牛熊转换的老股民一起，组成新底部的奠基者。如果考虑到上市企业的利润增长、资产增厚，这种逐阶抬升的股市格局更具有了基本面的支持。

因此，这组数据及其分析，说明每轮牛市行情，对中国人来说都是一次财智大启发的过程。

未来展望

中国股民总户数现在已超1亿，与美国股民总户数大体相当，也就是说单纯从股民数量上看，世界第一大经济体和世界第二大经济体是相当的。但是别忘了，中国有近14亿人口，而美国只有区区3亿人。现在大约是每13个中国人中有1户股民，而美国大约是每3人中有1户股民。从股民在总人口的密度上看，中国还有很长的路要走。如果以美国为标尺的话，中国股民在现有基础上至少还得翻3倍才算基本达标。也就是说，未来至少还得增加3亿户股民。如果每轮牛市能集中带来5千万户股民的话，那么中国至少还需要6轮这样的大牛市才能完成任务。如果此前二十多年中国股市每三至五年才能发动一场集中攻势的规律在未来继续有效的话，那么要完成3亿户新股民入市的任务，就意味着至少需要20年、至多需要30年的时间。

这组数据、这番计算，说明今天留在市场中的股民，每一个人都是幸福的——只要能坚持到底，好日子还在后边。市场上对这种老股民期望新股民涌进来的想法，有一个形象的称谓，叫“割韭菜”。作为一名信奉价值投资的长线投资者，腾腾爸反对“割韭菜”之说——但就算是“割韭菜”吧，通过上述分析我们可以看到，未来依然可期。今天对股市不闻不问的人，可能就是我们未来培养和“收割”的对象。

认清这一点大势，非常重要。

请快上车

关于美国股民的数量，腾腾爸提供的还是最保守的一组数据：1亿户股民只是计算直接交易和持股的，而美国的实际情况是，401K计划等鼓励和培育机构力量的制度已将大约三分之二的美国人推到了间接持股人的地位。如果算上这部分人，美国股民至少还要再翻一番。如果中国股民密度将来也发展到这个水平——画面太美，不敢想象。

这番推算，和众多经济学家对中国经济远景的测算，有着惊人的一致性。未来二十年，中国经济复合增长率若能达到5%的话，意味着中国GDP将有机会达到200万亿人民币。如果证券化率达到100%的话，意味着股票市值会是今天的5倍左右。如果证券化率达到历史上曾经达到的160%的话，则意味着还有七八倍的空间在等着我们。

这组数据又说明了什么呢？说明今天持有股票的人，只要持有的不是透支未来20年增长潜力的泡沫股，20年后都将收益惊人。

三点结论

通过上述分析和讨论，我们很容易得出三点结论：

第一，坚信国运，未来三十年是股市投资者的春天。

第二，每一次牛市行情，对中国人而言，都是一次财智大启发的过程。

第三，当前和今后一段时期，每一次股市大回调，都是后来者不可错失的上车良机。

如果说“如何对待股市、如何对待投资、如何对待投资者自己”是关于投资的最具根本性的战略，那么上述三点，则完全可以说是当今中国人作为投资者的最大战略。

这三点，可以总结为一句话：**当代中国，投资股市，正当其时，不可错过**。

第二章

我曾经的财务窘境：理财投资要趁早

同样的国家，同样的时代，同样的背景，甚至从事同样的工作，拿着同样的收入，为什么有的人过得有滋有味，风生水起，有的人过得紧紧巴巴，窝窝囊囊？

不怨天，不怨地，只怨你自己。

01 单身贵族与财务窘境

月光族

刚参加工作的那几年，我过了一段无忧无虑的单身贵族生活。当时月薪403元，因为办理相关手续的问题，第一次拿到工资，实际上是到单位报到之后的第四个月。四个月的工资，一共1612元。一块参加工作的同事都欣喜异常，商量着一块儿去撮一顿。看到大家衣着鲜亮，我感到自己穿得太过寒酸。在去饭店的路上，拐个弯儿，去了县城最高档的一家商场，按照营业员的推荐，花1200元买了一件看上去很时尚的外套。那顿饭采取的是AA制，平均每人120元。饭毕，1600多元的工资，我只剩下300元。周末回家，为报答老爹老娘的养育之恩，又买了200多元衣料、零食品。用我母亲的话说："4个月的工资，差点没够老小一个星期花销。"

我可真够时髦的，在"月光族"这个名称还没有在神州大地上盛行起来的时候，我实际上已经这样做了。在我引领时尚的同时，也旋即把自己扔进了漫长的财务窘境。

好在那个时候工资不停地涨。也就一年之后吧，工资上涨到了千元左右。一年工资就翻倍，真是激动人心啊。这个月的工资刚花完，下个月的工资就来了，而且是加大分量地赶过来了。这样的生活，的确让我感到舒畅。

万元户

工作之后，我写作的特长得到了充分的发挥。当时是平面媒体盛行的年代。有一次，我看到办公室里有一份省公安厅主办的期刊，翻一下里面的文章，满不在乎地对同事说："这样的文章，我也能写啊。"听到我这番话的领导和同事，轻轻地抿嘴笑。后来又有一天，我在单位如厕时，看到地上一份公安简报，上边详细记载了本地一个恶霸团伙作恶和覆灭的全过程。我心下纳闷，这样一个好的案例怎么就没有写成通讯报道呢？回来后主动请缨，承担起案件的宣传报道任务。一番采访，伏案疾笔，我写作了平生第一篇长篇通讯报道，投稿给省厅期刊。一个星期后，编辑部来电，稿件采用。两个星期后，7000 字的长篇报道加上压题夹图照片在期刊中全文刊发。一个月后，1000 多元的稿费寄到了单位。

此事轰动全局。因为在我之前，单位的宣传稿件最高的发表级别就是市级的党报党刊，而且鲜有超过 3000 字的稿件。我上来就是省级杂志，一下就是洋洋 7000 余言，在领导和同事们的心目中，显然非同一般。

这一稿，给我带来了很多好运。此前，我在"110"调度大厅负责接听群众报警，此后我被调往秘书科，专事文字宣传，从此开始了八年之久的文秘生涯。干宣传的好处，我没多久就体会到了：一是很快在单位里打出了名气，二是给我带来了很可观的工资外收入。主要包括两个方面：编辑部邮来的稿费，以及单位内部的现金奖励。

当时国家正式出版刊物的稿费一般是每千字在 150 元至 300 元，个别刊物为争夺好稿，也会给出一字一元的价格。公安这个行业本身可写素材就多，我本人又特别热爱，来稿很快，产量也很高，基本上每年发表稿件 30 万 ~50 万字，平均每月 2 万 ~4 万字，按稿费中位数计算，每月基本上能保证为我带来两三千元的稿费收入。单位为鼓励宣传曾专门出台一份奖励文件，中央级发表一稿奖励 400 元，省级奖励 100 元，市级奖励 20 元。

在我之前，单位的宣传稿件基本上都是在市一级里打转转，单位一年付出的奖金不过一两千元。我从事宣传后，一年时间，仅中央级报刊上就发表了 20 余篇文章。仅此一项，奖金即超万元。所以当时我在单位里很快得到了一个“万元户”的绰号。

财务困境

但这无法改变我月光族的本色。工资一到手，马上花完；稿费一来，几天就不见了踪影；奖金发下来后，好像水，很快就从指间漏掉。那几年，我好像总是在眼巴巴地等待着下一月的工资、下一笔的稿费、下一年的单位奖金。

大哥总是提醒我：你年岁不小了，该攒钱了。我总是很委屈：我也想攒啊，但是，攒不住呀。大哥经常给我提起他的一个下属，那人比我早上一年班，每年也就那点死工资，但上班两年存款就已经过万元了。怎么可能呢？好像那两年他没吃没喝一样。我总认为大哥是在给我虚构一个故事，对他的善意提醒从来没有放在心上。

和腾腾妈谈了漫长的四年恋爱，好像从来没感受到过钱的重要。吃一顿丰盛的烛光晚餐需要 200 多元——好办，不就一篇稿子的事吗？一件漂亮裙子需要 500 余元——没关系，我一篇三四千字的长篇通讯就能解决问题了。一颗钻戒需要 5000 余元——咬咬牙，采访发表了一篇两万余字的报告文学，得到了生平最大的一笔稿费，也很快渡过了一时的财务难关。一套 100 平方米的婚房需要 5 万余元——单位搞的集资建房，有一定的福利性质，虽然几年后才能住上房子，但需要马上交款——我傻眼了。

岳父拿了一半，可还有一半没有着落呀。只好讪着脸往家里要。大哥给了我 1 万元，父母给了我 1 万元，我自己手中有 2000 多元，最后一算，还差 500 元。真的，当时真的只还差 500 元，我怎么凑，都凑不齐了。父亲在一边看着我，问：“你再想想办法，500 元都拿不出来了吗？”我满头大汗，一脸沮丧，就那么支支吾吾地站在原地。父亲看我真的没有办法了，从包里掏出500元来，对我说："你大哥不相信你会一分钱也没有，所以故意没让我把钱全部拿出来，现在看，你真是一分钱也没有了。"

我接过钱，眼泪流了出来。父亲轻叹一声，说："你每月工资那么高，还能写会画的，听说光稿费就比工资高几倍，这几年单位里还发奖金，每次也都是一两万元的。**没见你干什么呀，你的钱都跑哪儿去啦？**"

父亲的这一番谈话，让我一辈子无法忘掉。

交完房款，和父亲一块儿到大哥家吃饭，大哥透露的一条消息，更让我内心别有一番滋味：大哥以前经常给我提到的那位下属，这次也买房了，用的全是自己这几年积攒下来的钱。我发现，其他一块工作的同事，烟不出火不冒的，也都把集资款如期交齐了。原来，一分钱难死英雄汉的事情，只发生在我一人身上。

02 我为什么陷入了财务困境

为什么一块儿上班的人，我的收入还几倍高于他人，偏偏是我陷入了财务困境呢？以现在的认识深究起来，我当初真是错误百出。

完全没有理财意识

上学时，因为是老小的缘故，我在财务方面得到了家庭最大的支持。这造成了我花钱大手大脚的习惯。参加工作后，工资到手，尤其是有了大笔稿酬后，我在财务上的自由进一步得到了解放。这种自由实际上是一种完全无意识的自由，最直接的结果就是没有理财意识，花了很多不该花的冤枉钱。

比如，我拿到人生首次工资后购买的那件上衣，现在看来就很有问题。

1. 我究竟需要买那件高档外衣吗？

当时我手中只有 1600 元，却为一件上衣一次性花掉 1200 元。资产项目下，纯消费类的“固定资产”一下子占去总资产的四分之三。连卖菜大妈都知道吃穿量家当。当时我的确不如卖菜大妈。

2. 那件外衣究竟适合我穿吗？

买衣服就买衣服吧，好歹也是添置“家产”，关键是购买衣服是临时起意、匆忙试穿、自己并无主见、听从了售货员的建议而做出的决定。这种无脑开销的随意性现在想来真是可笑。事实上我走出商厦门厅、站到阳光明媚的大街上的第一刻起，就开始后悔了。一是我发现衣服的颜色与室内比变化较大，完全不适合我的肤色；二是我发现衣服的下摆过长，这使我原本适中的身高看起来有些偏矮；三是我当时身材偏瘦，那件衣服明显过于肥大；四是当时小县城整体的气氛较为保守，我从事的也是一种较为正统、严肃的职业，而我却买了一件港台味十足的外衣，还不合身，这让我穿起来有一种滑稽的味道。

那件衣服我只穿了一次，聚餐后，就把它挂到墙上去了。同宿舍有位姓梅的同事，拿到工资后花 150 元买了一件草绿色夹克。小梅个子很高，穿我那件衣服效果特别好。我呢，肤色较黑，穿他那件夹克也正合身。所以，几乎没有任何商议，我们自然而然地就作了调换。我花 1200 元穿了一件 150 元的夹克，小梅花 150 元穿了一件 1200 元的外套。

毫无财富目标

工作两年后，我的收入状况还是比较不错的。工资每年 1 万余元，单位奖励 1 万 ~2 万元，稿酬 2 万 ~5 万元。也就是说，正常的话，当时我一年的收入在 4 万 ~8 万元。好的年份，接近 10 万元。请注意，这说的是二十年前。

收入当然是财富积累的一个方面，更重要的是支出。但当时我没有一丁点儿的财富目标，理财计划一团糟。所有的收入，仿佛流水，在我的指间流进流出。那么我当时的收入到底花到什么地方了呢？现在回过头来看，简直就是一笔荒唐账。

嘴馋

虽然单位里有免费的早餐和午餐，而且单从卫生和经济的角度看，还是相当不错的，但我很少在单位吃。在当时这算是一项福利，我自愿地放弃了这项福利。为了追求花色和口味，没事就去下馆子。单位附近的那些大小餐馆一年下来被我反复吃了几十遍。然后不断扩大探索的范围，几年后即吃遍了全县的大小饭店。最后甚至培养出听说哪有新开张的饭馆就必到哪里品尝一下的癖好。如果都是自己吃掉，也就算了。偏偏我还是一个喜欢呼朋引伴的人。一到晚上，兴之所至，我即邀请同事、朋友去单位附近的大排档一条街去喝酒——用我们这儿的土话说，叫“练摊儿”。大家都知道我有稿费收入，就常常怂恿我：“我们在某某杂志又看见你发表的某某文章了，那么长，稿费一定不少吧——请客啊。”我说好啊，我请客。一顿饭下来，稿费基本上就没了。我上班后的第二年，因为宣传工作出色，荣立了生平第一次个人三等功。市局奖了 300 元钱，然后我的那帮“狐朋狗友”又怂恿我请客庆祝，结果花掉了 700 多元。也就是说，除了奖金，我又额外赔上 400 多元工资。母亲说：“嘴就是一个洞，管不好，漏掉金山银山。”当时不明白，现在回想起来，这话简直是太形象、太深刻了！

臭美

俗话说“人靠衣裳马靠鞍”。因为深知自己长相平庸，只好寄希望以服饰来烘托气氛。正如我工资到手即拿钱去购置衣物一样，此后几年间我在穿衣戴帽上也花费掉了不少银子。其实，身体发肤受之父母，人的相貌是天生的，外在的修饰作用归根结底还只是一种醺染，衣服只可以锦上添花，哪里可以做得到化腐朽为神奇？前些天翻以前的老相册，看到与太太恋爱时的合影，我忍不住问太太：“当年我又黑又瘦，其貌不扬，可谓丑矣，你怎么偏偏看上了我呢？”太太捂嘴笑，说：“你的美体现于由内而外的气质，不在又黑又瘦的外貌。当时你身上散发出的与别人完全不同的那股劲儿吸引了我。”我听了，心下讶异，对太太从此又多了几分敬重。至此我才明白，我并不是因为买了帅气的衣服才吸引了太太，我赢得太太的青睐另有原因。

现在我的财务状况较之二十年前大为改观，身份和地位也已天差地别，但我穿衣却越发朴素。很多时候，朴素到连我的至亲好友都看不惯的地步。我有一位多年好友，就常常提醒我：“在单位里大小也是个领导了，你这样不修边幅，是不是太寒碜了？”其实，他只是因为知道实情才认为我简单。我单位里的同事、下属未必这样看。有一次，我简简单单穿一件T恤到办公室里去，一同事问：“这件T恤看上去不错哦，多少钱？”我答：“三十元。”同事伸手捏了又捏，撇嘴笑话我：“这件衣服最少二百元，你能穿三十元一件的衣服？”

大家看，世人看你，不在衣装而在江湖地位。因为爱淘便宜货，我不仅节省下许多钱，还额外收获不少如此这般的乐趣。

虚荣

当时青春年少，正是爱慕虚荣的年龄。仅传呼机一项，就做了多少孟浪事。先是攒钱买了部数字BP机，玩了两个月，羡慕人家的汉显机。又攒钱买了部汉显机，为每月价值不菲的使用费用困扰，又羡慕人家的“终免”汉显机。然后再攒钱买下终免机，没用半年，手机开始大行其道——世界范围内，经营传呼业务的公司不可避免地倒闭了。现在想来，真是太傻了。为了一个传呼机，当初的腾腾爸真是花了不少冤枉钱。要知道当时我就是一公安局小秘书，住在公安局大楼地下室的集体宿舍中，离二楼办公室直线距离不超过十五米，熟人圈局限在晚上跟我“练摊”的那几个“狐朋狗友”中，没结婚，甚至没谈恋爱，我有什么业务需求非得花重金为自己腰间挂个会叫的电蛐蛐呢？

但，我就那样干了。粗略计算，至少挥霍了我一年的工资和奖金收入。

花重金购买传呼机也便罢了，我还在完全不会开摩托车的情况下，以购买港式外套的方式，购置了一辆几千元的摩托——从想法迸出，到掏钱购买，可能总共花了不到两分钟时间。当时我骑自行车经过一家摩托车店，自行车恰巧掉链子了，满头大汗之际看到一长发青年骑摩托车狂奔的“倩影”，一下子就被那股长发飘飘的潇洒劲倾倒。马上跑银行里，取钱，买车。这辆车后来也成为朋党们的公共用车——现在想想，亦会在哈哈大笑之余隐隐心痛：那些年，我浪费的那些钱啊！

资产配置混乱

一人吃饱全家不饿的年代，我的头脑中只有钱的概念而没有资产的概念。对收入的处置，要么以活期存款的方式躺在银行账户上睡大觉，要么心血来潮地花掉。也就是说，我的资产项目下就两类：要么现金，要么消费。现金的收益率表面看起来是0，但考虑到通胀的因素，实际上是负数。消费看起来无可厚非，但因为没有精心的规划而如荒原中的野草一样自由地生长。现在明白了，资产的不同处置，会在潜移默化中影响你未来的财富增长。

如果现在的我能指导当时的我进行理财规划，我一定会提出如下建议：

1. 把工资拿出来做日常花销，但要杜绝上述一切随意花钱的行为，吃穿住行加起来，花费不许超过工资；

2. 稿酬和奖金采用零存整取方式，达到一定数目后，即投入购买指数基金；

3. 基金数值达到一定程度后，即可通过按揭的方式购入商品房产；

4. 学习并积极投身股市，积累最初的股市投资经验……

如果当时我能按照上述步骤规划经营我的财富与人生，那么我今天的处境一定会与现实大有不同。1997 年至今，中国股市至少经历了三轮轰轰烈烈的大牛市。即使当时什么都不懂、分散买入几只低估值高股息蓝筹股、模拟出一个指数基金组合，而后二十年什么都不做，死捂至今，也应有十几倍甚至几十倍的收益了吧。如果知道股息再投入，那么收益率一定会更加亮眼。

对金钱和理财有很多错误认识

财商未得启发，没有理财意识，不懂理财技巧，这些说起来还没有什么，平常人而已。最可怕的是我对金钱和理财的错误认识。当时我总是认为金钱和人情世故是完全对立的两件事。一个人一旦重视起了金钱，就会轻视友情，就会经意不经意地散发出铜臭味。当年大哥的那个下属为了攒钱，甚至不愿意接待前来县城看望他的哥嫂，此事在单位里一时传为笑谈。这件事情也深刻地影响着我，使我走向了另一个极端。我几乎天天拿稿费请朋友“练摊”的经历就是这种思想的反映。似乎只有把钱花出去，在金钱上表现出不屑一顾的态度，才对得起友情，做人才光明磊落。对待金钱的态度如此，当然不可避免地影响到我理财意识的觉醒。手中已经没有钱了，你还理什么财呀？

现在我明白了，过度重视和节约金钱固然是一种错误的做法，但无视或轻视金钱对自己及家人幸福的保障作用更是大错特错。**金钱本身并无恶意，只要来得端、用得正，它具有为人类创造福祉的神奇作用**。中国文化中历来有重义轻财的传统，这种传统一俟固化，贻害无穷。大众理财意识的觉醒，首先需要克服的就是这种对待金钱的错误认识。

03 我的投资理财之路及其经验教训

当年为500元集资建房款而一筹莫展并至英雄落泪的场景，给了我深刻的教训。这让我渐渐开始关注自己的财务状况，第一次从行动上有了积蓄财富的冲动。从此，我竟逐渐走上了一条理财投资的康庄大道。

说起来，我的理财投资之路，充满了很多半真半假、歪打正着的谐趣。

第一桶金

交完单位集资建房款后，我意识到人生面临着结婚、生子等诸多大事，这些都需要花大钱，再这样入不敷出显然说不过去。我即收敛了玩心、吃心、喝心、虚荣心，开始向大哥经常提起的那位葛朗台式下属学习积蓄之道。在单位里吃、喝、住、行，节省一切可以节省的开支，同时拼命写稿、发表、积攒稿酬，仅用一两年的时间，竟然飞快地积蓄下了3万多元的银行存款。

结婚前夕，当父亲听说我在这么短的时间内居然攒下这么一笔钱时，吃惊得不得了。而我，内心有一种喜悦，更有一种豁然开朗的空明感。这种前后迥然不同的对比，更给我留下不可磨灭的心灵记忆。从此我就明白了对于初入社会的新人来说，积蓄对积累人生第一桶金的重要意义。

对于理财来说，开源与节流，是两个永恒的主题。从此之后，直到现在，我一直秉承着这种包含着节俭、朴素、耐心、持恒等诸多美德的积蓄精神，简单而快乐地工作与生活，受益匪浅。

靠着自己的这点积蓄和家庭的支持，我顺利地娶妻、生子。结婚的时候，双方家庭把来自于亲朋好友的礼金都如数交给了我们，算是对我们这个小家庭的第一笔资助。有了儿子后，岳父母和我父母兄姐给儿子的见面礼，算是对我们这个小家庭的第二笔资助。总共约 20 万元，现在看起来不多，但在当时环境下委实不少。要知道那时小县城一套 100 平方米的房子也就 10 万元。那两年，我继续拼命地写稿、发表、赚稿酬，收获可能是参加工作以来最多的两年。24 岁那年，我在单位的支持下，还出版了平生第一本书——四十余万字的报告文学集。在收获种种荣誉的同时，单位还给我颁发了 1 万元奖金。加上这些收入，我们小家庭的积蓄很快达到 30 万元的水平。

当时我就是一个公安局普普通通的宣传秘书，财富意识刚刚觉醒，腰里揣着一笔小小的银行存款，感受到了一种从未有过的、由财富带来的踏实、舒畅、愉悦、幸福等诸多美好的感受。有些害羞，又有些想炫耀。感觉钱已经很多，但又觉得还远远不够。那种欲盈而未盈的“烧包”感现在想来还忍不住发笑。

当年，我真是好傻啊。

投身股市

2005 年左右，太太不顾我的反对，从银行存款中拿出几万元，跟着同事买了一点偏股型基金。恰逢牛市启动，不到一年的时间，居然有了大约 50% 的盈利。这事儿让我非常惊讶，人生第一次意识到，除了银行定期存款，我们还可以有另外也许更好的方式来处置个人资产。

在这之前，我的理财知识仅限于从父母那儿继承下来的传统认识，以为把钱存在银行里，就是最稳妥、最天经地义的事儿了。但是太太购买基金获得成功的事实深刻地教育了我。为了更好地购买基金，我跑书店里买了一本详解基金投资的书。这本粗陋的小书，成为真正开启我理财意识的钥匙。因为在这本书里，我知晓了理财的重要性，明白了个人资产的含义，理解了基金运作与盈利的逻辑，复利、投资、投机、股票等这些混乱而模糊的概念开始装进我的脑袋。

可以说，我开始平生第一次以半觉醒的状态来回顾和分析过去理财过程中的种种错谬与失误，也开始认真地思考自己未来的理财投资之路。

太太再接再厉，又跟着同事到证券公司开了股票账户，投入几万元小试牛刀。这一次与买基金不同，一番折腾下来之后，深套其中，苦不堪言。要知道那可是一次名扬全国的大牛市行情啊，沪指从千点之下扶摇直上，最高达到六千余点。人称“傻子都能赚钱”的年代，太太居然还是亏钱的。

太太看到我爱看书和思考，“喜欢琢磨事儿”，索性把股票账户交于我打理，乐得当个甩手掌柜，彻底从焦躁与痛苦中解脱出来。

彼时我对股市、股票还只是有一个朦胧的认识，为了尽快弄清它们的机理，我开始买书恶补各类相关知识。一边看、一边学、一边操作、一边思考，不知不觉十几年下来，自己竟渐渐开窍。我有幸全程经历了 2008 年与 2015 年两次世所罕见的“世纪性大雪崩”，至今收获丰厚。

在投资股市的过程中，我当然也遭受过套牢、亏损甚至种种“黑天鹅”事件，但总体上看，每一次失败和挫折都像每一次成功和收获一样给我带来更多的经验和教训。这些正反两方面的经验教训成就了我、富足了我。

更重要的是，这些年的业余投资经历不仅富足了我的生活，更是对工作和生活等人生很多方面带来了积极的影响。由投资而生活，我从中领悟到了很多做人做事的道理。

真可谓一道通、道道通。

这算是人生的另一种收获吧。

实践出真知

这些年的理财投资经历，让我深刻明白了如下几点道理。

理财是一门学问

普通人常常陷入一个思维误区，总认为理财是富人才有资格做的事，跟我们平头百姓无关。实际上，只要你生活中有现金流存在，你就有理财的需要。现金流这个词在这里的含义就是：无论你手中拥有的钱财是借贷来的，还是自有的，你都有打理的必要。假如是经营一家企业，你会非常慎重地对待企业的财务问题。但为什么到了生活中，却漠视财务问题呢？打理好自己的生活，和经营好一家企业，有本质上的区别吗？

生活中常见的例子，正如上文详细剖解的腾腾爸和那位现实版的葛朗台同事，同样的收入状况，同样的生活背景，有财务打理行为的与没有财务打理行为的两类人，生活状态则完全不同；有财务打理行为的与没有财务打理行为的同一个人，前后生活状态也会完全不同。

随着研究的深入，你会发现，从财商到财知再到财技，理财是一门完全系统化的科学，它包含经济、货币、投资、政治、历史甚至心理等各个宏观与微观的层面，是一门涉及面极广的综合性立体化科学。认识它、学习它、掌握它——我们不必人人都成为专业理财师，但至少应该让我们可怜的财商得到些许启发。理财的目的未必是成为豪富，但在力所能及的基础上避免财务困境却是完全可能的。

所以，听腾腾爸一句话，从今天开始，重视理财这门学问吧。

理财应趁早

关于理财，普通人常犯的另一个错误是，认为只有成家立业、有了一定积蓄后才有理财的需要，除此之外都是没有必要的。但事实恰恰相反。我的教训是，对任何一个正常生活的人来说，理财都是必要的。为了尽快改变自己的财务状况，理财不仅不是可有可无的，而是越早越好。据说犹太人的财商教育从出生始，至死亡终，这才成就了“世界的财富都装在犹太人的钱袋里”的神话。中国人自古重仕轻商，以重义轻财为美德，完全扭曲了义与财的和谐共生关系。对中国人来说，这是一个流传了千年的错误。

为什么反复强调个人理财越早越好？因为理财或投资中，时间因素不可忽视。香港投资家曹仁超先生对于股市投资曾经有一个“三十年致富”的理论。大意就是强调时间对于投资者的意义。也有很多研究者（包括腾腾爸）认为，巴菲特之为巴菲特，很重要的一个原因就是他活得足够长。活得足够长的意思是他投资的时间跨度也足够长。

正确的理财观、投资观不是强调一夜暴富，正如上一章总结的，作为普通投资者，一定要放弃暴富思想，静水流深，不疾而速。这就意味着，若想通过理财致富，必须在收益这个因数上，再乘以时间的系数。

一个人生命有限，中国人的平均寿命现在大约是 75 岁，如果按照“三十年致富定律”计算的话，至少应在 45 岁之前开始着手理财和投资；如果不是想在死亡前的那一年才成为有钱人的话，理财投资的时间应该至少提前十年；如果承认自己只是普通人，在理财方面也许只有中等资质的话，这个起始点应该再提前十年。但是反过来测算，假如我们在七八岁、十余岁就能开始理财与投资，使自己的财商、财技尽早得到开发，在三四十岁就能享受到财务自由的乐趣，人生岂不是更为美满？

张爱玲说：出名要趁早。腾腾爸套用一下：理财（投资）要趁早。

投资是理财的必然归宿

存款是攒出来的，财富是挣出来的。开源和节流虽然是理财的两个驱动轮，但很明显二者的性质和地位是有本质性的区别的。节流的目的是对现有资金的管理，开源的目的是为未来创造更多的资金来源。把你手中的钱积攒下来只是理财的一个方面，恰当地处置和利用好这笔钱，用钱生钱，创造出新的财富，则是理财工作升级换代的必然产物。

中国人向来有节俭的习惯，这对于理财来说，其实只是做了很简单、很粗陋的一小步，更重要的理财技巧应包含在以钱生钱的方式和渠道中。这个过程，就叫投资。

钱多了，干什么？

去投资。

投资干什么？

为了有更多的钱。

因此，理财的结果必然是引向投资，而投资的结果则是更好地理财。这二者就是如此紧密联系、相辅相成的关系。

投资渠道虽多，股市最妙

改革开放之初，人们的理财方式非常简单，除了银行存款，购买国库卷，空无他物。经过三十多年的发展，国家的金融创新越来越多，人们的理财工具也越来越丰富。存款、债券、期货、房产、基金、股票，还有古玩、字画、金石，甚至包括邮票、丝竹、葫芦、核桃，只要你能想到的，可以说都有可能成投资的工具。

以前是投资品种少，人们没有选择的余地；现在则是投资品种多，人们在眼花缭乱中没有了选择的能力。因为我们谈论的是投资，而不是投机，所以去掉那些非生息类的投资品种，日常使用最普遍的投资品种就剩存款、债券、基金、房产和股票等几个大类了。

存款安全性极好，但从长远看，利率很难跑赢通货膨胀；债券虽然安全性也很好，收益率一般固定，收益比存款好，长期看，也就略超通货膨胀，很难有超额收益，虽然基本能够保证本金的安全，但最大的损失来源于边际成本；基金从世界范围看，也就是与市场跑平而已，波动的风险与它投资的对象密切相关，也很难逃避种种系统性风险，而且选择基金的难度一点不亚于选股；房产从总体看，是有长期的保值增值能力，但考虑到流动性、投入本金及当前中国房地产已经在大周期中繁荣了二十余年的现实，对一般人而言，也未必有更好的机会；反倒是当前被国人视为赌场的股市，越来越具有诱人的吸引力。在流动性、收益率、入市门槛等方面，都具有不错的吸引力。最关键的一点，与已有一二百年历史的欧美发达国家的股市相比，中国股市尚处在少年期，加之国家经济正处于升级换代的转型期，未来还具有极大的增长空间，所以中国股市未来进一步的发展壮大和规范健全是非常有想象空间的。目前中国人的金融资产还更多地存留在银行存款中，A 股自然人账户仅过亿数，与发达国家相比，直接或间接持有的股市资产还处在绝对的低位水平上。

这一切都深刻地蕴含着股市投资对当代中国人的意义。

风险和收益虽然是相伴相生的，但从中外信奉价值投资理念的长线投资者的投资历史及业绩看，时间会有效熨平风险带来的波动，长期跑平或跑赢市场对普通投资者来说，是完全没有问题的。

04 理财投资的步骤及原则

理财投资须分步

理财意识觉醒之后，如何进行有效的个人理财投资呢？我认为应该做好如下几个步骤。

建立属于自己的财富目标

人做任何事情，都应首先建立目标。只有目标确定，才能将种种无意识行为转化为有意识行动。理财同样如此。

理财的目标也包括远期目标和中短期目标。远期目标可以设定在解决财务困境、让自己的财务状况更宽裕一些等低预期档位上，也可以设定在大富大贵或财务自由等“高大上”的目标上。因为人生能至大富大贵者毕竟凤毛麟角，除了正确的做，往往还需要运气的成分，所以在这一方面我的建议是尽量放低一下预期。低的预期更好实现，实现低的预期再向更高远的目标进发，才可获得层层推进的力量。中短期目标因人而异，可以五花八门。比如，你可以设定为买一部手机、买一辆车、出一趟国、换套好一点的房子等。相比于笼统的长期目标，中短期的目标更具体，也更好实现。

很多人一想到投资理财，则必要财富增值达到多少多少倍云云，其实类似想法八成都是不靠谱的。每个人从事的职业、收入、现有资产、承压能力等各有不同，所建立的财富目标也应量体裁衣，突出个人特色。理财的终极目的是为了让自己生活得更好，而人生的幸福感未必就一定是来自于帝王将相，一件件小的人生目标达成，连成一串，就能织就美好人生。

积攒和分配好现有收入

我们人生的第一桶金也许来自于父母亲友的馈赠，也许来自于自己天赋异禀的收入，甚至可能来自于一笔某种不可言说的意外之财，但对于大多数人来说，进入职场，辛勤打拼，通过挣取或微薄或丰厚的薪资，可能才是生活的常态。除非生于大富之家，绝大多数人的理财之路都应该是从人生低点处起步的。所以避免腾腾爸曾经的那段孟浪经历，把你的薪水尽量节省下来，并合理分配使用，才是追求理财目标的当然之选。人生不可能靠积攒而至大富大贵，但人生的第一桶金却常常是通过积攒获得。

分配好收入的含义，是指合理地控制好开支。不懂它含义的朋友，可以再回顾一下我当初的狼狈相。如何分配好，我不多说，既因为琐碎，也因为因人而异，更因为只要稍动脑筋，做好这些并不难。

做好财富的“开源”工作

富人的收入肯定不会仅仅来自于职场上的工薪。别忘了曾经财务困窘的腾腾爸还有着至少三种收入。而前文也曾反复强调，“开源”与“节流”两项理财绝杀技中，更重要的一项应该是开源。动动脑子，发挥好你的特长，若在开源上有收获，则你的理财工作已经成功大半。

投资，让钱生钱

驴打滚，利滚利。这是旧社会地主统治阶级盘剥劳动人民的金融伎俩。但是到了日新月异的新社会，你完全可以通过改造、吸收，把它转化成为自己荷包服务的手段。当然，我没有提倡或者鼓励你像以前的黄世仁那样去放高利贷——事实上，我是非常反对普通投资者使用民间高利贷这种落伍的投资工具的，在未来的某个章节中，也许我们还会专门探讨和批驳这个问题——我所推崇的，只是那种“让钱生钱”的精神实质。现在合法的理财工具很多，总有一种适合你的方式方法在财富的奔跑之路上助你一臂之力。你所要做的，就是找到适合你的方式——当然，腾腾爸向你推荐的，如上所述，是股市。

理财投资的四项基本原则

按照上述步骤走，你的理财之路一定可以顺风顺水。但是，投资理财看似轻松，毕竟不是儿戏，它还是需要遵守一定的基本规律，也就是说，还有一些基本原则，需要提前厘清。立足于普通投资者的身份定位，腾腾爸总结出了四条——姑且称为“四项基本原则”吧。这“四项基本原则”既是我二十年投资理财的经验总结，也是构成本书基本框架的四根支柱。不一定是“巴菲特”们能看上眼的，却是指导着我一步一步走到今天的真经实传。写下来，供大家探讨。

安全性

投资理财的第一项基本原则：**把钱放在安全的地方**——我们姑且称为安全性原则。

你已经拥有的，是你正在拥有的，既是你过去所有努力与付出的总结，也是你未来工作与生活的保障——但是若不加以珍惜，你现在拥有的，并不代表你在未来会继续拥有。世上万物，无论金钱、青春，还是机会、友情、爱人，莫不以失去为最大痛苦。但是失去却有两种完全不同的方式：一是符合规律、有意义的失去，不是真正的失去，如你用金钱买来了你切实需要的消费，这是金钱的价值得到了体现，这样的失去显然不是真正的失去，它只是价值从一种形式转化成了另一种形式。你花掉2000元，抱回一台电视机——在你个人的资产负债表上，货币项上虽然少了2000元，但是固定资产项上却多了一台电视机，你的资产总额实际上是没有发生变化。二是违背了规律、无意义的失去——这是一种真正的失去，如你因保管不善丢失了2000元，做生意失败亏掉了2000元，如此等等。我们在未来需要探讨的，就是什么样的投资理财方式才能保证资产的安全性问题。

收益性

投资理财的第二项基本原则：**学会让钱生钱**——我们姑且称为收益性原则。

把钱放在安全的地方，避免无谓的损失，做到这一点，只是实现了财富的保值，而投资理财的目的显然还有增值这一项，否则投资理财的意义就会至少损失一半。事实上，世上还没有绝对安全的存钱方式，有的只是短期和长期、安全与收益的计较与取舍。比如，我们把钱锁在保险柜里，短期看可能是解决了钱财的安全性问题，但放长周期看，仅仅通胀就能吃掉很多财富。所以，要把钱滚动起来，像一个资本家全心全意经营好自己的资本、打理好自己的生意。这样，你手中的钱，才不再是单纯的钱，而是转化成了能为你带来更多财富的资本。用经营企业的思维来打理你的钱财，你的钱，就成了利润之源。那么怎样用手中的钱滚动起你财富的雪球？我给出的答案是寻找好企业，然后购买它的股票。因此，在未来如何寻找好企业，可能会是本书重点探讨的内容。

复制性

投资理财的第三项基本原则：**简单实用**——我们姑且称为可复制性原则。

世上的确有人通过买彩票而一夜暴富，而且几乎期期彩票开出来后都有人在瞬间完成人生的逆袭，但即便如此，世上也很少有投资达人把购买彩票视作发家致富的可行性手段——世人购买彩票的虽多，但绝大多数都是以试一试的心态参与其中。娱乐和投机的心态远远大于投资和理财的心态。为什么会这样呢？因为以运气为主导的发家致富方式，不具有普遍适用的特征。无法复制的方法不是方法——这在投资界应该是一条铁律。

如果承认和接受我们绝大多数人都是普通人、在投资的道路上注定是普通投资者的现实，那么我们就应当努力寻找一条属于自己的投资理财方式。这个方式必然符合以下几条要求：它必须是简单的，简单到可以让我们普通人理解和掌握的程度；它必须是可行的，至少已经被投资实践反复证明有效；它必须是可复制的，因为只有这样，它才能为大众所用。

也许有人会说：扯淡，人人都能掌握的方法还会是好方法吗？世上哪有这样的方法？我告诉你，有的。在自行车发明之前，人们骑马或跑路上班，走不远，还很累。自行车发明之后，骑车的方法就被大规模复制，从而实现几乎人人都能学会的目标。事实证明，骑车的方法，是简单的，有效的，而且是人人都能学得会的。在汽车发明之后，类似的故事再次重演：开车的方法是简单的，实用的，而且还是可以大规模应用的。所以我告诉你，不仅简单实用的方法可以有，而且可以造福绝大多数人——再引申一下，我们甚至可以打保票地说：世上所有伟大的发明、创造、方法、理论，都应当是简单、实用、可复制的。

不具有复制性，就不具有伟大性。这个问题，可以继续质疑，我们先谈到这里，在本书以后的章节中，还可以继续探讨。寻找一条适合大多数人的简单实用的理财投资之道——这是腾腾爸为本书设定的最重要的一项任务。还是那句话：您可以继续质疑，但万一要是成功了呢？试一试吧，出去走走，永远比缩在家里强。

持续性

投资理财的第四项基本原则：**持之以恒**——我们姑且称为持续性

原则。

除非生于大富大贵之家，普通人的财富都需要积累这个程序。我在以前的章节中，告诫朋友们要摆正自己的身份定位，降低投资预期，放弃暴富思想，但我从来没有否认普通人可以通过自身的努力实现财富上的升腾——相反，我认为财务自由，甚至大富大贵，在找到好的方法之后，是可以通过持之以恒的积累实现的。

关于复利以及复利的规律，很多投资类书籍上都有大段大段的分析和描述，我在这里就不再掉书袋子了，我只讲一件事情：现在世人都尊称巴菲特为“股神”，投资者言必称巴氏者，大有人在——腾腾爸基本上就算一个吧——但世人不知道的是，巴菲特最成功的地方并不是他有多么神奇的投资技巧，而是他拥有许多人不具有的健康长寿。有人测算过，巴菲特90%的财富是在他50岁之后挣到的，原因就是以前他的财富基数低，而到了50岁积累到一定程度之后，复利的威力得以充分发挥。

这个道理好理解：5元钱，翻一倍，才到10元钱，而100元钱，涨50%就是50元钱。巴菲特投资年化收益率20%稍多一点，在很多人眼中这个数字不值一提，因为很多人，甚至很多傻子在年份好的时候都能达到这个投资目标，难得的是巴菲特这个成绩保持了六十余年。

所以持之以恒，尽量延长你的投资期限，才是你达至投资理想的终极之途。而延长投资期限的方法主要有两个：一是尽量活得长一点，二是早投资一点。说来说去，就又说到了本章的题目上去了。

嗯，是的，没错，这意味着我们本章的话题，聊完了。

第三章

一条船的投资学分析：投资的第一要义是安全

2013 年初，一位朋友对我说，他准备投资建一条运输驳船。我生活的这座小城，靠着大湖，通着水路，又以盛产煤炭著称。所以我们这儿的人，有钱就干两件事：一是贩煤，二是运煤。有大钱的去贩煤，有小钱的，就造船。我一听事关投资，立刻来了精神，问这问那，出谋划策。

01 关于一条船的分析

前景分析

我问他的第一个问题："你为什么要造船？"

他回答："一是手上的钱存银行里利息低，跑不过 CPI，得为闲置的资金寻找出路；二是现在的钢材降价厉害，已经从高点处的每吨六七千元，降到了三千多元，以前造一条载量 1100 吨的大船得二百多万元，现在只要一百万元左右，现在造船厂的生意特别好，大家都在抢着造船。"

第二个问题："造船之后怎么经营？"

他回答："造好船交给船老大，签订租赁合同，船老大统一经营，每年定期分红。"

听起来不错。袖手捡钱。

第三个问题："运费怎么算，也就是每年的利润怎么样？"

他回答："每吨运费基本就是十四五块钱，1100 吨的载量，一趟能赚 2 万元。按照一月一趟算，一年就是二十多万元。所以，跟船老大签合同时，通常签一个固定的数，大概一年十四五万元吧。"

第四个问题："还有其他成本吗？"

他回答："有。办个船证，每年审一次，交几百块钱的管理费。每年再修整维护下，也得几千块钱。还得雇个船工，现在基本上每月3000块钱工资。杂七杂八，一年得花掉4万多块钱。”

第五个问题：“一条船能用多少年？”

他回答：“十四五年。之后旧船拆解，当废铁卖掉，按现在的价，能卖将近三十万块钱。”

问完这些之后，我就跟朋友算了一笔账：“假设这条船总造价按现价的最低值算，100万元；服役时间按最长的算，15年；每年租金收入，我们就朝多了算，固定15万元；维护及工人工资等零碎支出，按少了算，4万元；旧船处理，也按多了算，30万元。那么，每年租金收入减去各项支出，还剩11万元，乘以15年，共获利165万元，卖掉旧船后，共195万元。就算是200万吧，也就是说，你用100万元，用15年时间赚了100万元，利润率是多少呢？大概地估一下，也就百分之四五吧？而中国的经济呢，我估算着，至少未来十年，每年能增长7%，之后五年，再降一个台阶吧，5%总是能保障的吧。如此算来，你的利润率，恐怕还是跑不过通胀呀？”

朋友默然。过了几秒钟，说：“但是这生意安全，没有风险呀。”

我一听，笑了。前边我给他算的是最直观的经济账，接着，我就掰着指头，给他算了一笔还没有加进去的潜在风险账。“从宏观上讲，国家的经济结构一定会转型，未来十年，房地产一定不会像以前那样好，钢铁、煤炭这些大宗商品需求量下降，价格极有可能会继续下降。钢价如果继续下降，船的价值就会随之下降；煤炭需求减少，运煤的生意恐怕也不会太好，运费就会下降。刚才你也说了，现在造船的极多，船一多，竞争就大，这本身也会造成运费的降低。另外，从趋势上看，未来人工工资等其他零碎支出，也只会增加不会减少。如此，未来风险极大。”

朋友不语。沉默了一会儿，又狠狠地说：“我还是认为造船比存银行好。”

既然已经讲到这了，我索性把话讲到底，便耐心地继续给他分析："除了上边这些宏观上的潜在风险，从资本运作的角度看，你还有一些微观上的风险——这条船上百万元，它的流动性是非常差的，比如万一你有急事想出手，不是一朝一夕就能沽出兑现的，也就是说它的兑现性非常差。另外，船老大的信用、不可预知的天灾，如此等等，这些消极因素都还没有考虑进去呢，尤其是经营这条船，你本身浪费的人力精力，还没计入成本呢！"

讲到这，朋友不耐烦了，反问我："既然这样，像你所说，造这条船还亏本喽？为什么还有那么多人去造船？人家都是傻子，就你聪明？"

我笑了，说：**"从投资的角度讲，大多数人做的事情，并不一定就是正确的事情。"**朋友瞪着眼睛问我："那你说，不造船我干什么好，还让它躺银行里，天天贬值？"我说："你买股票啊！现在大盘不到2000点，未来牛市一来，翻倍是没问题的。"朋友哈哈大笑起来："谁像你这么能，会炒股！"

投资的要义

我突然明白了，朋友到我这儿来的目的，并非征询意见。他已经下定决心造船了，并不存在商量请教的问题。他就是来给我说这个事的。就像对我说"天气预报说明天会下雨"一样。我感到非常惋惜。救人是很难的。做好事不能一厢情愿。我笑笑，不再多言。

这事儿看似简单，表面上只是一位朋友计划投资建造一条运输驳船，在万千普通百姓家中，不过是一项简单的理财规划，但在我眼中，它暗含着一个重大的理财投资命题，即如何让我们的理财和投资更为安全。

因为知道我投资股市有几个年头了，经常有朋友跑过来问我怎样投资，我总是回答，"一定要安全"。来问投资的，肯定都是想赚钱的。我不谈赚钱谈安全，来者听罢，总难掩失望之情，以为我在敷衍。其实，是冤枉了我。我不仅认为安全很重要，而且认为投资的第一要义就是安全。

当年有人问巴菲特投资最重要的事是什么，“股神”答：“第一是不要亏本，第二是记住第一条。”所以安全是投资的前提，没有安全做保障，哪怕成功的投资也是投机，成功只能归功于运气成分。而若想确保投资的安全，则投资之前一定得有一番冷静的测算和预判。这就是我常说的：投资的前提是安全，安全的前提是冷静。

基于这一考虑，朋友投资造船这事儿引起了我持续的关注。我希望把它作为一个案例，来检验一下我的投资安全观。

实际效果

一年之后，一个偶然的机会，我到一个船厂参观，跟船厂有了如下一番交谈。

我问：“现在钢板多少钱一吨了？”

答：“2400 块（事实上，后来钢材下跌得还更惨）。”

我问：“现在造一艘 1100 吨的驳船得多少钱？”

答：“杂七杂八，总共加起来，最多最多，不会超过 85 万元（事实上，最低的时候，只需要 40 万元）！”

天呐，朋友的船刚造好，就白白损失了 15 万元（最低的时候，其实损失超过本金 60%）！

我问：“现在运费怎么算？”

答：“降了，现在一吨也就十块、十一块了（事实上，后来运输一度降到五六块钱——其实已经没法做了）。”

我问：“为什么降这么多，去年不还是十四五块的吗？”

答：“用煤少了，船又多了。”

我问：“工人费用怎么算的？”

答：“现在工人工资噌噌地往上涨，一个月不给 3500 元就没人干了，经验丰富的，至少得4000元！”

我问：“船老大好找吗？”

厂长笑：“你说呢？那么多船！船老大也得挣钱啊。找不着活，他敢雇那么多船吗（事实上，因为经济的低迷，大多数船队曾经在两年多的时间内几乎无生意可做）？”

所有条件，全面恶化。一条运输驳船的收益，有兴趣的朋友可以按我上述方法重新算算。反正我是懒得算了。

结果评判

这期间，股市又发生了什么呢？大盘总体涨翻一倍多。很多个股上涨数倍。即使此后发生了罕见的连续千股跌停的世纪性大股灾，最低点的大盘也比起动前高出30%。

个人认为，未来随着国家供给侧改革的大力推进，大宗物品价格将会触底反弹，钢价也肯定会有所回升，朋友也许还有机会在单纯的船价上收复失地，但是至少有3点损失却永远无法挽回了。

1. 机会成本——比如，投资股市所应该带来的收入，这个可能是最大的损失；

2. 预期中的运费收入——即便经济能重新回到过去那样的高速增长期（实际上这几乎是不可能的事情），因为造船的时机选择不好（大家都在扎堆造船，同业竞争激烈），煤炭运输业最好的时光也已经过去了；

3. 折旧——这个好理解，不多说了。

后来再见到朋友，想问问船的事儿，他脸拉得老长，讪讪的。

写到这里，可能有朋友要问：那将来形势要是再变化呢，比如，将来要是发生超级通货膨胀呢？

的确，一般的经济学常识告诉我们，要是国家真发生了超级通货膨胀，只有两类人最赚便宜：一是在银行里有高额贷款的人——因为贷款贬值了，也就是能用较少价值的钱还以前较大价值的账了；二是拥有实物资产的人——因为贬值的是纸币，实物的价值不会变化，而价格则会随着纸币的不值钱而在纸币的数量上不停地飞涨，最终抵销通胀，从而达到抵御通胀的效果。

对于这个问题，我有两方面的回答。

首先，我非常不赞成这种把国家前途看得一文不值的思想。对于我们国家的国运，我不相信崩溃论者，我更相信罗杰斯——罗杰斯长期看好中国。即便罗杰斯，实际上也是一个参考。我更相信我们的政府，我更相信我们的人民。除此之外，我还相信我的观察，我的常识告诉我：在一个经济逐渐繁荣、综合实力稳步上升、全国人民都有着统一的忧患意识、呼吁并同意政府搞改革的国家，很难发生那么不堪的一幕。

其次，即便真的发生了所谓的超级通货膨胀，关于经济关于股市的常识也告诉我们：股票是企业的证券化，其实质就是一种实物资产——急剧恶化的通胀系数会短期冲击股价，但将时间稍微拉长一点，通货膨胀的系数就会慢慢地折算传导到股价上。因为按贬值后的货币计算，企业的资产净值增加，股价同样会上涨！这时候持有股票，和持有实物资产是可以画等号的。甚至因为股票的兑现性、流动性，比个人拥有傻大笨粗的实物资产更具有比较优势！

02 安全投资的四个特征

讲到这里，可以总结一下了，如果计划投资，我们需要购买什么样的标的，才更具安全性呢？我认为，安全的投资标的，必须具有如下四个基本特征。

高度的可支配性

这个支配性，不是指法律意义上的由财产所有权延伸出来的自由支配性，而是指你在具体操作中的实际支配性。简单地说，就是它在我的眼前，在我的手内，我想怎么处置它就怎么处置它，它完全控制在我的范围之内，我想什么时候卖就什么时候卖。谁也拿不走，谁也偷不走。再以朋友造船为例，船造好之后，自己不能经营，得租给船老大。从法律上讲，船租给船老大之后，租赁期的使用权就不属于你了，支配权转让，你想调动，你就有毁约侵权的可能。你的船，你却不能想什么时候卖就什么时候卖。更糟糕的是，万一碰到个道德败坏私欲膨胀的家伙，把你的船开走，抵押，或者卖掉，一走了之……虽然这种可能性不太大，但在现实生活中却也屡见不鲜。尤其在经济下行期，这样的案例更是随处可见。

所以从这个角度讲，土地的安全性最强。你买了，放在那，偷不走，抢不走，只要勤劳，年年生息，即便承包出去，还是承包的人到你这儿来在你眼皮底下种地——所以在我心目中，地主是一个最好的职业。

畅通的流动性

即易兑现。我想买的时候就买，我想卖的时候就卖。不会因为这东西不好卖而出现财富无法周转的窘境。比如说我这朋友的船，一条船便宜了也得几十万元，如果因为某种原因想抽资撤退，能说卖就卖吗？因为庞大，主顾小众，买方市场弱小，所以我们这儿有很多船主，想卖一条船，非常困难。卖得便宜吧，吃亏。不便宜吧，又没人买。往往一晃就是几年。能几个月就找到买主的，常常庆幸祖上积德。这么差的流动性，对普通投资者而言，怎么能行呢？急惊风碰到个慢郎中，这样会死人的！

这方面，房产也不好。前几年房地产光景全国普遍很好时，想卖个房，日子还好过，但是时移势易，现在再想卖个房，你试试，尤其是小城市。所以要不是因为刚性需求，仅仅为了投资，房子的流动性显然不是最好的。

稳定的收益性

投资最直接的目的是什么？赚钱啊。赚多少钱呢？最少也得跑过 CPI 吧。从稳定盈利的角度看，造船搞运输显然不符合要求。但股市却有很多股票，完全符合要求。以中国银行为例。当年我朋友买船时，中国银行股价基本上就是最低的 2 块 3 毛钱，每股分红多少呢，接近 2 毛钱，股息率是多少呢，竟然高达 8%！这个数字，现在看来多么恐怖啊！比买船要强多少倍啊。买了股票放在那，一点心不用操。股息率就高过了所有的银行存款利息，甚至超过了贷款利率，这就意味着买股收息仿佛银行放贷！这样的生意哪里找去？可是当年就是没人买！这就是我当年到处向亲朋好友推荐股票的原因！即便现在，中国银行虽然远不被广大投资者看好，但股息率多年来稳定在4%这个水平之上，远超同期CPI涨幅！直到现在，我还是坚定地认为银行股股价有继续上行的潜力。至少，还得有50%的理性上涨空间。

边际的稳定性

投资的标的，得能长期存在，不能受外部因素影响太大。比如那条船，再会维护，寿命也只有15年，每年折旧费惊人。有两年抓不到运输生意，收益率马上降成负数。这样的亏本买卖，实在难做。再来看看我持有的中国银行。新中国成立前它就存在了，新中国成立后它依然存在！而且，我可以负责地告诉你，在可预见的未来，它还是会存在的。虽然这些年投资者担忧坏账、互联网金融和金融脱媒的冲击，股价很少有表现活跃的时候，但这就是它的稳定性啊。说起来，选择投资标的，就像找媳妇，你不能光找那些看着好看但病怏怏的女子。从生物学上讲，这不利于传宗接代。从经济学上讲，不利于持家过日子。如此大事，不能不慎重考虑。

四美兼具

通过以上种种，大家想想，买了之后，既有支配权，又有流动性，还有收益性，更有稳定性，现实生活中这样的投资标的，哪儿找去？我的答案是：到熊市中的股票市场里找！就找那些低市盈率的（四五倍的）、低市净率的（熊市中破净的股票大把大把的有）、同时又是一贯高股率息的（至少5%以上的）、同时又有一定增长潜力的、在熊市里被人骂得一文不值的大盘蓝筹股！

牛市中，这样的股票会越来越少，直至完全消失。如果恰在此时入市，投资者应该怎么办呢？一是等。等到牛死熊来。二是寻找市场中的估值洼地。便宜就是硬道理。谁便宜买谁。前边我们说过，投资只干三件事：寻找价值，寻找价格，耐心等待。投资的艺术很大一部分就是等和守的艺术。

03 投资安全观

普通投资者怎样才能建立起自己行之有效的安全观呢？我们可以从安全、风险、市场、心理四个方面探讨这个话题。

安全意识

安全第一

江湖上，保命是第一位的。股海中，资本安全是第一位的。偏偏股海中人，越游越远，越游越胆大，自认为越游越熟练，其实是越游越不安全。当然，世上没有绝对性的安全，光谈安全不谈其他，似有故步自封之嫌，缩手缩脚何谈投资？但是，世上虽无绝对性的安全，却有绝对性的风险！比如，当初七八倍估值的“大烂臭”（蓝筹股谐音），比几十倍估值的中小板安全；后来十倍、八倍估值的“大烂臭”，又比动辄估值上百倍的“神创”安全。我倒不是说估值低就意味着股价不会下跌，但至少地上的安全性明显优于天上飘着的。道理很简单：从墙头上无保护装置掉下来，摔不死，但从飞机上无保护装置掉下来，一定摔死。这就是我反复地强调安全的原因——股市的安全教育得从新入市的股民入手，让他自踏入股市的第一天，就树立起强烈的安全意识。这比随时随地地提醒安全，要有用得多，重要得多！

新手策略

正是基于安全性原则，对于股市新丁，我的应对策略简单而明了：投入资金绝对不能过大。如果家有百万元，我建议只投入 25 万元，最多也不要超过 30 万元。谨记一点，投资的目的是为了将来更好的生活。在对股市一窍不通的情况下，最好学学腾腾爸，用最大的保守来做最安全的事儿。而足够低的份额就是足够高的安全垫。说句大家不爱听的，新手在牛市中是很难发财的，一时的发财，很难阻止最终覆灭的命运。因为即使发财，你也不知道你是因为什么发的财，你现在靠的是运气，不是技术，更不是本事，弄不懂这一点，稀里糊涂得到的，也必然会在未来稀里糊涂地失去。

牛市之中，财富效应常像磁石紧紧地吸住股市新丁。最糟糕的情形，随着大盘不住地上升，不断地投注，最终套牢在最高顶。人世间所有的疯狂，都是利益驱使的。500 年前这事儿发生过，500 年后这事儿将会继续发生。既然这样，不如拿点儿小钱，挣钱最好，不挣拉倒，第一位，安全呀。

风险意识

敬畏市场

安全的前提是培养风险意识，时刻对市场存有一份敬畏之心。很多股友都相信阴谋论。认为每一只股票背后，都有一只大手在无形而有力地操纵着。以为只要研究透这只手，我们就能驾驭这只股票，甚至，就能驾驭整个股市！多么张狂！典型的利令智昏！不懂得风险，这就是最大的风险。

有人说，不要格外强调风险意识。因为一万次说教，不如一次股灾。让他从雪山顶上一次性滑到雪山底下，一次惊天动地的雪崩就能让他重新认识雪山、敬畏雪山。此话有一定道理，但更现实的教训是：雪崩后虽然一定会有存活的，但大多数是会彻底死掉的。那幅惨相，何堪忍受？日本给小学生经常性地搞地震、火灾等灾难教育，从来都是用模拟演练的方式进行，从来没听说过一定要把孩子直接扔到火场和地震灾区中去进行的。对大多数人来说，雪崩是坑杀，不是教育。

认识风险

认识风险，是感受风险、判断风险的第一步。所以风险意识，是很多国际投资大师都非常注重的事儿。格雷厄姆提出“安全边际”，巴菲特强调护城河，都是赤裸裸的风险提示。

一个交易时毫无畏惧的老手和一个交易时同样毫无畏惧的新手，他们看上去，操作手法都果断而凶悍，但本质上是不同的。前者有风险评估，内心拥有强大的心理基础。后者则毫无风控概念，盲人瞎马、夜半深池。

牛市悲剧

牛市期间，买什么似乎都赚钱，很多新手得到了极为错误的经验感受，以为炒股如此简单。股市会让新手带着这种感觉，一次性走到最高顶。新手和老手最大的区别一定会在山顶上显现出来，老“韭菜”承受着嘲笑一路而来，一定会在这里跟新“韭菜”决出个高低。当风险来临，有些老“韭菜”能提前预知，提早开溜，而新“韭菜”还在那磨刀霍霍，准备向虚无的更高峰冲刺！当雪崩发生，有些老手早有准备，撤退从容。而绝大部分的新手从未见过这样的场面，无所适从就是最终的下场。

其实，再退一步讲，根本用不着雪崩这样极端的事情发生。只要平时的少许波动，让他得到跟前几次交易完全不同的心理感受，没有风险意识的人可能就会阵脚大乱。很多著名的失败，都是在毫无防备的情形下发生的。2015 年初，我在雪球上频繁撰文提示风险，备受一些网友的嘲笑。当年 6 月，股灾发生。不知当初嘲笑我保守的朋友，现在安好？

正确看待市场

特殊市场

菜市卖的是菜，股市卖的是股。股市和菜市没有本质的区别。但是，股市又确实是一个非常特殊的市场。这里每天上演的财富故事，对芸芸众生具有无比迷人的魅力。很多人被它吸引过来，带着发财的梦想，甚至带着一夜暴富的梦想。我们看待股市的眼光因此而扭曲。股市不再是股市，股市真就如一些经济学家说的，成了赌场。有养鸡的，亦有人赌鸡——养鸡和赌鸡是不是有着本质的区别？有养狗的，亦有人赌狗——养狗和赌狗是不是有着本质的区别？所以我一再强调，股市是不是赌场，完全在于投资者个人的态度。你若把它当成赌场，它很快就会成为你的赌场。而从赌场出来的，有几个不是在输钱之后？那些最疯狂的赌徒，基本上赌场就成了最终的坟场。

公平市场

另外，股民沉浸于股海，总爱戴着有色眼镜看待股市。爱它，或者恨它。其实作为股市本身，无所谓爱恨，在股市的规则之内，它对任何人都是公平的。市场给大家提供的所有的信息都是中性的，之所以有人认为这是好的、那是坏的，这是有用的、那是没用的，原因不在市场，而在我们自身。是我们根据自身的需要解读了市场。我们常看到我们爱看到的，而看不到我们不爱看到的。这种选择性的失明，常常让我们立于危险之地。一旦失足，万劫不复！心理分析大师道格拉斯一再提醒我们：市场就是一个动态的机会流程，它本身无所谓好坏，它向任何人敞开，能不能抓住那些稍纵即逝而又奔腾不息的交易机会，不在于市场，而在于交易者本身。

股市就像一条河，有时激扬浊清一泻千里，有时平稳沉静寂寂流淌。无论你对这条河有着美好的记忆，还是糟糕的印象，实在都很无关紧要。这条河还是这条河。它不会因为你的误解而发生任何变化。

亏损不要怪市场

不能客观地看待市场，这是你的毛病；不能公允地分析市场信息，这也是你自己的毛病。亏损不要怪市场，市场没有赚你一分钱，是那些能正确看待和分析市场的人利用市场这个平台赚了你的钱。你的输赢真的和市场无关！还是那话，它只跟你自己有关！以后再别说股市是赌场这类蠢话！学会用正确、客观的眼光来分析和评判市场。正确地对待它，它就能成为你的朋友。

心理素质

以前混在股市，腾腾爸只注重经验，以为只要经验丰富，就能看透今后的市场行为，从而使自己立于不败之地。直至牛市袭来，我在持股过程中，一再出现犹豫、怀疑甚至惊恐等恐高现象后，才逐渐明白注重交易者心理素质的培养。比如持有雅戈尔。我从 2008 年前后发现它，并开始持有它。当它狂跌到六七元的时候，我心安理得，甚至为此欢呼雀跃，感谢上苍留给我这样多建仓的时光，虽然亏损，却可以夜夜安枕。但 2014 年底 2015 年初，当它一步步涨到十几元以后，我反而经常失眠起来。虽然它离我的最初目标还相去甚远，但那颗躁动的心却再也不能平静下来了。卖，还是不卖？我就在这个低层级的问题上不停地打转。其实这个时候，我应该扪心自问的是：值，还是不值。直到在雪球上碰到另一位资深“雅迷”——我问他：我是不是该走了啊？他只对我说了一句话：雅戈尔是目前为止唯一让我安心的股票，我现在对于它，已经做到手中有股、心中无股。看上去，有些答非所问，其实答案已不言而喻。后来这只股票一直上涨到了25元多，一度接近26元。可以说，在它的上涨过程中，我从鱼头吃到了鱼尾。每个人在成长的经历中都有可能碰到这样一位心理按摩师：也许他不是最棒的，但他是最能给你以教益的人。碰到这样的人，我们应该珍惜。比如我和这位朋友，当初都一样地看好雅戈尔，一样地持有雅戈尔，看似没有什么两样。但心理上的差别，让我们高下立判。两强相遇，勇者胜——实际上就是心理素质好的胜。

归纳与关联

以上四点，我认为是股市投资者——尤其是新入市的朋友——最应该具有的规避风险的本领。而这四者之间，是有着紧密的内在联系的。

首先，安全是投资的前提，风险是安全的前提；其次，正确地看待市场又是我们认识和甄别风险的前提；最后，良好的心理素质，则是我们保持客观冷静的前提。

这四者不是平分秋色，是有先后顺序的。如果是一道选择题，每次只能选一个答案，我会先选安全意识；如果能再加一个，我会加选风险意识；如果还可选一个，那么我就会再选正确看待市场这一选项。当然，最好能够是一道多选题，那么，我最后会把心理素质这项也加进去。

一棵懵懂无知的小“韭菜”，成长为一棵见多识广的老“韭菜”，这四个答案犹如四道关卡，是我们必须要一道一道攻克的。

它们都很重要，但对不同的人，有着不同的意义。

04 操作层面的投资安全

讲到这里，我们对投资安全性的探讨，还只停留在理念的层面，进入实战操作，还有很多要点需要学习和研究。

分散

分散是否可以有效降低风险？在相信他的人眼里，这样的常识已经可以上升到公理的地步了，公理还需要论证吗？但在反对者看来，又好像有很多反例可以举出。

巴氏鸡蛋论

在反对者眼中，最有说服力的，可能就是巴菲特老先生——巴菲特有一个著名的鸡蛋和篮子理论：找到一个篮子，把所有鸡蛋都放在这个篮子里，然后看好这个篮子。于是，一提分散，就经常有人以此为例，教训“分散论者”：人的精力是有限的，与其费神劳力地找七个篮子、同时看守七个篮子，不如找一个篮子、然后只看好这一个篮子。

有“股神”做靠山，精力理论似乎又符合常识，集中论者因此颇有市场。但很遗憾，腾腾爸在研究了巴氏“鸡蛋与菜篮子”理论的来龙去脉之后，却发现这恐怕是市场对巴氏理论最大的误解。

巴氏说这番话，是在伯克希尔某年的股东大会上，背景是强调股东以经营企业的理念来寻找和持有投资标的的重要性。巴氏认为，频繁更换的股东，尤其是握有一定话语权的大股东，会对企业的管理造成很多不利的影响。只有股东和管理层在经营理念上达成一致，才能同仇敌忾地形成一种合力。因此，为了管理经营的稳定，巴菲特认为拥有一批长期稳定的股东是公司经营的最理想状态。所以，很明显，巴氏的这番理论，根本的出发点，是在谈企业经营，而未必就是单纯地指向股票投资。

听其言观其行。虽然巴氏说：我把全部的身家都投向了伯克希尔，因此，我的投资就是集中投资。但是我们知道，伯克希尔作为一家投资公司，所选中的标的却不仅仅是可口可乐、吉利刀片、喜诗糖果，或富国银行，而是包括上述四大著名标的在内的，据说总数也有几十个的一揽子标的。

如果按巴氏的理解，他那样的投资方式就算是集中投资的话，那么，我们可以说市场中绝大多数的投资者都是集中投资。就以腾腾爸为例，我把我自己当成一家公司，我把自己所有的财产都投给了自己，然后我拿这些财产，又购买了一揽子的股票，这不正是巴氏的“集中投资”吗？

格氏分散论

因为巴氏有经营企业的需要，难免屁股决定脑袋——但巴氏聪明的地方在于：他只是对他的股东这样说的，而自己不是这样做的——这一点，腾腾爸还是非常理解的。只是对世人的机械教条式理解表示不屑。

相反，我们可以看看巴氏的老师格雷厄姆先生是怎样说与做的。《聪明投资者》这本书，读多了，你就感觉到，格老明线上讲的是安全边际，暗线上讲的却是分散投资。比如，对普通投资者，格老提供了一个“股债平衡”的投资建议，即在平衡市期间按各占50%的比例分别购入相应的股票和债券，当股票上涨导致收益率下降而低于债券时，把股票逐渐卖掉、将仓位向债券转移；当债券上涨导致收益率下降而低于股票时，把债券逐渐卖掉、将仓位向股票转移——这是一个多么明显的大类资产分散啊。

对于股票组合的研究，格老同样关注很多，在书中甚至对组合中股票的品类、数量、仓位都做了深入研究。相关的论述，可以说在书中相关章节随处可见。

集中分散之辩

诚然，集中投资一家发展良好的优势企业，的确可以获得良好的收益，投资界也不乏成功的先例。但是请注意，我们现在讨论的不是如何获得投资收益最大化，而是如何才能让我们的投资更为安全。争论集中好，还是分散好，两派使用的衡量标尺本身就不是统一的。集中派关注的是收益，分散派关注的是安全。

我的观点是：假若投资者承认自己只是一名普通投资者的身份定位，那么就应该把关注的焦点首先放在投资的安全性上来——在确保本金不失的情况下，再来谈收益。所以，分散的首要目的不是超额利润，而是资产的安全。当然，我们也可以换一种更吸引人的说法，叫“在确保资产安全的前提下尽量追求利润最大化”。前面的说法因为格外强调资产的安全，好像忽视对利润的追求，很多朋友可能不喜欢。而后一种说法更加圆滑、更加世故，但在我眼中更具市侩气，我是不喜欢的。

腾腾爸在这方面最深刻的体会是：当资产做到足够的分散时，我们几乎可以完全无视市场波动的喧嚷。投资大师彼得·林奇在做基金经理时，看到自己心仪的好股票，就不停地买、买、买，一度把资金分散在几百只股票上，最多时曾达到过1400只的规模。当有人问他怎么买了这么多股票时，他回答说：“没什么，我感觉这样挺好。”投资大师尚且需要通过分散投资来规避风险，更何况普通人？

分散的维度

分散可以从三个大的维度上把握和布局。

一是在不同的市场间进行分散。中国的股市有中国股市的特点，美国股市有美国股市的特点，哪怕与A股已经有效贯通的港股市场，在现阶段也保持着自己一定的独特风貌。这些国家和地区社会与经济发展阶段、基础特点都有所不同，市场的发展阶段也不会完全同步，这就给我们市场间的分散操作提供了基础逻辑。

二是在不同的资产类别上进行分散。房产汽车、债券储蓄、黄金白银、股票期货……当今社会，金融爆炸，投资手段非常丰富。相比于今天，未来手段和渠道笃定更加多元化。我们可以借以在不同的资产类别间寻找不同的投资机会。

三是在同一组合中的不同标的间进行分散。对于股市投资者来说，就是在同一股票组合的不同股票间分散。这一点，道理上不难理解，具体操作方面，我们可以在讨论如何构建组合的时候再深入一下。

这三个维度不是各自独立割裂的，投资者应结合形势具体分析，最完美的手法是交叉综合使用。

组合

组合的精义是分散。集中持有一只大牛股，是投资者最浪漫的想法。比如，二十年前持有万科，十年前持有茅台。拼尽全力握住一只大牛股，此生足矣。但对大多数人来说，这几乎就是妄想。我可以打赌，上帝都不知道下一个百倍、千倍股到底是谁。把身家性命寄托在一股之上，对大多数普通人来说实为不智之举。身边有太多因为投资过于集中而遭遇“黑天鹅”事件打击的例子。比如，那个著名的“扇贝游走了、扇贝又游回来了”的例子，坑杀了多少机构？散户无论从人力、物力，还是从消息、渠道，都无法与机构抗衡。机构都无法逃脱被坑杀的命运，何况散户？而这样的“黑天鹅”事件，在A股市场还屡禁不绝。命悬一线的事情，我们还是少做吧。

避免同质化

有些股票，看似不是一家，其实就是一家。比如，浦发银行和招商银行，在我看来，基本就是一家——都是银行嘛。再如，万科与宝钢。好像行业不同，其实都是“城镇化”同一主题。房地产不好，钢铁难免受到影响。还比如煤炭和石油。看似不同，其实大家都是一根链条上的。你不行，我也不行。组合里若全是这样的股票，我只能说，真是非常失败。所以建立组合，一定要避免同质化。行业的选择要有跳跃性。周期股与成长股要合理混搭。构建组合跟吃饭一样，荤素搭配得宜最妙。

进可攻退可守

组合的建立也需要一种进可攻退可守的状态。用老百姓的话说，你箱子里的东西，得有压箱底的，得有好看的，得有好用的。我的组合，也不是完美的，但在成立之初，我在股票选择上，也是有一番计算的。比如，一方面，我买了很多银行股，甚至石化股，通过多年持有、操作，持仓成本已经极低，这些股票对我来说，就属于压箱底的股票。具体地说，它们是负责稳与守的。另一方面，我同时还重仓购买了雅戈尔这类牛市弹性股。具体地说，它就是负责进与攻的。事实证明，它果然未负我望，到目前为止，在资本利得方面，它贡献了大部分的利润。

动态管理

组合的妙处还在于它是一个动态管理的过程。这一点，与仓位管理类同。组合不是一成不变的。熊市建仓期，应该分散度大一些。牛市守仓期，应当适当集中。基本原则是把估值高的，慢慢向估值低的集中。正常的牛市，行情是轮动的。从高往低集中，才能实现利润的最大化。

量化指标

对组合需要多少板块、多少股票、各占什么仓位，历来也是众说纷纭。我的建议是，行业不要超过5个，个股不要超过10只。也即我在网上常说的“三五个板块，六七只个股”。个股仓位不要超过25%——我再看好一只股票，单股的持仓位通常就是25%，最多不会超过40%。比如雅戈尔，从20%涨到40%我就收割一次，再涨到40%，我再收割一次，从不含糊。这样操作，不怕它涨，亦不怕它跌。牛来了，手中有股票；熊来了，手中还有现金。当然，每个人的知识和能力是不同的，我们必须得承认这一点。能力边界的大小，决定了我们组合种类的多少。这个因人而异。像上文提到的，彼得·林奇先生的股票组合中曾经数量过千。这跟他投资达人及专业机构的背景有关，但我还是建议，个人能力再强，精力也是有限的，说来说去我们毕竟不是彼得·林奇。分散而不过度分散，这是一个中肯的建议。

不熟不做

组合股票的选择应拣熟悉的标的进行。上学时，老师教我们如何写文章时常说：要写我们最熟悉的人、最熟悉的事儿。当时深感俗套，现在想来，真是精妙。写文章如此，选股亦如是。经常有朋友私信我询问对个股的看法。实言相告，我只懂得一点我手中持有的这几只股票。而且，还未必是真懂。每当有人给我推荐股票，我亦同样小心翼翼予以应对。

只买自己最熟悉的股票。这是一个大原则，动摇不得。

仓位

经常会有朋友谈道：熊市之中，最重要的事情，是风控。风控就是风险控制。这话是对的，也是错的。对的原因在于，熊市之中的确需要风控。错的理由是，在我眼里，风控问题无论牛熊，一样需要。不要忘了，投资的第一要义，是安全。但是对一般人而言，常常在行情好的时候，忘掉风控，只有在行情不好，亏损以致肉疼的时候，才会想起风控。提示风控是对的。但在行情不好的时候再提示风控，是不是晚了点呢？牛市中，很多朋友笑我保守。彼时撰文，我常说的一句话是：腾腾爸胆小，怕死。比如，2015 年股灾前，我虽然乐观，但在制定交易策略时，同样小心翼翼，充满戒心。所以彼时的保守，构成了我风险意识的全部要素。

风控核心

风控之中最核心的要素是什么？就是仓位管理。每个人的资本、收入、目标、能力、经历、承压、甚至个人性格都是不同的。具体到个人，仓位管理，风控手段，也不能完全相同。尤其仓位管理，这是一个非常有鲜明个人特色的东西。这样一说，是不是仓位管理就无法总结和推广了呢？也不是。一些基本的规律，我们还是可以把握的。

我们的仓位，必须是一种进可攻退可守的状态。也就是说，必须考虑到各种可能的情况。具体地说，就是上或下的可能。如果股市上升，必须保证我们有钱赚，而且赚得还得可观。如果股市下跌，必须保证我们承担得起亏损，亏损的大小必须在我们能承受的范围。这就是我常说的，用一种最舒服的姿态来迎接市场的挑战。

我们的承受能力是可以计算出来的。你有多少钱，你有多少收入渠道，你最近要干些什么事儿，这些东西你应该是最清楚的。举个例子，下个月结婚，你这个月拿钱来炒股，显然这是不合时宜的。

我们的仓位管理应该是一个动态的过程。说得浅白点，就是要根据行情、人气的好坏来进行仓位管理。熊了好多年，人气涣散，人们已经谈股色变，这个时候，要大胆提高仓位，如 2014 年初的腾腾爸，账户上现金只保留了 5 元钱！比如牛了好长时间，而且人声越来越鼎沸了，市场估值也越来越高了，这个时候我们就要尽快降低仓位。

最困难的因素

仓位管理最困难的因素是我们总是试图赚尽市场所有的钱。行情高涨时不舍得降低仓位，行情不好的时候不敢保持仓位。进而追涨杀跌，反复挨市场耳光。

这样的情况，屡见不鲜，究其原因，就是总想着站高岗，恐怕自己吃了一分钱的亏。上涨的时候，想着赚点、赚点、再赚点；下跌的时候，想着不亏、不亏、千万别亏。而事实是，顶部和底部，都是无法预测的。你既然无法预测到顶，也必然无法预测到底。正因如此，我才反复强调，经过大涨或大跌后，轻易地满仓和轻易地空仓，都是一种不及格的心理态度。牛市中不舍得卖，与熊市中不敢于买，实质上都是想赚尽市场所有的钱，都是贪婪这同一种情绪在不同阶段的不同表现，就像西游记中，少女、老婆婆和老翁的真身都是白骨精。聪明的投资者应该做的事情就是通过分散与仓位管理的方法，克服这种毫无远见卓识的贪婪情绪，这可能是迈向逆向投资的第一步，也是成功投资的第一步。

对于仓位管理，当然也有一些具体的指标。在下一节中，我会重点谈谈三套解决方案的问题。这里暂且略过。

计划

我翻了翻书本，也看了看雪球，谈仓位、组合的很多，但谈操作计划的，几乎没有。可能大家认为，计划是多变的，不是有一句话，“计划不如变化快”。既然如此，计划还有什么意义？很遗憾，这真是一个误导。操作计划的重要性，绝对不容忽视。

综合性

操作计划是一个综合性的事物。它既是仓位和组合的综合，又是远期和近期、长期和短期的综合，还是事前判断和事中应对的综合，更是宏图与步骤、思想与行动、说白了是道与技的结合。因此，操作计划的制订才能真正体现一个人的整体股市操作水平。

计划不是预测。事实一再证明，市场是不可预测的，但可以站在现有条件下进行合理的分析和判断。这种分析和判断不是臆测，而是有着投资者科学的投资交易体系作支撑，包含科学性。计划就是在这种分析和判断的基础上，对未来进行正反两方面的权衡后，进行的资产配置方案。格外强调一点：好的操作计划一定是尽量考虑到各种因素，尤其是可能超预料的、坏的那一方面因素。

具体化

操作计划是一个整体操作策略与思路的具体化。以我自己为例，我有多少资产，需要干什么（或者认为有哪些事情是应该干的），怎样分配，都有一个整体的规划。

2015 年 7 月初，我曾在雪球上发帖为自己的投资做整体规划：

经过反复思考，我决定对我目前的家庭资产做出如下一番变动与分配：

1. 从股市中抽出一部分利润，购买地方政府公开发行的地方债：年收益率 10%，三年期。

2. 从股市中再抽出一部分利润，购买一点黄金、白银（包括购买部分中行的纸白银、纸黄金）。我感觉现在贵金属价格较低，已经进入了价投区域，尤其是白银，价格畸低，故而愿意拿出一点资本，作长期投资用。心底设定的投资期限是 5 年以上。5 年之内卖出的唯一理由，短期暴涨 2 倍以上。没有暴涨，就没有买卖。最长投资时限愿意放长至20 年以上。用老话讲：愿意把这部分当成压箱底的钱。

3. 再从股市抽出部分利润，作为生养二胎的备用之资：包括孕期保养、医疗，产后保养、看护、教育、家政等一切开销费用，在目前物价水平下，可够五年支配。

4. 继续加强股票账户仓位控制，保留账户内资产，60% ~70% 的股票，30% ~40% 的现金，始终保持进可攻、退可守的状态。

帖子是 2015 年 7 月初发表的，但在 5 月已经开始执行了。比如，我的“拔鲜花种毒草”行动开始于 6 月初，只是后来的股灾加快了我的执行步伐而已。回过头来，大家再看一看这个思路，基本上涵盖了工作、生活与投资的方方面面。可以说是我此后数年都需要坚守的总体投资思路。这是一份关于分散投资的计划，现在看来，堪称经典。因为后来发生的事实一再证明，它是指导我成功逃避股灾的总体纲要。非我自夸，相关操作，全程直播于雪球。后来虽然根据形势变化，亦对该计划部分条款有所更改，但总体纲要被完整地执行了。这是我投资成功的基础。

分层次

操作计划是一个系统的有层次的体系。

每个投资者都应有一个整体的操作计划，但每个操作计划下面，应当还有细分。比如，整体的与局部的，短期的与长期的。可以不是很精准，但至少得有一个大概的轮廓。2015 年股灾中，在大盘二次探底至 3500 点左右时，我马上制订出了下步的操作计划——虽然我对市场行情长期看好，坚信调整虽然困难但终将过去，但是对可能的超预期困难，我必须有充分的思想准备，于是，我在 2015 年 7 月 28 日这天，制订了严格的仓位控制计划，并以《我的仓位控制计划》为名发表于雪球主页——这张帖子的后半部分，完全就是我对于未来困难情况下的完整而具体的操作计划。对于我的整体操作计划，这份计划处于从属的地位。但二者一脉相承，有分有合，构成了一个有层次的体系。它们的存在，让我有了归属感，碰到再坏的情况，也不慌乱。所以完善的操作计划，能够很好地稳定交易者心理。这是非常重要的一点。

动态管理

操作计划也是一个动态的管理体系。不同的时段，操作的重点应是有所不同的。这一点，想必无须多言。以前行情好时，腾腾爸的操作策略可用“做多防空”四个字概括。行情不好时，腾腾爸的操作策略又改成了“做空求多”。但即便同一个策略，在不同的点位侧重点也有所不同。比如“做多防空”这个策略，2015 年中，在 4000 点前我重在做多，4000 点后则重在防空。后来行情转势，大盘指数滑落，我即执行“做空求多”之策：4500 点，重在做空，但 3000 点之后，却转变到求多上来。当时，我即提出一个口号：3000 点之下，越跌越买。当然，越跌越买也不是指可以乱买。基于当时严重失衡的二元市场结构，我的建议是要勇于把子弹打向市场最低估处。2016 年初，港股跌破 20000 点，我又喊出“20000 点之下不买港股，犹如当年 2000 点不买 A 股”。后来的股市走势也完全佐证了我的观点。

好的操作计划不是一成不变的，它应该随着形势的变化而变化。需要强调的是：变化的是计划，不变的是制订计划的原则和逻辑。这一点，常常让线性思维者百思不得其解。

容错体系

操作计划也应是一个容错的体系。当初我的“做多防空”策略，让我即使看错大盘，也依然保证能成功避险。后来的“做空求多”策略，还能让我即便看错大盘，也依然确保不死——我的目标就是要在股市到达底部时，股权能比行情启动之初至少上升 1 倍。这样一来，行情一旦再度启动，我将再次享受到本利共滚的超额收益。相关机理，不难理解。

纪律

仓位的管理、组合的构建、计划的执行，都有赖于操作纪律的保证。但是很遗憾，大多数人既不会仓位的管理，更不会组合的构建，也不会制订自己的操作计划，好不容易跟人学了点，到了执行阶段，又往往犹豫不决，或随意更改，孟浪冒进。操作纪律就是数字中的0，缀上它，扩大10倍，乘上它，马上清零。

操作纪律的背后，是交易者心理。这是一门大学问。道格拉斯为此整整写了一本书，名字就叫《交易心理分析》。我们以后也许还会抽时间探讨一下相关的话题。这里需要说明的是，良好而严格的操作纪律，也就是成熟的交易心理的养成，需要长期的自觉培养和锻炼。

对于操作纪律，我们谁都不要自诩。在投资的漫漫苦旅中，我们还是慢慢领悟和体会吧。

05 仓位管理的三套解决方案

在上一节谈到对于仓位的基本认识时，我曾指出仓位管理也应有一些具体的数量指标，这样作为普通投资者，才能有的放矢地学习和操作。这就涉及仓位管理的一个具体问题，即不同的投资者，到底应该进行怎样的仓位管理操作呢？

我这里有三套解决方案，仅供大家参考。

第一套方案

“三要三不”原则

所谓“三要三不”原则就是：投资者在做股票投资时，一定要留下孩子的奶粉钱，一定要留下老婆的化妆费，一定要留下老人的医药费；千万不要卖房炒股，千万不要辞职炒股，千万不要借钱炒股。

“三要”的精髓是：余钱投资。“三不”的精髓是：理性投资。因为投资结果不能百分之百确定成功，所以我们的投资活动一定要预留空间。

为了让“三要三不”原则更有可操作性，我还对仓位管理提出了一个比较具体的量化标准，即拿出不超过你积蓄的四分之一、最多不超过三分之一的部分进行投资。

“小白”必备

这套方案，显然是为初入股市的、纯粹的投资“小白”准备的。为什么建议投资“小白”留下那么大的投资余地——积蓄的四分之三或三分之二呢？主要基于以下四点考虑。

一是投资“小白”初涉股市，多为股市财富效应吸引。也就是说，股市不涨，“小白”不会买股票；股市涨得不多，“小白”也不会买股票。等到他看到身边的人都买了，赚了好多钱再买，行情大多已到中后期。所以牛市中我经常唠叨这样几句话：你来晚了，这回牛市你注定赚不了钱，你注定赔钱亏损的命，如果不是想来玩的，这次你就是来学习的，交点学费是应该的，所以好好学习，记住下次牛市才是你大展身手的时候。

二是投资“小白”初涉股市，投资知识一穷二白，哪怕他入市的时机在机缘巧合下处于股市最低点，恐怕也很难在未来的牛市行情中赚到多少金银财宝。不懂股市是什么，不知道股票的评价标准是什么，亦没有多少操作技巧，“一分钟满仓一分钟空仓”可能就是他的操作常态。行情好时赚不多，行情差时亏不少。钱不知道是怎么挣来的，所以也经常在稀里糊涂中失去。

三是投资“小白”初涉股市，最容易发生的是交易心态与持仓心理的扭曲。没有脑子，没有知识，没有经验。赚的时候洋洋得意，以为是自己的本事；亏的时候跺脚骂娘，以为天下人都在坑自己。这样的心态，是失衡的心态，是癫狂的心态，是覆亡的心态。“手有余粮，心中不慌。”所以，我建议给他留足留够过冬的钱粮。

四是投资“小白”初涉股市，很多人难免被收割、淘汰的命运，但更多的人一定会留在这个市场中，在磨难中聪明和成长起来。这部分人，既需要东山再起的勇气，更需要东山再起的资本。所谓“一分钱难倒英雄汉”，若有丰厚的家底在手，重新出发再整山河的底气就会足很多。

理性的建议

可以说，正是因为看透了大部分投资“小白”初涉股市的投资宿命，所以我告诫甚至恨不得飞身阻拦他们不计后果前赴后继的疯狂投火行为，才会在做仓位建议时，给他们设计了一条可以重新出发和上路的方案。

四分之一或三分之一的妙处在于：在行情不好、大幅套牢或亏损之后，或者在股市经验大幅增长、成熟之后，你还有足够的余钱进行加仓、补进。

莫说新手，就是老手，在困难时期，有余粮与没余粮，心理感受也是完全不一样的。不同心态下做出的投资决策，效果自然天差地别。

第二套方案

乘九法则

乘九法则的具体内容，包含以下两个层次。

第一个层次是针对不同年龄段投资者，对股票与现金的仓位比例做了界定并设置标准。具体方法是：20 岁的人，以二乘九，得十八，也就是说，可以留存下总资产 18% 的现金，其余 82% 可以进行股市投资；30 岁的人，以三乘九，得二十七，也就是说，可以留存下总资产 27% 的现金，其余 73% 可以进行股市投资；以此类推，90 岁的人，以九乘九，得八十一，也就是说，应该留下总资产 81% 的现金，其余 19% 进行股市投资；到了 100 岁了嘛，那最好全部资产都是现金。

第二个层次是针对不同的沪市大盘点位，对投资者股票与现金的仓位比例做了界定并设置标准。具体方法是：大盘 3000 点时，以三乘九，得二十七，即账户内应留存 27% 的现金、73% 的股票；大盘 4000 点时，以四乘九，得三十六，即账户内应留存 36% 的现金、64% 的股票；以此类推，在大盘 9000 点时，以九乘九，得八十一，即账户内应留存 81% 的现金、19% 的股票；待到大盘到达 10000 点后，就应清空全部股票，账户内只留现金。

我们以前常说：不同的人、不同的年龄段、不同的风险承受能力、不同的市场状况，仓位控制当然会有所不同。乘九法则，就是对这番说法的细化。

这里应该着重强调一下，乘九法则的第一个层次的内容，具有长久性，未来五十年、一百年，也许都会有一定的参考性。而第二个层次的内容，则是针对最近十余年 A 股大盘的走势、以沪市大盘点位为参照做一个中短期的标准。因为我们有信心认为，未来的沪市大盘早晚有一天会站稳在 10000 点上方运行。到那时，这一层次的乘九法则，请自动作废。

适用对象

也许有朋友会说："三要三不"原则在很多方面是跟乘九法则相冲突的，如"三要三不"原则告诫我们投入股票的钱最多不要超过积蓄的三分之一，而依据你的乘九法则，20 岁的时候，你投入股票的钱却可以占据你总资产的 82%！一则比例冲突，前者三分之一，后者 82%，二则基数不同，前者的基数是积蓄，后者的基数是总资产。两相对比，前者比例极低，后者比例又似乎极高。有此疑问的朋友，恭喜——您已经开始学会独立思考了，这是入门的前奏。但这个冲突很好解释："三要三不"原则针对的主要是初涉股市的投资"小白"，而乘九法则则是针对所有人。乘九法则是基础，所有的人都应该去遵守，但考虑到"小白"的四点特殊性，我们可以对乘九法则进行更为苛刻的执行。

换言之，对股市什么都不懂的人，应该按照"三要三不"原则进行操作；而经历过"三要三不"原则洗礼的人，在股市中有一定经验和能力的人，应该按照乘九法则操作。

不同的人，承受能力不同，交易目的不同，心态和能力也完全不同，所以体现在仓位管理上，这是一个很复杂，很难一两句话就能说得清的问题。而乘九法则，恰巧可以化繁为简，把复杂的事情简单化——考虑到几乎所有的投资者都需要在交易纪律方面有所修习，所以乘九法则在加强仓位控制的同时，也能促使朋友们交易纪律的养成。

第三套方案

心安原则

行情不好时，经常有朋友问我："腾腾爸，我仓位很重，睡不着觉呀，怎么办？"我答："减！"朋友问："我减了，可还是睡不着觉哇。"我答："再减！"朋友问："那我得减到什么时候啊？"我答："减到你能睡得着觉的时候。"很多朋友以为我是在开玩笑。其实，我还真是认真的。

这就是我提供的仓位管理的第三套解决方案：以睡得着觉为最高标准，也即心安原则。

股票投资，千方百计，唯心不动。

怎么理解这句话？你可以有一千种一万种投资赚钱的方法，但只有一样东西不可颠覆和触动——那就是你平和安详的内心。市场可以失衡——甚至可以说，聪明的投资者从不惧怕市场的失衡，反会欢迎这种来自市场的失衡，因为找到失衡，基本就意味着找到了赚钱的方法——但内心不可以失衡。若内心失衡——精神错乱——则投资八成要出事故。市场失衡，平和的心可以去做冷静的判断；心若失衡，如何正确判断？

对于投资"小白"来说，在任何环境下，把仓位降低到能让自己心安的地步，都是正确的。哪怕你减完仓后股价又飙涨上去了，也算不上错误。因为这只意味着你少挣了钱而已。

但是对于投资高手、老手来说，心安则有另一层含义。

“三要三不”是“小白”的菜，乘九法则是有一定投资经验人的菜，它们的提出，归根结底都是建立在对投资者投资能力不信任的基础上的。而心安原则，则更多的是对投资老手的要求。实际上是对前两套方案条条框框的完全释放：如果你有足够的经验，有正确的投资方法，有足够厚实的抗击打能力，有自己独特而坚定的投资判断，你完全可以忽视仓位对你的限制——只要你心安理得并能在这种心安理得中长久地生存下去并获得足够的盈利即可。

进阶之道

试问，巴菲特有仓位控制吗？有的——不然他如何在众人惶惶时有钱抄底呢？试问，巴菲特会遵守“三要三不”或乘九法则吗？笑话——投资大师从来都是遵守规则而不遵守标准的，世上所有的标准都是为菜鸟准备的，大师凭空翱翔，靠的仅仅是规律而已。

格雷厄姆提出“股债平衡”方案，同时明确地告诉我们，这是基于普通人的人性而准备的。所以我们常常看到：怎么某某投资大师的投资手法跟《聪明投资者》上说的不太一样呢？呵呵，能一样吗？前者针对的是普通投资者，后边你谈论的那位本身就是投资大师。对前者提出的是标准，后者利用的是规律。就像批量生产的工艺品和独一无二的艺术品的区别，拿这两者进行对比，滑天下之大稽。

从“三要三不”原则到乘九法则，再到心安原则，这是一棵“韭菜”，从投资“小白”到普通投资者，最终再到投资高手的进阶修炼之道。所以，我提出的三套仓位管理方案，既是方案，更是路径。认识到这一点，重新回顾和理解我有关仓位的论述，才会更有意思。

06 关于杠杆的认识和思考

杠杆再认识

讲到这里，我们已经无法避免杠杆的话题了。格雷厄姆曾说：一切加杠杆行为都是投机。这番告诫，对我影响极深。在很长的一段时间里，我对杠杆的认识，就停留在格老的告诫中。在股票投资方面，我从未使用过严格意义上的杠杆。但随着阅历的增长，我对杠杆的看法逐渐发生了一些变化。

生活中，加杠杆的现象到处都是。买房子，无论公积金贷款、商业贷款，还是转向亲朋好友的无息借款，实质都是加杠杆。做生意的朋友，也需要各种方式的融资。尤其是充斥在我们身边的、深刻改变我们生活的、形形色色的大公司、大企业，仔细分析一下它们的成长经历，可以说没有融资就没有扩张，没有扩张就没有今天的国内国际地位。而这些融资行为，就是赤裸裸的加杠杆。

穿过这些表象，我们发现上述提到的这些加杠杆行为，都存在普遍成功的先例。二十年来，国内通过加杠杆买房子的朋友，几乎没有一个失败的。那些最终成长为大公司的小公司，也都是杠杆投资的佼佼者。在股票投资中，通过杠杆而提高收益率的朋友，也比比皆是，这已经不能用一个简单的“幸存者偏差”来否定了。最近我读杨天南先生的大作《一个投资家的二十年》，发现杨先生八年六倍的投资成绩背后，杠杆是一个很大的支撑因素。其实再细究一下，我们可以很轻易地发现，原来世人敬重的“股神”巴菲特先生，在投资生涯中也在不停地使用杠杆。他的伯克希尔公司，首先是一家保险公司，其次才是一家投资公司。保险业务可以为它带来源源不断的浮存金，这就让“股神”在市场危机期间有了更多的腾挪空间。对于浮存金的使用，其实质就是一种加杠杆操作。

由此可见，杠杆这种工具，本身并无好坏，好像股市本身并无好坏、其实质只是一种交易平台一样。关于杠杆所谓的好与坏，决定于使用者及其使用的方法，与杠杆本身并无关系。

认识到这一点，我意识到作为投资者，首先不是排斥杠杆，而是应该好好地研究一下杠杆成功与失败所体现出的一些规律性的东西，从而选择和决定你是否适合使用杠杆以及适合使用什么样的、多大的杠杆。

使用条件分析

既然杠杆本身并无好坏之分，那么我们思考和研究的方向就有三个：一是什么样的钱可以使用？二是什么样的环境可以使用？三是什么样的人可以使用？

对于杠杆动用的资金，我认为要求至少有两个。

一是使用的资金成本必须足够低。至少你投资的流动性收益能够覆盖你的资金使用成本。比如巴菲特使用的浮存金，就是成本极低的资金。考虑到股市投资的特殊性，我认为股市中对杠杆资金的要求是，至少股息收益就能覆盖资金成本。

二是杠杆下动用的资金使用期限应该足够长。这一点要求，也是考虑到股市的波动性。股市和楼市及其他实体生意最大的不同是，股市具有一个实时的报价机制，股票的价值可能是在缓慢中变化的，但股票的价格却在随时变化，甚至停盘的时候，也在人们的意念中随着市场消息和人们情绪的变化而不停地变化。这就决定了杠杆下的资金必须具有穿越短期波动的时限性要求。考虑到中国股市往往三五年才能走完一轮牛熊周期，我给出的时间期限是：你杠杆运用的资金必须至少能连续使用五年时间。

对于杠杆使用的环境，我认为要求至少也有两个。

一是在市场底部。

二是在市场开始向好的时候。

市场底部往往很难判断，市场何时会向好也往往很难把握，但对于经验丰富的投资高手而言，一些大致的底部和大致的趋向，还是可以在总体方向上判断和把握的。比如 2010 年之后，市场一直徘徊在 2000 点上下（沪市），持续时间长达三四年，这种极端时间越长，我们就可认为加杠杆成功的概率越大。事实上，腾腾爸很多的股友，都在这个区间，尤其是在后期，加大了杠杆的使用，在随后到来的牛市行情中，成倍地放大了收益。而我则错失了良机。

当然，需要说明的是，势可得而不可造，尤其股市之势，只可利用，不可臆测。普通投资者，哪怕巴菲特这样的巨手大擘，也不过沧海一粟。顺势而为，借力使力，才是正道。所以杠杆的使用，对外部环境的要求相当苛刻——只有在极端的环境下使用，才能最大限度地保证成功率。

对于使用杠杆的人来说，要求也应该严格一些。

一是必须有至少十年以上的股市投资经历。

二是必须有一套适合自己的成熟的投资交易体系。

三是必须在过去的投资经历中实证自己可以稳定盈利。

研究结论

杠杆就是个工具，对的人、对的环境、对的使用方法，能够为投资者带来超额收益。通过上述分析，我们发现，目前这个市场上能有资格使用的人、能符合条件使用的市场环境、能让人放心使用的杠杆资金，实际上都是非常少的。**这就意味着，市场上绝大多数的普通投资者，是没有资格、不配也不能使用杠杆的。**这个研究结论，和我一贯的主张并无冲突。当然，对于过去的观点和主张，又绝对是一种深化。我的意思是：杠杆不是不能用，但不是谁都能用，不是什么时候都能用，也不是什么钱都能用。

还是那句话，研究好杠杆，然后再研究好自己，最后再决定你适合不适合使用。做生意的人，有成功的，也有失败的。排除掉少数的幸存者偏差，成功者一定是适应了形势、利用了规律，失败者则一定是违逆了形势、背叛了规律。

07 投资与投机的相互转化

原理分析

研究投资和研究投资安全的人，一定不能忽视一个通常被人忽视的规律，即投资与投机是可以相互转化的。

我们以前常说，投资就是一场概率游戏，同样一种行为，当成功的概率高时，这种行为就是投资，而当成功的概率低时，这种行为可能就是投机。我以前把股市投资分成三个阶段，即低估的投资阶段（低估阶段），合理的投机阶段（均衡阶段），以及疯狂的投机阶段（失衡阶段），其实就是根据概率的变化曲线做出的划分。这个划分，很好地展示了投资与投机的转化过程。最后股市所达到的疯狂投机阶段，实际上就是一种赌博的状态。也就是市场中所谓的“博傻”阶段。

赌博也要考虑两个因素：胜率、筹码。胜率大的，筹码也大，胜率小的，筹码也小。只有遵守了这条规则，赌博的赢面才会加大。所以，要想做一个成功的赌徒，也必须主动或暗合科学道理。

我在这里想要表达的是，哪怕赌博，如果胜率越来越大，接近甚至达到 100% 的时候，那么赌博将不再是赌博，而是逐渐转化成投机，以致彻底转化成投资。

策略运用

有一个显著的例子：2015 年股灾发生后，证监会改变了 IPO“打新股”规则，规定打新时不再冻结资金，而是根据打新者持有的股票市值先予配股抽签，待中签后再补交现款。在这种规则下，我发现我处在了一种“不打白不打”的境地。

首先打新不再事先缴款、冻结资金，无所谓资金成本；其次一旦中签，根据目前炒小炒新风气，标的往往就是十几个连板，也没有什么机会成本；最后我拥有的市值是我原本就看好的投资标的，并非为打新而配置，这跟那些为打新而配置股票的朋友、需要计算和衡量“配置成本与打新收益比”的朋友大为不同。也就是说，在当时市场环境下，打新没有任何成本，而一旦中签，参与者就会稳赚不赔。搞清个中道理后，2016 年我坚持分摊市值、多账户打新的策略，一年时间即中十几签，获利丰厚。

雪球上，有关注我的朋友，质疑这是一种投机行为，并批评我的这种行为间接助长了市场炒小炒新的恶风，与我一贯标榜的投资大道相悖。我看了此番言论，实在是忍不住发笑。我的行为是经过计算的，如果有一天，中的新股也会发生上市即破发的风险，我肯定会对我的行为进行重新思考和安排。

格雷厄姆说：“只要有足够的安全边际，一个看似不好的标的也可能成就一项很好的投资。”这话听起来有些拗口，所以我说了一段更为直白的话：哪怕是狗屎，只要价格足够的便宜，也是有投资价值的。

对于投资者来说，市场是用来投资的，不是用来投机的。但市场中的投机行为不会以你我的意志改变而改变，它将永远存在。而更有意思的是，附加的外在条件一旦改变，投机就有可能转化为投资。

已经参透其中奥秘的投资者，在这些变化前不会袖手旁观。

第四章

寻找好企业：学会让钱生钱

每到周五晚上，腾腾就会跟我撒娇："爸爸，明天早上我想喝鸡汤、吃油饼。"所以每个周六的早上，6 点不到，我就要驱车到城北，只为给儿子买一碗姜家鸡汤。

每次购买的科目，雷打不动：3 碗鸡汤，5 张饼。鸡汤 10 元一碗，油饼 5 元一张。55 元看上去不多，但要在其他小摊上，可以吃两顿。

某日去得早，就与店主闲谈，问道："一天能卖多少碗鸡汤?"答："少则 500 碗，最多 1000 碗。"问："能卖多少张饼?"答："一般地讲，一碗汤，两张饼。"这样的生意哪儿找去?

别看我们这儿煤炭贩子大小无数，个个牛皮烘烘，其实在我心中，姜家鸡汤，才是小城最好的生意。

01 姜家鸡汤

基本情况

二十年前，初到小城工作，到单位报到的第二天，就有同事带我到这家小店吃早餐。

门面很小，招牌油腻腻的，很不起眼。店内虽然整洁、干净，但算不上多好的装修。店主是一对夫妻，雇了一个五六十岁的老妈子，扎着一条油渍斑驳的围裙，在店内来回穿梭。

就是这样一家看上去再普通不过的早点铺，很快让我产生了依赖感。鸡汤肥而不腻，油饼香脆酥薄。

自从跟同事吃了第一次，第二天一早，鬼使神差地我就又去了第二次。从此之后，我就成了这家早餐铺的老主顾。时间久了，对小店了解得也越来越多。店确实不大，如上所述，主雇相加，只有三人，经营的内容也非常单一，鸡汤、油饼，外加一点免费赠送的海带丝、老咸菜。

店主夫妻有一对儿子，年龄相差不大，当时也就两三岁的模样。没人管，没人问，就在店里到处乱跑乱窜。只有当妈的，忙碌的间隙，偶尔抬头喊："大宝呢？小宝呢?"喊到孩子，看一眼，再喊一句："在店里玩，别往街上跑。"我算是一边喝着鸡汤，一边看这俩孩子渐渐长大。上学之后，常听那位善煎油饼的女人冲她俩儿子喊："你们不好好上学，将来只好跟你老子一样开小店喽！"

不想，一语成谶：某年某月某日再去小店，发现长大成人的兄弟俩，已成小店主角。老姜头还是负责鸡汤，孩子负责油饼。

经济分析

很多人看不起小商小贩，认为他们是小打小闹，难成大器。事实果真如此吗？让我们用数据说话：

假设姜家鸡汤店，每天卖汤500碗，卖饼1000张，利润率40%。鸡汤和饼，我都是按照老姜头透露的数字的最下限设定的。利润率设在40%，也是一个很保守的数字，因为我刚才也透露了，同样的东西，在别的早餐铺，能买两份——既然别的店铺以便宜一半的价格尚可盈利，那么它以比别人贵一半的价格经营，利润率设在40%应该是一个中肯的数字吧。

那么，这家小店一天的收入是多少钱呢？一碗汤10元，净挣4元，一天500碗，就挣2000元；一张饼5元，净挣2元，一天1000张，挣2000元。那么一天就是4000元，一月按30天计，就是12万元，一年就是144万元。

一家四口人，人均年薪36万元。小县城，职工平均年薪4万元左右。老姜头这家人，基本上个个以一抵十。

有些人还瞧不起小商贩，多么可笑！

02 好企业的基本标准

什么是好企业？什么样的企业股票才值得我们拥有？一家小小的鸡汤油饼店，给我们提供了很多珍贵的启示。

护城河三要素

好的企业，得有品牌、有技术、有垄断，只有这样，才能形成深而宽的价值护城河。

那么，什么是护城河呢？我的理解很简单：你能做的，我也能做；我能做的，你却不能做。这样的企业才是好企业。这样的对象才值得投资。

品牌

能形成护城河的品牌，得众人皆知，众人认可。

人们想消费某件商品时，首先想到的是你，这就是众人皆知。众人皆知的品牌会形成一种无形的商誉，而商誉就是企业的一种资产，虽然很多时候无法体现在企业的资产负债表里，但它确确实实存在，并源源不断地为企业创造价值。

但同时，众人皆知的品牌还不一定就是必然的好品牌，因为它还需要得到众人的认可。

帕特·多尔西在《巴菲特的护城河》一书中告诉我们，只有那些能为商品带来溢价的品牌才是好品牌，才能为企业构筑出真正的护城河。比如姜家鸡汤，光众人皆知不行，更重要的是众人认可。因为众人认可，它才能以高于小城其他早餐店的价格售卖鸡汤和油饼。也就是说，它的品牌是能为它带来商品溢价的。

只有这样，品牌才有黏性，才有意义。

技术

这里的技术，不是指高科技，就是指企业的核心，生产产品的拿手好戏。

为什么同是空调，格力的空调叫格力，海尔的空调叫海尔？用惯格力空调的人，不用看牌子，听听空调吹出的风声，就知道这是格力而不是海尔；用惯海尔空调的人，久而久之，也具有了同样的特异功能——原因何在？原因就是二者各有各的拿手绝活，拿手绝活的不同，哪怕是细微的差别，造成了产品最终的差异化。

拿姜家鸡汤来说，虽然招牌看上去油腻腻的，非常不起眼，却有非比寻常的价值。它在这座小城深耕细作几十年，我就是二十年前在老姜头还是一个身强力壮的青壮年时节，成为他家汤店的老主顾的。而据我所知，比我大几十岁的老者，也在很年轻的时候，就成为这家汤店的老主顾了。也就是说，在老姜头之前，姜家鸡汤就已经在小城存在了。

这块深入人心的招牌，就是姜家价值连城的商誉之所在。有了这招牌、有了这商誉，姜家何愁不发财。

而招牌何来、商誉何来？除了长期深耕细作，核心的东西，就在它熬鸡汤、煎油饼的独家技术上：一样的汤，它熬得就是比别家好喝；一样的饼，它煎得就是比别人家香。仿佛金光罩体，小店在竞争激烈、往往靠薄利多销才能生存的早餐铺子中脱颖而出。

垄断

姜家鸡汤靠着独一无二的品牌和商誉，逐渐产生了好企业通常具有的经营垄断性。

投资者不要诅咒垄断，不要妖魔化垄断，好企业通常都是有垄断性的。因为只有垄断才能产生超额利润。正因为姜家鸡汤的垄断性，它才能做到别人做不到的事。

一是价格贵。贵多少？至少一倍。不仅贵，而且你想买，还会有很多限制。比如，去晚了，买油饼的数量就得受限制。想喝鸡汤，得到窗口自取。所谓店“大”欺客，是之谓也。

二是销量多。从早上五六点钟，一直卖到下午两三点钟。别忘了，这是一间早餐铺。期间人来人往，从不停顿。翻台率之高，令人咋舌。老姜头对自己的鸡汤、油饼，都是有限额的。用他的话说，卖到第二天早上，还是这样。

一家小小的鸡汤店，真是让我受益匪浅：好的企业必然有护城河，护城河越宽、越深、越广，企业的价值越大，我们才能越放心。

国计民生与永续发展

好企业，必然与国计民生相关，能够永续发展。

民以食为天

为什么巴菲特买了可口可乐公司的股票，而且买了就不曾再卖过，雷打不动地长期持有？为什么世界的、中国的价值投资理念拥趸，都不约而同地将投资的眼光齐齐瞄向大消费行业，尤其是食品饮料行业？原因就在于斯——这个世界无论再怎么变化、进步，有一些基本的规则是不会改变的。比如，我们得吃饭、睡觉、出行、游玩。

强调民以食为天，并不是让大家专往嘴巴的方向上去思考和寻找好企业，而是提示大家，在有关衣、食、住、行、娱、乐、玩等人类生活的细处，往往能酝酿和生产出优秀的企业。正如好的行业必须关系国计民生一样，好的企业当然也应该从这个角度去寻找。

简单经营

好企业，经营模式不必过于复杂，而盈利模式一定能无限循环往复。

再看看姜家鸡汤。它的经营模式就非常简单，简单得以至于让很多“高大上”人士不值一哂。以前它是一对夫妻加一个老妈子，现在它是一对年老的夫妻，加一对年轻的兄弟。熬好汤，盛好汤，煎好饼，盛好饼——这样的企业结构，这样的经营模式，简单到了完美，完美到了无以复加的地步。更重要的是，它的这种盈利模式能够像永动机那样，循环往复，以至永远。老姜头能传给小姜头，小姜头能再传给小小姜头……在可预见的未来，只要他们家愿意，就能把这生意永远地做下去。

经营模式简单的企业，往往财报也简练、干净，数据逻辑清晰、易懂，甚至投资“小白”也能看得懂。投资这样的企业，我们不用花费过多精力去分析和排除财务造假的问题。

平民路线

尤其需要强调和表扬的是，姜家鸡汤在小城开店几十年来，一直走的是平民路线。它虽然也抬价，但抬价还没有抬到离谱的地步。它不会一碗鸡汤卖到两千元，只给达官贵人享用。它的店永远那么小，永远那么朴实，永远进出着贩夫走卒。也不是排斥达官贵人——达官贵人也能来吃，但同样也得排队等候。也就是说，它走的，始终是大众消费的路线。这跟那些生产高档商品的所谓高端企业有了本质上的不同。这也是在中央八项规定、抑制公款吃喝后，它依然故我，没有受到任何影响的原因所在。

总之，在人类存续期间能够永续存在的行业就是好行业，在人类存续期间能够永续存在的企业就是好企业。尤其重要的是，能最大限度地为全体大众服务的企业，才是真正的好企业。好企业从来都是平民企业。而且好企业的经营模式从来就不复杂。而这样的企业（行业）都有一个共同的特点：始终与人类的生存、生活息息相关。

轻资产、大回报

好企业，必然利润丰厚，轻资产、大回报。

有些企业，十元只能当一元用；有的企业，一元却可以当十元用。前者如钢铁行业，后者如食品饮料行业。重资产的行业，看起来资产很多、很大，但企业一旦倒闭，那些傻大笨粗的资产很可能一文不值。比如，炼钢厂的高炉，建一座得几亿元、十几亿元，申报企业财产时，也是几亿元、十几亿元地报，一旦企业玩完，拆起来，只能卖点废钢烂铁。而轻资产行业却大不相同：投入虽少，赚起钱来，却毫不含糊。像五粮液、贵州茅台、烟台张裕。当然，还有像蒙牛、伊利、光明。还比如，我们本章的主角：姜家鸡汤。这家店，最大最长的一笔投资，应该是房租，然后还有什么呢？也就一点柴米油盐吧。以这家汤店的经营现状，一年的房租，一个月内可以回本；而其他投入呢，几乎都是当天即可回本。忍不住再感叹一句：这样的生意，真是让人叹为观止。

某派认为：买股票就是买企业的未来，因此企业的成长性才是投资者最应重点关注的地方。至于企业的历史、现状，反而是次要的。猛一听，的确如此：昨天挣的钱，那是昨天挣的；明天能挣钱，才是真本事。其实，辨识企业的未来需要非常高超的商业洞察力，对普通投资者来说，这是非常困难的事情，所以对我们而言，企业的稳定经营、永续发展，才是最重要的事情。

好的企业，就像姜家鸡汤。它日复一日、年复一年、进而代复一代地稳定生产着、经营着，它似乎从来没有实现质的飞跃，也从来没有实现量的扩张。但它却养活了一代又一代的姜家新人，同时一代又一代地服务着小城人民。

好企业，就应该这样。

隐性与显性

很多人对所谓成长性的认识，陷入了一种片面，认为营业额的增长才是增长，利润的增长才是增长。比如一家企业，今年挣 1 亿元，明年挣 10 亿元，这才叫增长，这才叫成长，这样才有未来。其实，这都是一些**显性的增长**。显性的增长固然重要，但还有一种**隐性的增长**更为重要。还是以姜家鸡汤为例：这些年，看似没有变化——还是那家店，还是那块招牌，还是那几个人，还是那几件简单的产品。但是绝大多数人没有看到：随着时间的增长，小店的顾客群更加稳定，老主顾越来越多，招牌日久商誉日重，也就是说，它的护城河越来越深。这些无形的价值隐藏在显性的外表之下，让姜家鸡汤经营方式更稳健、经营方向更明确、利润率也更稳定，这也能让他不惧通货膨胀（事实上姜家的鸡汤价格从来都是紧跟着物价的上升而不断地上升），也让他不惧八项规定而成功穿越牛熊。

所以，企业最大的未来，绝对不是那种显性的利润增长，而是更为重要的隐性增长：稳定的经营模式、稳定的营利模式、宽广的护城河，以及永续发展的“不死鸟”身份，这才是最大的未来，真正的未来！

这又让我想到了当前让一众股市投资者争执不断的“大烂臭”——银行股。最近几年，国外媒体、机构唱空做空中国的银行，理由形形色色。国内一些机构和个人，也“夫唱妇随”，唱空做空中国的银行业。但是左看右看，我们发现，中国的银行业就像是放大了无数倍的姜家鸡汤。它一百年前存在，一百年后依然存在。以我的观察和判断，互联网金融的出现不仅不会颠覆它，通过学习与融汇，只会促进和提升它。在偏见中，银行看似没有了增长的空间，但现实中，它永续发展的盈利模式、盈利水平，却如山岳般沉静而镇定地告诉世人：我才是真正的万业之母、中华基础。有我在，中华大地将永续繁荣！

我不相信，一个国家强大了，金融业会不强大，金融业强大了，银行反而会垮了。

03 好企业最重要的标准：稳定盈利

分析和研究姜家鸡汤，我们能得出一个很重要的结论：好企业，只要有稳定的盈利模式，并且能够长期复制并永续发展就好，不必非得有所谓的高速成长性。这一点，就像阿甘的奔跑，只要方向正确，一天一天地跑下去，不疾而速，最终能达到常人所不能达到的成就。有些企业，哪怕是不再高速成长，甚至是不再成长，只要能保持目前的高收益，永续发展，也是完全值得投资的。

这番观点，可能与市场上很多主流观点略有不同。

更重要的未来

股市投资者中流传着一句俗话：买股票就是买企业的未来。这句话本身没有错，关键是如何理解“未来”二字。大多数人认为，所谓未来，就是成长——有成长，就叫有未来；没有成长，就叫没有未来。我赞成这种观点的前半部分，同时反对后半部分。因为，这部分观点很容易会被普通投资者理解成：凡是不具备成长性的企业都是没有投资价值的。

事实上不是这样的。还是以姜家鸡汤为例：它几十年如一日就那几个人、两间小店，从规模上看有无增长？显然没有，但它是不是一家优秀的企业？通过上述分析，显然是，虽然它的规模非常袖珍。那么问题出在哪儿呢？就出在我们对成长的偏执上。成长固然不错，但稳定经营、永续存在同样不错。这就像评价一个人，长得好看不好看？但这能否定聪明的好处吗？对一个人的认识，我们既欢迎他有好的相貌，又欢迎他有好的智商。但对一家企业的评判标准，却常常陷入非此即彼的偏执困境中。此乃错事、憾事。理性的投资者不会这样干。

也许有朋友会说：腾腾爸，你举的姜家鸡汤不过是一家个体户，上市企业有这样的吗？没有高增长，却仍然不失为一家出色的企业。

实际上，不仅姜家鸡汤，这样的企业在我们的市场中是大量存在的，只是你不愿发现和承认而已。举个耳熟能详的例子：双汇发展。这家企业经过前期的高速发展后，近年受制于发展空间，增长速度明显降低和平稳下来了。但是我们可以看到，每年它依然保持着慷慨与可观的分红，长期投资它的朋友依然获利丰厚。在可见的将来，笔者依然认为，以适当的价格购买这家企业的股票还是一桩不错的投资。同样的例子，还有贵州茅台。以我的分析，受制于茅台产量的增长空间，这家企业未来的外延性成长空间也是非常有限的，在成长前景上我们可能得放弃奢望。但这依然不能否定这家企业的优秀。在可见的将来，它将依然源源不断地为股东创造利润和价值。再拿目前在市场上颇受冷落的银行股，只要亏损和倒闭的猜测被证伪，只要保持稳定的经营，它们就能在存续期间源源不断地为我们提供股息和分红。

一句话总结：成长是未来，稳定经营、永续存在也是未来——在类似腾腾爸这样保守的投资者看来，可能后者是一种更加重要的未来。

稳定第一

写到这里，我们不得不再插一番旁议——略有投资知识的朋友，应当知道 PEG 这个概念，这是一个衡量企业成长性的指标。熟悉我的朋友都知道，对这个指标，我是不太感冒的。比如姜家鸡汤这样的企业，它的成长率接近于0，个别年份甚至可能会是负数，在PEG的测算中，处于分母端的地位，岂不意味着这个指标会倾向于无穷大吗？按照专家们对于PEG这一指标的经典性理解，那就意味着这家企业毫无投资价值。事实上，像姜家鸡汤、双汇发展、贵州茅台这样的企业，是可遇而不可求的典范企业的代表。只要市场报出好价格，就应当抓住机遇，大胆进行投资。

另外，在分析和研究姜家鸡汤这类稳定经营的企业时，我们还进一步提出显性增长和隐性增长的概念。之所以提出和强调这两个概念，是因为对于普通投资者而言它们具有很重要的现实意义：多年来，市场不仅对成长过热追求，而且对成长的含义理解得也有严重的偏差。大多数人把成长简单地看成了利润、增速、ROE等简单的几项指标。但诸如品牌、商誉、客户群之类的隐性价值被忽视。过分关注显性的增长而忽略隐性的增长，可能跟我们国家过去三十年突飞猛进的外延式增长及尚未健全的诚信体系建设等宏观要素有关。但是未来三十年，这种情况肯定是会发生改变的。

在过去的经济发展体系中，投资、出口和消费被并称为经济的“三驾马车”，随着经济的升级换代，新的经济发展体系会渐成雏形，升级后的消费将与服务和高科技形成支撑国家经济发展的“新三驾马车”。不用花费太多的脑力我们就能明白：品牌、商誉、技术以及知识产权保护这些软性的价值将会变得多么重要。

关注和追求隐性价值的成长，一定会渐成主流。外延式的显性的增长依然重要，但极有可能会退居次席。作为投资者，我们应当敏锐地看到和利用这种趋势。希望这番话，不会让朋友们理解成：腾腾爸只重视稳定，而不重视成长。相反，**腾腾爸既重视成长，也重视稳定。如果二者只能选其一，我只好忍痛割爱，先选择稳定。**别忘了，我的自我身份定位是普通投资者，在判断稳定与预测成长中，我更擅长前者，而非后者。这是我忍痛割爱的前提和基础。

成长之困

朋友们可能还会有疑惑：像姜家鸡汤这样的好企业为什么就不能在成长性上有所体现呢？道理很简单：任何一家企业，受困于某一方面因素的限制，都有增长的天花板，在到达天花板后，只好以“维持现状”的方式存在。比如姜家鸡汤，它既受困于主营人员的学识，又受困于受众口味的区域性限制——姜家人世代学历不高，他们也曾试图到其他城市开设分店，但最终的结果都是铩羽而归。所以这种现状最终决定了，“企业”每年的盈利只能用来家庭的消费和积蓄，而不能用来再投资。类似的困扰也见于双汇发展：2015 年度的利润，97% 被用来分红。这当然与股东结构有关，恐怕更重要的一点，还是企业已经没有更大的外延式增长空间。在找到新的增长空间之前，它只能这样处置利润了。这是现实的选择。因为地域、高粱和水源的限制，贵州茅台的产量也是有限制的，这就决定了茅台酒不能想生产多少就生产多少，即使价格还有上升空间，但显然单只酒水的价格也不可能无极限增长，这就意味着早晚有一天，茅台也会走上姜家鸡汤的老路。但正如上文所述，不再增长，并不意味着企业便没有了未来。稳定经营、永续发展、能源源不断地为我们带来股利和现金流的企业，都是好企业。

04 怎样寻找好企业

作为普通投资者，面对几千家红红绿绿的企业股票，我们又该怎样进行筛选和抉择呢？

投资的层次

在《投资大白话》一书中，介绍过我的三个层次的“投资交易体系”，第一层“投资投的是国运”，第二层“投资投的是行业”，第三层“投资投的是企业”。从标题上就能看出，这是一套自上而下的选股思路。

关于国运的论述，坊间也好，学界也罢，对此争议和论述极多，相关著述汗牛充栋。对自己国家的未来，我是充满乐观精神的。我认为真正的投资者，不仅要相信自己国家未来的前途是美好的，而且还要为实现这份美好躬亲奋斗。真正的投资者也同时应该是爱国者。这方面话题无须多说，我相信生活在这个国家的大多数人都是爱国者，所以下面仅从行业和企业两个层面，介绍我的选股思路。

行业的选择

形势比人强

俗话说：男怕入错行，女怕嫁错郎。20 世纪 80 年代，卖茶叶蛋的老太太发财了；90 年代，乡镇企业家发财了；21 世纪 00 年代，盖楼的和煤炭贩子发财了。我们为什么发财？不是因为我们聪明，而是因为我们幸运地被时代的潮流卷入。80 年代出不了柳传志，只能引发下海潮；90 年代出不了阿里巴巴，只能引发下岗潮；00 年代开始，好了，买地的、盖楼的、搞互联网的，全行了。但卖茶叶蛋的、干个体户的？难道二十年前这些人聪明，二十年后这些人就变笨了吗？人还是那些人，只是形势变了——形势比人强。

所以我非常赞成以下观点：企业家固然重要，但行业更为重要——只有在选择对的行业之后，企业家的作用才会充分发挥出来。因此，我们投资，要投行业。

行业标准

那么，哪些行业，值得我们投资呢？

一是这个行业，必须是能长期发展，甚至得能永续存在。行业寿命短暂的不行。比如高科技行业，我不否认这个行业总会冷不丁地冲出几只超级大牛股，但对普通投资者而言，更需要注意的问题是，这个行业更新换代太快。这类行业中的企业发展快，死得也快。你把钱投到这里，赚不知道怎么赚的，赔也不知怎么赔的。赚的时候眼花缭乱，赔的时候一文不值。这样的行业不适合稳健型的普通投资者。

二是这行业必须得有一定的护城河。不能谁想进来就进来。就像卖茶叶蛋这个行业，虽符合第一条，能永远存在，但茶叶蛋的从业门槛太低，谁都能煮意味着谁都能卖。这样的行业，最好别碰。

三是必须得和人民生活息息相关。也就是说，最好是一种生存所必须依赖的东西。只有不停地消费，才会有不停地生产。

四是必须经过充分竞争的行业。也就是说，得有一点垄断性质才好。这样才有定价权。

五是必须是利润收入较为稳定的行业。你预期它将长期存在并能稳定地给你以利润分红，这样的行业不就是让人放心的奶牛吗？

六是在满足以上五点的基础上，如果还能看到稳定的成长，那就更好了。我不追捧高成长概念，但并不意味着我排斥高成长。如果在稳定赢利的基础上再有一点成长性，那不是锦上添花吗？

七是在当前社保基金刚开始入市、国际资金还没有完全放开端口的大背景下，我再加一条，行业的盘子一定要足够大。这些年中国股市一直有炒小、炒新的恶风，盘子大、估值低的大盘蓝筹不受市场待见，所以素有“大烂臭”之称。但我认为，随着A股国际化步伐的加快，这种风气一定会逐步改变。随着未来机构力量的进一步发展壮大，投资者结构也会慢慢与国际接轨，流动性将会是投资者不得不考虑的问题。经历过2015年股灾的朋友对当时千股跌停的场景可能会永生难忘。彼时最能保持流动性的，反而是以前市场最不受欢迎的超大蓝筹股。

综上，不炒概念、不炒题材、不炒高科技、不炒黑天鹅，更不炒十年薄利二十年不分红的行业。这是我总结出来的行业选择标准。

在符合上述种种标准的前提下，我们才能进入更微观的企业选择程序。

企业的选择

我选择股票的标准，非常简单：低市盈、低市净、轻资产、高股息（分红），外加一条，适当的净资产收益率。

低市盈率与低市净率

前者是股价除以每股利润，后者是股价除以每股净资产，两者各有侧重，但合在一起，共同反映的是股票的廉价程度。数值越低，股价越低，买得越合算。数值越高，股价越高，卖得越合算。

寻找低PE和低PB非常简单，打开同花顺，翻到股票池，在PE、PB项上一点鼠标右键就行。第一下，如果是从高往低排的话，第二下，就会变成从低往高排（小学文化就能操作）。但是仅仅用软件和F10就能做好投资的话，那投资也太简单了。因为软件和F10提供给我们的答案，有时候是错的。这就是面对低市盈率和低市净率时，我们需要注意防范一个陷阱。比如，一家企业，为了做低市盈率，有一个很简单的办法，他突然卖一点企业的资产。而卖掉的这笔资产，是会计入当期损益的。这样，利润突然大增，市盈率便会突然下降。这样市盈率就低了。再如，想做低市净率，也非常简单：企业有一栋楼，通过低价卖掉再转手高价买回等财务操作手段，固定资产总量实际没有发生变化，但同样一栋楼，去年估价10万元，今年估价100万元，每股净资产马上大涨，低市净率也自然形成。避免这个陷阱也不难。你追寻一只股票，一定要翻看它历史上的市盈率、市净率水平。遇到突然上升或下降的情形，多长个心眼，看看财报，弄清这种变化到底是来自业务经营上的变化，还是来自这种一次性损益的变化。如果自己看不懂，也没事，上网到相应的股吧里，绝对会有人给你提供现成的答案。

现在，很多人对这两项指标不屑一顾。一位投资界大佬就曾说：现在我选择股票是不看PE或PB的，因为对于成长股来说，PE和PB的极限在天空。当年，就是在这套理论的忽悠下，创业板的整体市盈率一度冲到170余倍，市净率也竟然达到惊人的一二十倍，个股上几千倍的市盈率、几百倍的市净率也堂而皇之地生成与存在。很多人把后来发生的大股灾归咎于管理层的去杠杆措施，笔者认为，这是浅见拙识。深层次的、根本性的原因，是泡沫太大了，是高市盈率、高市净率最终杀死了这些高位神话。

对于市盈率，投资大师彼得·林奇有过很多精彩的论述，我摘抄如下，供朋友们思考：

（1）既然周围有这么多低市盈率的股票，为什么还有人会买高市盈率的股票呢？这是因为他们想在伐木场的工人中间找到未来的著名影星哈里森·福特。

（2）一些专门寻找便宜货的投资者认为不管什么股票只要它的市盈率低就应该买下来，但是这种投资策略对我来说没有什么意义。我们不应该拿苹果与橘子相比。

（3）拘泥于市盈率固然很傻，但是完全不理不睬市盈率也不应该。

（4）即使关于市盈率你什么都记不住的话，你也一定要牢记一点：千万不要买入市盈率特别高的股票。只要坚决不购买市盈率特别高的股票，就会让你避免巨大的痛苦与巨大的投资亏损。

（5）除了极少数例外情况，特别高的市盈率是股价上涨的障碍，正如特别重的马鞍是赛马奔跑的障碍一样。

（6）股票市场整体的市盈率水平，对于判断市场整体上是被高估或是低估，是一个很好的风向标。

（7）利率水平对市盈率水平有着很大的影响，这是由于在利率较低时，债券的投资吸引力降低，投资者愿意在购买股票时支付更高的价格。

（8）除了利率之外，在牛市市场中形成的令人难以置信的乐观情绪能够把市盈率哄抬到一个令人匪夷所思的水平。

看完大师的观点，我想起了对于嘲笑市盈率的观点，网络上某位颇具辩才的网友的一个有趣而睿智的回答：如果看市盈率就能炒股的话，那连小学生都能炒股了，但是如果炒股不看市盈率的话，那连小学生都不如了。

一笑之后，腾腾爸的感受：如果是想判断个股值不值得买，一定要记住彼得·林奇的第（4）句话、第（5）句话；如果是想判断市场接下来会走牛或走熊，一定要记住彼得·林奇说的第（6）句话。

市盈率和市净率有某种内在的关联性。对于市盈率的观点，也代表我们对于市净率的观点。在此不再赘述。

很多话，道理很简单，动动脑子我们自己就能琢磨明白。但是一面对市场，面对诱惑与金钱，很多人智力水平立即下降三个档次——这是一个有趣的现象，认识和理解并学会运用这一现象获利，这也是投资者成长的需要——这就是不得不有劳大师一遍又一遍为我们重复某些基本常识的根本原因。

对于这一点，我认为不是大师聪明，而是因为我们笨。

高股息率与高分红率

首先声明，我非常注重和在意股息率和分红率这两项指标。企业什么都能吹，就是分红不能吹。因为，分红需要的是实实在在的真金白银。在这里，奇思妙想和口水没有一点儿用。尤其是那些连续多年高分红的企业，更是让人信任、敬佩，更应该吸引投资者的目光。比如说雅戈尔，当年就是靠着分红吸引我的注意的。

但是很可惜，人们通常喜欢挤在泡沫里幻想，而不屑于思考类似的现实问题。有一种观点，分红后一是得交税，二是股价上得除权，实际上是拿自己的钱陪着税务局玩儿。真是大错特错啊。再以雅戈尔为例。当年我六七元买，持有五年，每年每股分红五角，成本很快降到了三四元。除权、税收，让我产生长期损失了吗？很多人就是投机、短视，大处不算小处算。其实除权之后股价更有吸引力了，或早或晚到来的填权行情会给我们以丰厚的回报。至于税收，和频繁买卖股票交给券商的手续费相比，根本不值一提！另则，长期持有，红利税的税率还可享受国家折扣，所费有限。当然，分红，也不要光看一次，要看历史，结合行业、企业发展趋势，注意未来能否实现稳定经营。

分红的重要性在于，万一大市行情不好，股价不妙，但最少每年丰厚的分红还可以为我们带来源源不断的流动性。前几年，因为格外看好雅戈尔，我所有的股票分红，都是什么时候到账，什么时候就去购入。碰到好票，我毫不犹豫，不愿意多耽误一分钟时间。

谈到分红，不能不谈一下高送转。国人非常喜欢高送转。但高送转是个什么东西呢？说白了，高送转就是一个数字游戏。当然，对一些高价股来说，高送转能降低股价，让股票看上去更便宜一些，从而提高流动性，也就是很多人爱谈的股性。但是没有业绩支撑的股票，股性是虚妄的，短期是涨上去了，早晚还会跌下来的。所以整来整去，还是个数字游戏。但在中国，这竟然整出了个高送转概念。每到高送转时节，看到一些莫名其妙的高送转，以及山呼海啸的高送转“粉丝”，我就在心底默默地念叨一句：一小帮坏蛋引来了一大窝笨蛋！纯粹的高送转概念，在我看来只具投机价值，不具投资价值。因为投机而获得利润的朋友很容易在金钱的迷惑下丧失对投机危险性的警惕。谨慎的投资者，对此应保持高度的警惕。

关于股息率和分红率以及它们相对于股价的意义、对投资取舍方面的影响等一系列问题，笔者会在下文讨论股票的估值、股市投资的进入和退出机制时再详细分析。

轻资产

所谓轻资产，就是不用投入太多的钱就能经营，也就是说，用最少的钱，挣最多的利润。比如白酒行业，在低迷期利润率依然可以高达百分之六七十，茅台、五粮液这些高端龙头企业在正常的年份可以轻松达到百分之八九十！天下还有这样好的事情吗？但是茅台和五粮液之流就做到了。而且因为他们百年、千年老店的招牌，一生产出来就成为独一无二的抢手货。虽然中央八项规定出台后，对企业有一定的影响，但只是强迫他们改变经营方向而已。话说回来，没有八项规定，他们早晚也得调转船头。这是规律，晚改变，不如早改变。我翻了翻，阿腾小朋友小学课本上李白吟酒诵诗的句子都还在，这就行了。

未来若干年，红酒虽有可能获得长足的发展，挤压白酒的生长空间，但可以确定的是，白酒依然会存在，甚至是继续横行。也许会损失一些“虾兵蟹将”，如小的酒企会被兼并，或是死掉，但这也是无法挽回的趋势。当然，任何好企业，一旦被炒高，脱离了基本面的支撑，都会形成泡沫。因此，我们在投资时一定要谨记“好资产好价格”六字真经。

适当的净资产收益率（ROE）

从理论上讲，净资产收益率这个指标越高越好，因为越高意味着企业单位净资产赚钱的能力越强，也就是增值的能力越大，在股价不变的情况下，净资产增厚意味着市净率的降低，对投资者的吸引力也就越大。但是行业与企业的发展周期决定了，净资产收益率不可能永远保持超高速增长。以“股神”巴菲特掌管的伯克希尔为例，长期维持在20%的年复合增长率已是奇迹。所以在拉长的周期上看，再好的行业与企业，整体增长速度最终都会归于平庸，与市场整体水平持平。所以我们不必渴求在其他各项指标都符合要求的情况下，企业还能长期保持超高的净资产收益率——在现实世界，这也几乎是不可能的事情。在兼顾各方指标的同时，ROE适当即可。

另外，在谈到ROE这一指标时，很多朋友容易把名义ROE与实际ROE混淆，从而造成投资价值计算上的失策。所谓名义ROE是指企业财报上公布的那个数字。但这个ROE是企业的，不是作为二级市场参与者的投资者的。什么意思呢？比如，一家企业财报称 ROE 是 20%，看上去很高，但只是意味着对于企业来说，100 元的净资产每年有 20 元的盈利能力——对于投资者来说，投入 100 元却未必会有 20 元的盈利能力。

为什么这样呢？这就得看市净率水平了。打个比方说，我们买入这家企业股票的时候，市净率是 2，那么这就意味着，我们是以相对净资产 2 倍的溢价买入。也就是说，我们虽然花了 100 元，但是只买了那家企业 50 元的净资产，而这家企业 50 元的净资产只有 10 元的盈利能力。换句话说，我们实际投资了 100 元，但实际盈利能力只有 10 元，对我们投资买股票的这 100 元来说，ROE 只有 10%。这个 10%，就是我们投资资本的实际 ROE。通过上述分析，我们可以得出实际 ROE 与名义 ROE 的关系式为：

实际 ROE = 名义 ROE/PB

这就意味着当企业的净资产收益率固定时，我们购买股票时 PB 值越小，则投资资本的增值能力就越大。很多朋友常混淆实际与名义的区别，以为财报上公布的 ROE 高，就意味着企业股票的投资价值必然高，事实上，这是很不可靠的一件事。

上述实际 ROE 与名义 ROE 的关系式进一步推导，可以得出，名义 ROE 与 PB 的商，恰好是市盈率 PE 的倒数。推导过程如下：

实际 ROE = 名义 ROE/PB = （每股利润/每股净资产）/（每股股价/每股净资产）=1/PE

这个推导式，为我们完整地表述了 PE、PB、ROE 三者间的内在联系。这三个指标不是孤立存在的，其中一个变化，必然带动另两个指标的变化。因此，对各指标的选择与取舍，是一个综合衡量的过程，不必执着于其中一个指标大做文章。

选择的系统性

介绍到这里，必须格外说明一下：上述指标是一套完整的系统，使用起来需要综合考量，切忌盲人摸象。各个指标之间，是需要互相制约、综合平衡的。PE、PB、ROE 以及股息率、分红率这几个指标，不能只取其一，拿出其中一个指标说事。也就是说，我并不是单纯只看低 PE 或低 PB，也并不是只注重高股息率。只有这几个数字都符合要求，标的才会进入我的视线，尔后再辅以对企业经营模式、管理水平等财报所无法体现的方面进行一些必要的跟踪和分析，才有可能被我选为最终的投资标的。

常常有朋友问："腾腾爸，根据你的这套系统，可能会漏掉一些高成长性企业啊。"的确，一些优秀的成长型企业，在建立初期，市盈率、市净率可能都会高得吓人，因为发展的需要，又常常长期没有股息和分红，但后来的事实证明，它逐渐长大成材，给投资者带来了丰厚的回报——按照我的这套交易系统，的确很容易把这样的优秀好企业漏掉。我要提醒的是，世上影星虽多，但与芸芸众生相比，毕竟还是少数，绝大多数人终将归于平庸，在平凡中度过一生。我们最好还是牢记彼得·林奇的那句话：不要老想着"在伐木场的工人中间找到未来的著名影星哈里森·福特"。不能否认伐木场的工人有成为福特的可能，但投资者要做的，是寻找到最大的概率，然后善加利用为自己盈利。这就是投资属性中的"确定性"。

寻找"能成长为大公司的小公司"很难，不仅需要高超的商业洞察力，我认为很多时候还得需要超过常人的好运气——这二者又往往很难凑到一块。所以，基于我们"普通投资者"的身份定位，我还是建议朋友们选择一条相对容易的道路。

只要能赚钱的标的，就都是好标的！既然没有能力选择那样的超级好股，那就静下心来，选择你能看得懂、把握得住的股票，这未尝不是聪明的做法。在低估但看起来并不时髦的股票里翻拣投资的机会，的确显得有些呆头呆脑，但只要能在这种低风险环境下获得稳定的收益，那又何妨呢？

05 拥抱好企业

人人都想在伐木场工人中间寻找到未来的哈里森·福特，但哈里森·福特是那样稀少，这就让“寻找到未来能成长为大企业的小企业”这句话成为一个典型的套套理论。中彩票的确可以让人暴富，但这样的机会可遇而不可求。

对普通投资者来说，更现实的追求，是找到姜家鸡汤这样能稳定经营、长期存在、持续给我们带来现金流（股息与分红）的标的。

这样的企业，在我们目前的A股市场大量存在。如果您稍加注意、认真寻找，还是很容易找到的。

找到你的“姜家鸡汤”，买入它，然后长期持有它，这样就能让你的投资看起来更从容一些。

第一，找到好企业；

第二，找到好的价格适时买入；

第三，长期持有。

大多数的成功投资，都不可避免地遵守这三点规则。

第五章

病房里的财富故事：简单实用与持之以恒

经常有朋友问我：理财和投资到底是简单还是复杂？这个问题本身和投资一样，看似简单，回答起来，又很复杂，但真要说它复杂吧，好像又有点儿故弄玄虚。理财和投资毕竟是生活中人人都需要面对的事情。所以，我们还是从一个真实的案例讲起吧。

01 病房里的故事

病房偶遇

2016年春节后，我太太在体检时发现了一点问题，身上有块囊肿，不辨良恶。忐忑间，从县医院转到了市立人民医院。从全面的体检到手术，再到后期的康复，前后二十余天。我在病房陪护期间，一有空闲，即捧书而读。阅读内容既有法律、哲学方面的，也有经济、文学方面的，所以给人造成了一种错觉，以为我必是学富五车的大学教授之类的人物。后来周围人听说我的职业，都非常讶异。原来在他们心中，警察就是粗人而已。

与太太同一房间的病友，是一位大姐，四十余岁，两年前身体发现肿瘤，割掉，没想到两年后复发。用她自己的话说，是“二进宫”了。据我观察，此人心胸极为开阔，住院期间有说有笑，能吃能喝，除了手术后的三两天需要家人照顾，其余时间多是自己一人打理。

有一天，见我在手机上翻看财经类文章，她突然问我：“你是不是在炒股啊？”

我答：“是。”

她明显眼光一亮，声调高涨起来：“现在行情怎么样啊？”

彼时行情惨淡，正是坊间所谓“股灾3.0”后期，大盘已从最低处

2600多点反弹，尚在2800多点的位置挣扎。但我认为此时很多优质股票已经被严重错杀，无论从中长期的投资角度看，还是从短期的投机角度看，价值都已凸显。所以，我就将观点直言相告。在谈论间，还把我依据的逻辑与思考，略作分析。

没想到我很简单的一番谈话，竟引起了她更大的兴趣，大半个上午，她滔滔不绝地向我和太太讲述了她投资理财的故事。

孔姐的经历

下面的这段话，是我根据这位病友的陈述综合整理的。

我娘家姓孔，夫家姓任，我们工作和生活的小城，就在你们邻县。但我们县的经济发展水平明显比你们那儿低了一大截，工资水平也比你们稍差一些。我在水利部门工作，每月收入3000多元，丈夫在汽车站开车，每月收入4000元上下，两个孩子，都已经上大学了。生活负担还是很重的，如果光靠这点工资，很紧巴。好在我们有两套房子，一套是我们从单位里摊的，二十五年前买的，现在已经公房改革办理了房产证；另一套是老家拆迁，政府补偿了三套，父母给了我们一套。这套房也在城区，因为是新的，面积也大，所以我们现在住新房租旧房，包含空租时间，平均下来每月能得到800多元的租金。也就是说我们一家，每月毛收入能有8000元。去掉生活开销，每个月能余4000元，每年勉强能存下5万元积蓄。当然，前些年收入也少，但因为两个孩子都是男孩，将来开销大，所以多年来养成了节俭的习惯。反正有钱就尽量存起来。时间一久，反而感觉压力不是那么大了。一方面是因为长期省吃俭用有了一定的积蓄，更重要的是，我们通过买卖基金的方式，让积蓄得到了较大幅度的增长。

我是从2004年或2005年（具体年份记不清了）开始购买基金的。当时我也不知道基金是什么玩意儿，办公室里的同事有买的，也劝我买。我当时想，反正钱存在银行利息也不多。我在网上看到一篇文章，说是存银行得到的利息，还跑不过物价的上涨。所以我就拿了几万元购买了一些（经询问得知，系偏股型基金）。买的时候，沪市大盘才1000多点，过了几年一看，大盘都5000多点了，我买的基金翻了好几倍了，当初的几万元，涨到快二十万元了。这笔钱对我们家来说，太重要了。要是靠省吃俭用，以当时的收入状况，二十年也未必能攒这么多。所以我知足了，先后分三次，把基金全卖了。一半存银行定存，一半买了银行理财产品。当时的银行理财产品收益也很高，利息比定存高好几倍。但这个东西对我来说，也不太懂，我怕有风险，所以没敢全买，只买了一半。后来股灾就来了，大盘从最高时的6000多点，才一年时间，又一气跌到一两千点。当时破了2000点的时候，我就又开始买基金了，买的品种还是以前让我赚钱的品种。当时我给自己定的规矩，大盘跌50点，我就加买一万，跌到1600多点的时候，我把理财产品全部换成了基金。

其实，在跌破2000点之后，按我的想法，是应该买更多的基金的，但丈夫坚决反对。他说咱挣这点钱，非常不容易，是运气好的原因，万一再赔进去，就全完了。用他的话说，千万别“竹篮打水一场空”。当时网上也有很多专家说大盘还可能再往下跌，甚至还有说要跌到1000点的，所以我也害怕了，把当时赚的钱，只买了一半就不敢再加买了。

这一次的操作，运气也非常好。因为只用了一年多，大盘又上涨到了3000多点，我一看，天呐，我买的基金又涨了一倍。这个时候，我开始比较认真地学习和研究与股市有关的知识了。我知道了一个很重要的概念，就是市盈率。因为不懂股票，我本人学历不高，看那些研究股票的文章也看不懂，但我看懂了一篇文章，知道了股市“整体市盈率”这个概念。终于明白了一个道理，同样的点位，不同的时间，可能市盈率是不一样的。比如说前两年大盘3000点的时候，可能整体市盈率是40倍，这两年又回到3000点，可能整体市盈率就只有30倍了，为什么呢？因为这几年国家经济在发展，这些上市企业盈利的能力也增长了很多，所以同样的点位，市盈率就变小了。弄明白这个道理，我感觉自己一下子强大了很多（笑），因为以前买卖基金，只盯着大盘指数看，实际上因为企业盈利能力的增长，大盘指数的底部是不断地往上抬升的，所以想让大盘点位再完全回到以前是很难的。再做买卖决定的时候，就不能只看指数点位这一项指标，我还得看更重要的整体市盈率这个指标。指数低，市盈率也低——最少得等到整体市盈率接近或低过 15 倍之后——当这两个指标都低的时候，就应该买了，越低越得买，不应害怕。然后到卖的时候呢，除了点位、市盈率，我还给自己加了个盈利指标，就是当涨幅过了一半的时候，我就得慢慢地卖了。

2010 年的时候，我发现我买的基金又翻了一倍，一算整体市盈率，也三四十倍了，而且我发现，我办公室里的那些人，经过股灾都不敢炒股买基金了。我就想，这跟两年前的牛市情景是完全不一样的，当时大盘越涨，市场情绪越高，人人都怕赶不上车的样子，排队开户，排队买基金。现在指数都翻一倍了，我办公室的人反而没有动静了。我就琢磨，没人接力，大盘怎么上涨呢？再说，短短一年时间，我又赚了一倍，所以还是卖吧。所以我又分三次把基金全部卖掉了，又去买了银行理财。

我这次的判断，也算是比较准确吧，大盘最高时到过 3400 点，然后又开始下跌。在跌到 2400 多点的时候，我算了下整体市盈率，又很便宜了，所以我不顾丈夫的反对，又开始买了。还是跌 50 点，我就加买一万。这次熊市太长了，一跌跌了好几年。后来我在网上看到，大盘的整体市盈率只有十倍了，虽然点位只有 2000 点，但整体市盈率已经创下历史新低了，所以我就卖光了所有的理财产品，全部买了基金，而且我还把定存的钱也大部分移了过来，只留下 5 万元当现金使用。我对丈夫说，这个点位买基金，只要坚持住，肯定能赚大钱。这 5 万元加上我们平时的工资，足够我们家未来几年的正常生活开支。前两年我得病，手术、住院，花掉了几万元，我们的工资、房租收入，基本上全花完了，实际上也还没有动用完这5万元。结果，我们就等来了牛市。

去年4月，我们买的基金比2000点的时候，又翻了一倍。我就给丈夫说，该卖了。我丈夫说，网上的人都说了，大盘还得涨。但我考虑着，不能太贪心了，是时候卖了。一是大盘已经翻了一倍多了，都4000多点了；二是大盘的整体市盈率也翻了一倍，尤其是“神板”，都150多倍了，这太夸张了吧；三是我们的利润已经翻番了。那时候账户上的钱也很多了，我半夜里老是睡不好，想一下子全卖掉。但是我丈夫坚决不让我卖。吵来吵去，我还是卖掉了一半。4000多点卖的，卖完之后大盘就涨到了5000点。我丈夫埋怨我卖早了。然后就是股灾。我一看不好，在大盘又回到4000多点的时候，一下子全清空了，这叫落袋为安。好在我态度坚决，所以这一次行情，我们的收益跟低点比起来，还是翻了一番还稍多一些的。

解疑释惑

在我和孔姐攀谈的过程中，我逐渐意识到她的投资理财经历极有可能是一个很好的案例，所以我就有意识地顺着她的思路进行了一些必要的挖掘和引导。在她大概叙述完自己这十多年的投资经历之后，我又问了她如下几个问题。

第一个问题：“你的投资无疑是非常成功的，你感觉你成功的经验是什么？”

她答：“我也算不上多成功，因为我买的是基金，不是股票，我听说买股票的，几年挣十倍，甚至一年挣十倍的，有很多。但我从来没有这样的经历。我赚的，都是一些指数上的钱。我就是在熊市的时候，人人都不谈股票了，开始买，然后在牛市的时候，人人都争着抢着买的时候，开始卖。从底部到高位，基本上和大盘是同步上升的，在这个上升的阶段，我的盈利只是和大盘同步而已。我总体上能赚到钱，是因为我能及时清仓，保存住胜利果实吧。”

我接着问她：“但是你每次都能成功啊，你认为这是你的运气吗？”

她沉思了一下，然后答：“说没有运气吧，可能不现实，因为我们国家的股市暴涨暴跌很严重的，但是每次暴跌后，总能从底部再涨上来，或早或晚而已。这跟外国的股市有很大的不同。我听说日本股市一跌一二十年，过去的高点，就再也没有涨上来过。所以在咱们国家炒股还是很幸运的。但你要说完全靠运气吧，我也会不服气的。因为我后期的买和卖的过程，都还是有固定的尺子进行衡量的。我有四把尺子，一是点位，低的时候就买，高的时候就卖；二是整体市盈率，达到历史底部的时候我就买，接近历史高位的时候我就卖；三是盈利水平，只要基金的净值比我最底部时高出一倍，我就会考虑卖出来了；四是看周围的人——前两天我还跟我丈夫开玩笑，他就是我最大的反向指标，他不让我买的时候我就买，他不让我卖的时候我就卖。这四把尺子中，以前我最看重点位，弄懂了市盈率的含义后，我就最看重整体市盈率，其余的尺子作为参考。也就是说，现在我最看重的是整体市盈率，然后其他三把尺子作为辅助性的指标，综合地看，综合地衡量，然后才能做出决定。”

第二个问题：“你在低位买基金的时候，套牢过吗？套牢的话，你是如何看待和分析问题的？”

她笑答：“谁没被套牢过？2008 年股灾过后，大盘在跌破 2000 点的时候，我就开始买，最后一直跌到 1600 点，我最先开始买的那笔资金最多被套了 20% 多。2010 年大盘从 3000 多点跌到 2400 多点的时候，我又开始买基金，最后大盘又下跌到 1800 多点，最初投入的资金最多时也被套了 20% 多。好在我买的时候都不是一下子全投入，所以被套后，我是越跌越买，所以越跌成本越低，我从来没有买到过最低点。我觉得神仙也买不到最低点。只要我买的时候，市场符合我选定的那四把尺子，我就不害怕。咱们现在谈的，是一个心态的问题。以前对投资完全不懂的时候，自己心里没数，人家说好我就高兴，人家说不好我就害怕，但自从我有了自己的四把尺子后，心态就调节得很好了。这一点，我丈夫跟我完全不同。他太肉，还很情绪化。好在这么多年经历后，他开始相信我了。在买卖基金方面，他基本上完全听我的了。另外，买基金和买股票不一样，基金在买卖过程中的佣金是非常高的，要是像炒股那样不停地买和卖，不亏掉裤子才怪。所以**投资基金，很重要的一点是，得熬得住**。大盘短线上总是不断地涨涨跌跌，要想让它一下子涨上去，是不可能的，必须得磨到一定的时候，时机和火候一到，才会有突飞猛进的可能。你不知道什么时候大盘才会飞，所以在这之前，你就得等——作为我们家来说，反正这些钱一时半会也用不着，买完之后，放账户里等着呗。我平常很少看的。反正牛市来了，你身边的人都会欢天喜地起来，这些都能提醒你，不会因为不看它而错失行情。”

在看似无意间，我又问了她**第三个问题**：“你对现在的大盘是怎么看的，会买基金吗?”

她皱了下眉头，答：“基金肯定还会再买的。如果没有投资，我们家的经济条件就不会像今天这样还说得过去，可能很艰苦，所以以后肯定还会坚持投资。至于现在的点位，我是这样看的，从高点往下看，已经跌了不少了，整体市盈率也不算太高，但也不算太低，沪市的是很低了，主要是银行太低，但深市尤其是创业板的整体市盈率还不低。从人气上看，我身边的朋友，基本上也都不谈基金、股票了。现在离股灾发生的时间还不到一年。所以，总体上，我还是比较犹豫的。我想出院后，再做决定。我初步的想法是，如果大盘不是马上涨上去，我会拿出本金的三分之一，先买入一部分。涨上去了，我就赚了。跌下来的话，我再买。现在网上有评论说，2600 点可能不会是市场底部，我感觉这种说法有些玄。但真要跌破了，我们保证还有闲钱买入就行了。总之，我不认为大盘还能再跌回 2000 点原点。这两年经济是不如以前好，但企业都还在发展，盈利水平也都还在提高。按市盈率看，同样的点位，今后的2000点肯定比前几年的2000点要便宜得多。所以我认为2000点的说法，不可靠。”

精彩，真是精彩！

这位孔姐，一没有学历，二不懂经济，三不知股票，四也没看过多少投资类的书，却对投资和理财有着许多深刻的认识，最为重要的一点是，过去十余年的投资经历证明：她的这套方法，改变了她和她家庭的命运。

我正犹豫着还有什么问题可问的时候，太太突然冒出了一句问话："你们家现在有多少钱了啊？"

我和孔姐都没想到太太问了这么一个冒失的问题，所以我们两个彼此一视，哈哈大笑。

谈话到此结束。

理性人

中午陪太太到餐厅一块用餐时，太太问我："刚才我问她家有多少钱，是想问她挣了多少钱，并没有探人隐私的意思，你们没有回答我的问题，还笑什么呢？"

女人往往是感性动物，而**投资者则需要克服感性，把自己培养成理性人**。

我告诉太太："之所以笑，是因为你光听故事了，而没有计算故事背后的东西。这位孔姐，是非常豪爽和坦率的，她在叙述中实际上已经基本上告诉我们她的家底了。2006—2008年牛市期间，她已经挣得20万元，之后一半定存，一半购买了银行理财，在大盘跌破2000点之后，她又将约10万元的理财产品全部购买了基金，在2009—2010年那轮翻倍行情中，她的这笔投资又实现了翻倍，所以此时她手中大约拥有了40万元的资本。而后在大盘又跌回2400点时，她又开始将资金陆续、全部投入基金中去。虽然留了5万元，但根据她的家庭经济收入状况，她自己说每年还是能攒下几万元的，若是算上这部分，那么保守估计，在2014年行情启动前，她投入基金的资金将至少达到60万元。在此后的行情中，她再次实现了利润的翻倍。也就是说，她家现在仅流动资产已经轻松过百万元，如果乐观一点估计，甚至可能达到或接近200万元了。”

太太向我翘了下大拇指，说：“厉害。”

我继续分析：“她和她丈夫每月的收入并不高，而且还有两个上大学的儿子，但现在她家已经有两套房产，没有任何负债，流动资产至少百万元，这样的财政状况，已经轻松超过中国大部分家庭了。”

成功的投资，真的非常容易改变一个人或一个家庭的命运。

02 简单的赚钱方法

从“菜鸟”到“老手”

从孔姐的投资经历看，她已经完整地经历了三轮行情，从最初的跟风入市，到中间的自我觉悟，再到最后的风格定型，已经完成了从“菜鸟”到“老手”的升级换代。我认为她今天的成绩，应已基本排除幸存者偏差的可能。最重要的是，直到今天，她还保持着保守谨慎、对市场非常敬畏的初心，这就足以确保她在未来的投资之路上，哪怕不会像以前那样一帆风顺，至少也可以长期生存——很多成功的投资，从旁观者角度看，好似一帆风顺，而在当事人看来，则可能充满无限曲折，此中滋味，另成一番景象。所以，如果我们面对面说孔姐的投资非常顺利时，她可能会提出相反的意见。事实上，在她的自我叙述中，已经相当委婉而坚决地否定了运气之说。

当然，关于运气和是否顺利的问题，不是我们探讨的话题，我们想做的，是通过分析促使她投资成功的因素，从而给我们以有益的启示。

所以，接下来要做的，是分析和总结。

简单投资

从总体上看，孔姐只是一名普通的投资者。上文已述，无论从学历知识、家庭出身，还是资金来源、投资经验，她都不具任何优势，但她的投资经历却是成功的，至少到目前为止，收益是非常惊人的。承认这种现实，我们就应该认识到，她的投资行为，一定遵守着投资的一些基本规律，哪怕是无意识的遵守，也一定暗含着一些基本规律。

通过她的叙述，我们可以看到，她的投资过程主要有如下几个特点。

投资标的非常简单

十多年，她买卖的标的只有一两只偏股型基金。这让她节省了大量的研究时间。这跟股票投资者动辄把全场几千只股票都纳入自己关注和分析范围的做法完全不同。两相比较，孰优孰劣，实在是见仁见智。

当然，对这个问题，我想额外发表一点看法：普通投资者和机构投资者在标的的范围选择上，是应该有所不同的。机构是一帮人、一套系统在工作，而普通投资者通常是一个人在工作，能够投入的力量是有根本性的区别的。所以作为普通投资者，一定要认识到这一点。机构可以大范围撒网，普通投资者只能小范围攻击。

这个问题，还涉及投资中一个永恒的话题，即投资到底是集中好，还是分散好。所以，我们还需要另外厘清基金投资与股票投资的区别。孔姐投资的是偏股型基金，其实质本身就包含一个由机构帮我们精心挑选和组织的股票组合，所以孔姐的投资标的就跟巴菲特的伯克希尔公司一样，形式上看似集中，实质上却包含着分散的要求。

所以我们还不能因为孔姐的案例就得出“集中比分散好”的结论。她投资标的非常简单的事实，给我们最大的启示应是：分散与集中都应当在适度范围之内。

作为普通投资者，我们的分散度应保持在多大合理的范围内呢？在以前的章节中，在探讨分散与组合时，笔者给出过相对比较具体的量化指标，这里不再多述。只强调一点：在适度分散的前提下，投资者最好集中精力追踪和研究自己最熟悉最能看得懂的标的。

操作方法非常简单

说起来可笑，她的操作方法可以总结成一句话：市场不好、跌到低位时，买；市场变好、涨到高位时，卖。再简单点概括，“低买高卖”四个字，足矣。如果非要跟“高大上”的投资理论扯上联系，我们可以称为“逆向思维”。

细究起来，低买高卖几乎是一切成功投资的规则和基础。曾经，我有一位朋友，做生意失败，垂头丧气地回到家中。他实在不明白，自己要学历有学历，要拼劲有拼劲，为什么就是做不成生意呢？而自己的父亲，大字不识几个，平时沉默寡言，也没看出有多少灵动劲，但就是靠着倒卖建材养活了全家老少。他向父亲请教，父亲指着院中的一堆沙子说：“做生意就像买卖这堆沙子，在它价格低的时候，你买过来，等到价格涨上去之后，你再及时卖掉，赚钱其实就是这么简单。”

如果直达投资的本质，抛掉过程中的一切冗余，有时候事情看起来，的确是很简单的。能把复杂的事情做得简单一点，这应该也是一种修养。

衡量买卖的标尺不复杂

从孔姐的叙述中，我们可以看到，她在决定买或者卖的过程中，不是随意拍脑袋决策，而是遵循一定的衡量原则，也就是她口中的“尺子”。当然，她口中的这把“尺子”也有一个完整的进化过程。最初，她衡量高低的尺子是单纯的大盘点位，后来逐步进化成大盘的整体市盈率，再后来，又加入盈利和人气这两个相对指标。总体上看，在四把“尺子”中，以整体市盈率为主，以大盘点位、盈利水平、人气指数为辅，已经自成一套系统。三把辅尺中，盈利水平又是一个相对重要的指标。比如，在过去的操作中，她已经两次严格执行“涨一倍就要考虑卖出”的规定——这几乎已经成了一项硬性指标，成了她必须坚守的操作纪律。这一点，对股票投资者来说，可能难以接受，如一只优质的股票，涨了之后可能还会再涨。但是作为一个参照指标来说，孔姐在普遍性的层次上，其启示意义可能更强。我的意思是，投资中的确可能存在翻倍之后再翻倍的现象，但在普遍的范围内，可能不具有说服力。

我这段话的总体意思是：作为普通投资者，我们决定买卖的时候一定要有一把相对固定、合理的衡量标尺。这把尺子不必过于复杂，但一定是抓住核心要素的。

其实，回头分析一下历史上那些著名的投资大师，会发现他们很多人关注的尺子其实也很单一，如格雷厄姆最关心净资产，巴菲特最关心净资产增长率，费雪最关心企业的成长性，而我们中国的投资大师李嘉诚则只关心市盈率，即企业相对股价的盈利能力。

尺子不必复杂，只要衡量的是投资的核心。

投资的目的也很简单

在孔姐的叙述中，她从来没有我要赚多少钱、翻多少倍的提法。能让家庭生活不是那么艰苦，她就已经非常开心。这跟市场中动辄“财务自由”的提法完全相左。

杨天南先生在《一个投资家的20年》一书中，反复强调，投资的重要目的不是让你成为巨富，而是首先实现财务的健康。财务自由是一个比较高的目标，一旦实现，意味着你不用主动工作，只被动的资产性收入就足以让你与家人快快乐乐的生活。而财务健康，则是一个相对低得多的指标，它意味着你只要生活得不是那么艰苦就可以了。像孔姐这样，有房、有车、有余款，不怕得病，不怕孩子上学，不怕突如其来的一般花销，即家庭在面对未知风险时，已有一定的安全垫。财务自由和财务健康的区别就像专业运动员和健康的普通人的区别，我们成为专业运动员可能很难，但成为一名身体健康的人还是相对容易实现的。

其实，这也是我反复强调的：投资要放弃暴富思想，静水流深，不疾而速。

正如王健林先生所言：先定一个人生的小目标，努力实现它，然后再去追求人生的大目标——实现大目标固然不易，但万一实现了呢？要是真实现不了，也无所谓，小目标实现了，日子也一样过得滋润。

0～100，还有99个自然数——记住这一点，对普通投资者来说，很重要。每天想一遍，赌性就会降一分。

心态不膨胀，操作就会少犯错。

乐观向上与保守谨慎并重的心态管理

从孔姐的投资经历看，她一直有两个重要的心理支撑。

一是她始终相信国家的经济总是在不断往上发展，所以股市的总趋向是不断向上的。我认为这一点，恰和中国近几十年的国运暗自契合。我在《投资大白话》中提及“终胜思想”，也是基于此。成功的投资者首先在精神气质上是乐观主义者。

二是她对市场充满敬畏，对市场趋势的力量高度警惕。在市场中生存，最重要的一条交易策略，就是“顺势而为”。基本面的变化和凝结是市场存在和波动的内在驱动力，而趋势就是这种内驱力的外在爆发，一旦形成，不可阻挡。在大的趋势喷发时，投资者不可逆势而为。这一点，和逆向思维是不矛盾的。趋势是内生驱动力的喷发，在形成之初是由原始动力支撑的。但在趋势的后期，往往驱动力消失，此时惯性会造成人们思维习惯的固化，另一种相反方向的原始驱动力可能就会生成，而逆向思维的作用和使命，就是发现这种反向的驱动力，在新的趋势形成之前，引导其生成和爆发。所以逆向思维的本质，也是顺势而为。

这两点精神特质，使孔姐在操作时，既保持战略上的乐观精神，又遵守战术上的谨慎原则，终胜和保守达到了统一。

讲到这里，不得不将话题进行必要的延伸：乐观主义精神不仅在投资中需要生成和保守，在工作和生活中更是不可或缺的。比如同是生病，我太太还没有确诊，就已经被病魔吓得面如土色，精神备受折磨，最后的事实证明，她的囊肿是良性的，可谓虚惊一场。而这位孔姐已经两次患癌，却始终保持着一种轻松乐观的心态。

一句话，投资者若无这种精神支撑，在陷入被动局面时，恐难克服困难。生活中，我们也将失去很多乐趣和动力。

长期坚持简单的投资方法

发现和拥有一套适合自己而且又相对简单的投资方法并不难，难的是把这种简单的方法长期坚持下去。世上盈利之道可能成千上万，但可能只有一种适合你。找到它，不惧简单，然后始终如一，坚持不懈，如此一来，则成功可能会相对简单容易一些。

事实上，能够做到这层境界的人很少。

我们总是认为投资股票和做生意是不一样的，重视“票”的性质，而轻视“股”的权利。所以看不起每年几个点的股息收益率，总希望在与波动的博弈中，比别人聪明，战胜市场。在这种思想支配下，给自己加了太多额外的东西，反倒失掉了投资的本质。

投资最简单的本质是：在便宜时候买的东西，在贵的时候卖掉。

回到本章开头的疑问：**理财投资到底是简单还是复杂？答案是：只要你能准确地把握投资的本质，投资就不复杂。否则，它就会非常复杂。**

两个层次

通过上述分析，我们看到了什么呢？总体上看，有两个层次。

第一个层次，成功的投资需要遵守的基本规则：

1. 低买，高卖；

2. 不贪，不惧；

3. 坚持不懈。

第二个层次，对投资活动本身，我们还可以得出以下三点结论。

1. 简单的投资方法是可以赚到钱的；

2. 基于普通投资者的身份定位，我们应该努力寻找到这种适合自己的投资方法；

3. 找到它，坚持它，即持之以恒。

03 一种简单均衡的股市投资方法

最佳选择

孔姐的投资方法简单而成功，十多年来被她运用得日益纯熟，改变了自己和家人的命运。事实上，她这种看似简单的投资方法也多为一些投资大佬所推崇。比如，格雷厄姆、巴菲特，都曾针对普通投资者提出定投指数基金的建议。绝大多数普通投资者常犯的错误是，不把自己当成普通投资者，总认为自己比别人更聪明。实际上，研究表明，人类智力从总体上看，是呈正态分布的，即很聪明的人与很笨的人都是一小部分，大部分人的智力处在中间位置，差别不大。如果认识到这一点，努力避免大部分人常犯的错误，既不过于高估自己，又不自怨自艾，那么对于提高自己在资本市场的表现，可能会有意想不到的效果。

简单地说，孔姐的投资经历表明，找到一种适合自己并且相对简单的投资方法，然后持之以恒地坚持下去，可能是普通投资者的最佳选择。

那么普通投资者应该怎样选择和确定自己的投资策略呢？

考虑与策略

基于中国股市的种种现实，笔者认为投资者在做策略选择时，应考虑以下四点。

不必离开股市

很多投资专家认为，分析和研究企业（股票）不适合大多数人，专业的事应由专业的机构负责，所以常常建议间接参与股市，如格氏与巴氏的指数基金建议。但是对这种建议也有相反的意见，如彼得·林奇先生就认为，普通投资者相对机构投资者也有很多先天的优势，只要运用得当，战胜专业机构是完全有可能的。在《投资大白话》中，腾腾爸也曾辟专章专题分析二者之间的优劣势。基于对中国股民人性的认识，我也不赞成过于武断地认识这一问题。究竟哪种投资方法更适合自己，通过一定的实践，由投资者自己做出选择，似乎更能让人接受。

最重要的事是能够长期生存

华尔街有一句名言：有老的交易员，有猛的交易员，没有又老又猛的交易员。所以沉浮于资本市场，最重要的一件事情就是能长久地生存，浮上来，别沉下去。要想做到这一点，经过风雨的投资者都会自然而然地做到思想和操作上适当的保守。也就是说，保守是基础和前提，进攻才是后续和结局。这就要求投资者在制定自己的投资策略时，首先确保自己不要发生大的本金损失。永远记住巴氏的教导："第一是不要亏钱，第二是记住第一条。"

强调保守不是否定进攻

投资的最终目的还是赚钱，保存本金最安全的办法是把钱装在衣兜里，但这种方法因不符合投资的目的要求，所以不能成为我们的投资建议。好的投资策略，一定是有攻有守。

既要看到中国股市现有的事实，又要看到其未来的走向

中国股市目前最大的现实是"炒小炒新炒差"恶风盛行、市场整体估

值高企、严重的二元失衡结构，最大的趋向是沪港通深港通已通、沪伦通也有动向、市场在逐渐走向开放、与国际接轨将是大概率事件。两相比较，我们可以看到现在的市场实际上给我们提供了一个很大的投资机遇：即从高估的中小创向优质的大蓝筹的切换。这几年，我一向的观点是：大蓝筹因为盘子大、股性差而不为热衷于成长投资的中国股民看好，正因如此，它得到了不应有的低估值。不是说成长不好，而是说足够低的估值已经给大蓝筹提供了足够的安全边际。牢记“低估是王道”这条常识，牢记价值、价格与投资价值这三者之间的基本关系，赚钱是大概率事件。

基于上述四点考虑，**我给出的选股策略**是：“低估值 + 高股息”。

我给出的组合策略是：半仓蓝筹半仓成长。

我给出的操作路径是：在熊市期间大半仓低估值高分红的蓝筹股，作为“压箱底”老货留存在手，然后精心挑选同样符合估值和分红要求的三两只小票，在此后的漫长持股岁月里，利用每年高股息带来的流动性，不断加仓高弹性成长小票，把组合渐渐调理成进可攻、退可守的状态，待到牛市行情时，逐步沽出。一轮行情过后，轮回重新进行。

我给出的股市进阶之道是：参照上一章的三套仓位解决方案。从初出茅庐到个中老手，普通投资者应遵循一条在整体上逐步加仓的路径——若经历两轮牛熊自己还能保证盈利且盈利水平符合个人要求，则应当在投资这条路上坚持走下去；若做不到这一点，则应考虑改弦更张、另作他选。

优势特点

咬定低估值、高分红个股，半仓蓝筹半仓成长，这条看似简单的策略建议，实则包含着以下三个优势特点。

1. 兼顾安全；
2. 兼顾成长；

3. 动态平衡。

前两点已做了大量介绍，需要额外强调的是第三点：我给定的策略不是一成不变的，从投资者进入的途径看，是动态的；从具体的操作上看，价值股与成长股的调整也是动态的。

总体上看，我认为这一股市投资策略是比较简单的，很容易理解，操作难度也不大，而且运用得当，长期看是可以战胜市场的。

事实上，多年来，我就是根据这条策略一路走来，历经2008年、2015年两次世纪性大雪崩而幸存不倒，并且收获颇丰。对于我而言，这些都是无比宝贵的人生财富，也是今天我勇于在网上发文、在网下著书的底气所在。

总之一句话，适合普通投资者的投资方法应当是相对简单的，而且应当具有一定的可复制性。

记住它的三个基本特点——兼顾安全、兼顾成长、动态平衡——找到它，然后长期坚持它。

这就是普通投资者成功投资的奥秘所在。

第六章

理发师的烦恼：能力圈与护城河的秘密

很多年前，我常常为理发的事情烦恼。主要原因是不小心长成了歪瓜裂枣，又受职业限制，对发型的要求较高。小城几十位理发师曾先后捧着我的头端详，最终都落荒而逃。后来到乡镇工作，一个偶然的机会，认识了理发师刘经理，去了他的小店——双桥理发店，从此终于可以帅气地面对人生了。

01 一位优秀的理发师

双桥理发店

刘经理的理发店总共二三十平方米，收拾得干净利落，典型的夫妻店，外加一名小学徒，最初的员工仅三人而已。第一次为我理发时，刘经理看我的脸、摸我的头，端详半天，听了我的要求，方才动手。多用剪刀，很少用电动推子，一根头发一根头发地修理了将近一小时。

结束时，同事赞：帅！一个字令我心花怒放。

但很快我就发现，这家小店有三个特点让人颇为不爽：一是等的时间太长。若无预约，不苦等一两小时，基本上排不到位。二是理发速度太慢。在别的店十分钟能解决的事儿，在他这里至少得半小时。三是刘经理太太的手艺和刘经理完全不在一个档次上。有时候等不及，会让他太太帮我打理一下，偶尔满意，常常失望。所以每次都是头发长到不成体统的地步，才会忍受上述诸多等待的痛苦，硬着头皮走进双桥。

理发师的名言

直到后来，发生了一件意外的小事，彻底打消了我对刘经理所有的负面看法。

有一次泡温泉，享受了一次免费理发服务，理发员手握电推子，只用了一分钟时间，就为我剃了一个花瓜式“阴阳头”。我注视着镜子中的自己，感觉就像傻小子。看来，免费的午餐真不是好享受的。

愤怒而无奈之际，突然想到刘经理，驱车求救。

一进店，店主店员外加长椅上一排顾客，轰一声笑。刘经理问我：“怎么回事，在哪儿剃的？”我把温泉遭遇一五一十地叙述一遍，惨凄凄地问：“还有救吗？”

坐下，系上围裙，刘经理捧着我的头，看了一会儿，说：“幸亏她只围着你的头转了一圈，剪短点，应该还有救。”

然后他就一刀一剪、花了四十余分钟，给我理了个毛寸。效果非常好，傻小子又变成了帅小伙。大家围着我，啧啧称赞。

刘经理这时说了一段让我印象非常深刻的话：

每一个人的头型都是不一样的，所以每一次理发，我都把它当成一次艺术创作。每一次看到顾客从我这里精神百倍地走出去，我的心都像喝了蜂蜜一样甜。

这番话每一句都很简单，甚至有的话，还经常出现在小学生作文中，但就是这番话，让我从此成为他的铁杆粉丝。

02 理发师的烦恼

优势与发展

随着了解的加深，我发现刘经理有四大优点。

（1）他有技术——如前所述，不再多说。

（2）用心——想想每次理发前他端详顾客头型的神情，他精心为我理发的故事，以及他说的那番话。

（3）能处处为顾客着想——有一次，他太太在店里弯腰清扫地上的头发，突然来了客人，他让他太太马上去跟客人洗发。他太太答："等我扫完地再说。"他马上生气地训斥他的太太："地可以过一会儿再扫，但让顾客站着等，你这是什么态度呢?"最后弄得顾客都不好意思了，连说："没事没事，我等等就是了。"这样的例子，不胜枚举。

（4）注意培养回头客——我见过他有一个日记本，上边恭恭敬敬地记载着常客的名字及联系方式。有时候哪个常来的客人多时不来了，他会念叨着："唉，那个谁谁怎么这么长时间没来了?"如果细问，他能清楚地计算出他上次来理发的日期。

"桃李不言，下自成蹊。"随着名望的提升，刘经理的客人越来越多，渠道面也越来越广。后来，乡镇里的大多数工作人员，厂矿企业的大小头脑，社会上一些有名望的人，都成了他的常客。

后来的几年，我亲眼看着小店的变化：先是买下了左右相邻的两家铺子，而后又把门面往上接了一层，后边的空地盖起了一栋三层小楼，前面开店、经营，后面生活、休息。随后又新上了很多染烫设备，再就是增招了两名员工。

我在那个乡镇工作了四年半时间，离开的时候，双桥理发店已经完成了原始的创业阶段，成为远近闻名的理发店。

有一次，刘经理透露，他手下固定的客源有400多人，他每天光应付这些老熟客就要花掉十几小时。听到这条消息，心里喟然一声长叹：这就是世上最好的生意呀。

但是，很快，刘经理也有了自己的烦恼。

理发师的烦恼

第一件烦恼，是小镇搞开发，刘经理的门面房及楼房，恰好处在拆迁区——他烦恼的倒不是搬迁，而是他的房产经拆迁后获得了一大笔补偿款，手中一下子多了200多万元，他不知道如何使用。

每次理发，他就给我倾诉苦恼，跟我计算“钱存在银行值不值”的问题。流动性充裕的家庭和流动性充裕的国家一样，都难免让生活在其中的人充满焦躁和不踏实感，总害怕一夜醒来，自己手中的钱不值钱了，又总希望一夜醒来，自己手中能有更多的钱。刘经理深陷在这般苦恼中不可自拔。小学文化的他，也开始研究起通货膨胀的问题。为手中大把的流动性寻找出路，似乎成了他的当务之急。

第二件烦恼，是刘经理的儿子中学毕业了。孩子学习成绩不好，没有机会深造，回到了家中。而且这孩子还在学校里谈了一个女朋友，毕业后也带到了家中。按照当地农村的风俗，两家人见了面，定了亲。刘经理就常常跟我念叨：“我理了一辈子发，不能再让孩子跟我理一辈子发了吧。”

他的观点是：虽然我自己热爱理发这个工作，但不能一家人都干这个行当呀。

我当时给刘经理的建议是："理发没有什么不好的，像你们这样已经在本地理出名堂来的，更是不易，所以应该抓住这个主业，深埋其中。现在你手中已有资金，门面又被拆迁，不如借此机会到县城去买个门面，把店铺迁到县城去。你的顾客大多数都是县城一带的，他们现在理发，需要从县城往你这赶，店迁过去了，更方便了这些人。而且县城人更多、更集中，凭你的手艺，肯定能吸引更多的人。同时，可适当提高一点收费的标准。这样完全能大幅提高你们家庭的收入。"

我这番建议，是经过深思熟虑的，既解决了他家流动性泛滥的问题，又解决了孩子的就业问题，更解决了小店的前途问题。

但是，这位聪明的理发师，显然对投资理财还非常生疏。

他听了我的建议，沉思半晌，然后软绵绵地答道："你的建议跟我的想法相差太远，还是先让我再好好想想吧——我还是想找个出路，给孩子投点资的。"

再创业

刘经理疑虑和思考的事情跟投资有着紧密的联系，我隐约地感到，他身上发生的一些事情，可能会成为一个很好的观察和思考的对象。所以从他开始疑问如何处置补偿款时，我对他的关注就有了新的含义。

投资洗煤厂

再见到他，我就有意向他询问，攀谈相关话题。

最初，他对我说："我们这里煤矿多，做点煤炭生意应该不错吧。我有一个朋友，前几天找到我，想跟我合伙开家洗煤厂。"

我们这儿的确盛产煤炭，大大小小的煤炭贩子不计其数。据我所知，仅这个小镇就有大小几十家炭场，但真正能赚到大钱的，其实并没有几家，绝大多数煤炭贩子只是借着煤价上涨的东风跟着趋势喝点稀粥而已。如果办洗煤厂，稍成规模，至少得投入千万元。这就意味着，刘经理得加杠杆操作。洗煤厂建好了，还得解决货源和客户的问题。一个小镇就几十家这样的企业，竞争的激烈程度是可以想见的。

从投资的角度看，洗煤厂是一个完全的重资产行业，投入大，转行困难，而且利润率并不高，这和刘经理的理发店正好相反。理发店属于服务业，靠技术和服务吃饭，典型的轻资产行业，投入小，经营灵活，利润率又远非洗煤厂可比。而且从管理的角度看，洗煤厂对管理人员的要求显然更高。刘经理从理发行进入洗煤业，毫无经验可循。我不是说一定会失败，但事业必须推倒再来，付出一定不小。

这样一分析，我得出的结论是：冒风险、出大力、并不一定讨好，何苦来呢？

当时刘经理“再创业”劲头正足，被我这样兜头一盆冷水，显得有些不悦。

我就劝他：“我分析得也未必正确，但近千万元的投资不是小事情，你最好再多调查调查。”

第二次再去理发，刘经理恭维我有眼光。原来他的老主顾中也有一些厂矿企业老板，其中有几个已成知心的朋友，和他们深聊，了解了企业经营中的诸多辛苦。

除了我上述分析之外，刘经理还加了一条更重要的不利因素：煤炭价格不稳定，万一碰到一个大的起伏，一跟头就全栽进去了。

开家汗蒸店

建洗煤厂的计划搁浅了，这时，他又告诉我第二个创业计划：他听朋友介绍，大城市流行“汗蒸”——据说在某些城市还很火，但经考察，发现小县城里还没有。

他分析说："你看，现在大家手中都这么有钱，都喜欢消费，尤其是年轻人，见到了新鲜事物就轰一声围上去了。我要是开了汗蒸店，一定会生意很好。"

我问了他一些基本的问题：汗蒸是干什么的？服务对象主要是什么人群？县城有多少人？潜在客户有多少？需要投资多少？收益如何？需要招多少员工？计划多少年回本？

刘经理被我问得张口结舌。支支吾吾一阵之后，说："反正投资个四五十万元就能把店开起来的，让孩子闯荡一下也是好的，就是亏了，也是积累一些经验吧。"

经过就不再多说，从外出学习、考察、选址、租房、装修，再到招人、培训、开业，一眨眼大半年时间过去了，小城第一家汗蒸店开业了。火了一段时间，但新鲜劲一过，生意马上萎缩下去了。看来，小城人还是不太接受这种休闲方式。坚持了有七八个月吧，月月入不敷出。当初过于乐观，房子租了三年，恰好有个机会转租，刘经理和儿子一合计，慌不迭地把店面转了出去。

再出发：火疗店

我以为再创业的故事，到此就应结束了。没想到两个月之后，刘经理创业激情再起。

这次，他看中的项目是火疗。我问他什么是火疗？刘经理从剪头始至剪头终，一气儿给我普及了半个多小时的火疗知识。听他一讲，火疗基本上可以包治百病了。这样的生意不做，就是蠢了。我心里暗笑。感叹人一旦陷入某种情绪中，真是一件挺难办的事儿。

之后，他就安排儿子、儿媳去省城学习火疗。两个星期后，学成归来（我真不知道他们是在哪家学校哪位师傅那学的，若两个星期就能学会那么神奇的医术，我也想辞职去拜师学艺了），然后又是重复当初开汗蒸店的程序。

这次果然一切从简，一个多月之后，火疗店开张了。

谁去理发，刘经理就向谁介绍他儿子和儿媳开的火疗店，名片发了几千张。效果怎么样我不知道，我只知道三四个月之后，火疗店又关门大吉了。几十万元的投资又打了水漂。

失败之后

两次创业失败之后，刘经理终于消停了。他到县城一个新建的小区买了栋商品房，租了两间小区对外的门面，把理发店彻底从乡镇搬进了城里。辞掉原来的员工，由儿子、儿媳补缺。

看起来，他是安心一家人继续从事理发行业了。

我盘算着，他后来的这番操作，跟我最初的建议几乎一模一样。唯一不同的是：当时我建议他直接用补偿款购买门面，而现在，他是租赁的门面。

几次投资失败，已经让他元气大伤。买完商品房后，他就无力购买门面了。

再去刘经理那儿理发，刘经理又恢复了往日安心经营的旧态。顾客进门，倒茶的倒茶，让座的让座，洗头的洗头，理发的理发。一家人分工明确，各得其所。

不出所料，凭着刘经理对理发行业的熟悉和精明，双桥理发店很快在小城声名大噪。

03 理发师的成功与失败

刘经理开理发店是非常成功的，但此后再创业投资却都彻底失败。同样一个人，前后差别迥异，什么原因呢？

成功的经验

我们由简而难，先分析一下他开理发店成功的经验。

从事自己最熟悉的行业

刘经理从十五岁初中毕业后，即开始跟师傅学习理发，至我结识他时，已经从业二十余年。凭着自己的韧性、钻研精神，他不仅学会了师傅教给他的东西，而且还通过四处学习、博采众家之长，很快就超越了师傅。直到后来，他把理发不再当作一种单纯的技艺，而是上升到了一种人生哲学的高度。古人讲，“十室之邑，必有忠信。”行行出状元，高手在民间。写文章，老师教育我们，要“写熟悉的人，写熟悉的事，写熟悉的生活”。世事一理，投资、做生意，也要坚持深耕于自己“熟悉的”领域。只有这样，你才能充分发挥特长，在规矩之内“随心所欲”。

有技术，有服务，形成了客户黏性

别人能剃的头，他能剃；他能剃的头，别人未必能剃。他的理发技术，明显比小城其他理发师更高一筹。他对客户的需求非常重视，从进门时的笑脸相迎，到个性化的预约上门服务，他都能努力做到。高超的技术和一流的服务，对客户形成了有效的黏性，慢慢地就形成了自己稳定的客户群。技术、服务、黏性、客户群，这四点要素，为他自己形成了一条宽阔的护城河。

坚持长期生存

理发行业是一个利基行业，有一定的地域性，正常辐射半径不过数公里，像我这样能跑二十里路程专找一人理发的，毕竟还是少数；同时还是个日消行业，从某些方面来讲，像吃饭、喝水一样为生活所必需；但同时，是一个进入门槛并不算高的行业，只要有技术，投资也不大，说简单点，一把剪刀就能开业，所以竞争比较激烈。但是这些优缺点，在刘经理这里都得到了很好的扬弃。因为他长期坚持在这个行业里，个人和家庭又非常用心、努力，所以很快形成了自己的客户黏性，建立了口碑和品牌，从某个角度讲，已经打垮了大部分同业，具有了一定的垄断性。比如像我这样对发型要求比较高的顾客，就完全被他垄断和吸引。理发店迁至小城之后，刘经理根据行情及物价，已经先后三次大幅提高收费标准，至今生意火爆。这种强势的定价权，就是小店垄断性的充分体现。

失败的教训

那么后来刘经理投资转型一再失败的教训又有哪些呢？

抛弃主业，进入陌生领域

无论是洗煤，还是汗蒸、火疗，跟他熟悉和精通的理发行业，都八竿子打不着。所谓隔行如隔山。这是一种典型的自废武功的行为。美国畅销书作家马尔科姆·格拉德韦尔在其成名作《异数》中提出过“一万小时定律”，认为要想成为某领域的专家，需要一万小时的学习和锤炼。假如每周工作五天，每天工作八小时，那么一万小时的积累就需要至少五年的时间。一万小时定律告诉我们，占据自己已经成功的主业是多么重要，以及重新进入一个全新的领域是多么难。扩大自己的能力边界，可能是人类身上固存的某种天性，所以我们不赞成故步自封。但扩充边界的过程，一定是以主业为圆心、递延而进的过程。也就是投资界常说的，在产业链的上下游间选择递进的方向。

很显然，刘经理违背了这条原则。

在新领域，没有定性，也无法实现定性

在产生转型投资的那一刻起，到一再碰壁最终铩羽而归，每一次创业冲动都没有超过一年。在理发业至目前为止，他已经坚持了近四十年，为什么计划开洗煤厂只有几天，开汗蒸店持续了不到一年，开火疗店则只有几个月，每次都是草草开始、狼狈结束呢？原因就是他不了解新的行业，不知道坚持的方向和前途在哪，“未知”使他望而却步。不是他天生不能定性——在理发业他就实现了定性，而是他无法定性——可以心高气傲，但生活是最好的老师，你只要违背了生活的规律，你就会四处碰壁。只有走在规律的道路上，你才能四通八达，路路通畅。

既不了解新行业，又无法坚持在新行业，克服新行业带来的前进壁垒，所以刘经理的失败是注定的。

一错再错，不能止损

由洗煤而汗蒸后火疗，看似一再纠错，其实只是在不断改变错误的方向，不改错误的实质。建洗煤厂的计划因为投资过大，反而容易引起警惕，逼迫刘经理进行了一定的调查和研究，最终决定放弃，还不失为明智

之举。后来的两个项目，因为最大的损失额都在他的流动资产之内，反而使他放松了警惕，最终造成了重大的损失。由此可见，真正能给投资者造成重大伤害的，可能就是这样一些看起来并不起眼的投资——因为相信自己能负担得起损失而麻痹大意，最终造成现实的本金伤害。

没有分清自身优劣势

理发这个行业，如前所述，看似简单，却像吃饭、喝水一样，几乎人人需要。进入门槛低，是其劣势，但长远看，一旦进入，又无最高年龄限制，不像司机，到了一定年龄，国家会强制退出，所以这又是其天生的优势。如果他的孩子能把他的手艺学过去，当然再好不过，另立门户，另开山头，一家人会过得更自在。退一步讲，若学不到他这种地步，也无大碍，刘经理在健康的年限之内可以无休止地干下去。也就是说，从现在开始，再干几十年也是没问题的。几十年的财富积累，将是惊人的。

总体上说，刘经理对理发这种技艺本身，有着很深的悟道，但对理发师这个职业，还需要进一步深入思考。

当然，好在最终他还是在现实的打击下醒悟过来。而今虽然还在疗伤，但已经重入正途，步入稳定盈利的快车道。

有时候去他那理发，谈及此事，我会半开玩笑半认真地提醒他："看来，你还需要继续悟道!"

刘经理嘿嘿笑，自称对过去的失误反思很多。

收心敛性，全力主业，这本身就是修行的深化、悟道的继续。

04 能力圈与护城河

讲述和分享理发师刘经理的故事，可以发现投资领域的一条基本规律：当你在熟悉的领域努力工作时，你就很容易成功；当你进入一个完全陌生的领域时，你就可能失去前进的方向，从而很容易失败。

总结为一句话就是：范围之内的事情做得好，范围之外的事情不会做。这就是大多数成功与失败的共同秘密——这条规律当然也适用于投资，但远不限于投资。

这段分析，很自然地涉及投资者在追求成功投资与理财时绕不过去的两个基本名词："能力圈"和"护城河"。而本书笔者探讨的，则是"普通投资者的能力圈"和"普通投资者的护城河"。

普通投资者的能力圈

在理解能力圈方面，普通投资者应对以下三点格外注意。

普通投资者的能力圈非常小，不应过分高估和夸大自己

人的认知就是一个圆，圆内是已知的部分，圆外是未知的部分。圆越大，也就意味着人的能力越大。这是能力圈的概念来源。但这个定义本身

就包含着人类对未知世界的探索倾向。即为了实现能力的最大化，我们总是倾向于不断扩大自己的能力圈。这个倾向，使我们很容易对自身现有的能力圈进行扩大化的理解。尤其是股市投资者，一轮牛市行情，可能会使很多人财富暴涨，顺境时的乐观心态更容易助长自我的膨胀意识。

一个常见的现象：行情好时，尤其是趋势性的上涨行情到来——你买什么股票，好像都能挣钱——这就给投资者一个假象，认为是自己眼光独到、分析正确，也即能力超人。在这种时候，投资者很容易高估自己的能力，从而在想象中夸大了自己的能力圈。

刘经理就是一个典型的例子。我记得他曾经说过："聪明人干什么都成，笨蛋干什么都不成。"这句话本身是没有错的，有些人的确干一事成一事，有些人则恰好相反。但这句话还是有一个隐性的前提，即什么是聪明人什么是笨蛋，这个需要厘清。我的理解是，能认识自己并把握规律的人是聪明人，事实上正是这些人总能成事儿；而不能认识自己并违背规律做事的人是笨蛋，事实上也正是这些人总是坏事儿。所以聪明人、笨蛋并不是指智力方面的因素。

研究表明，在社交方面，一个人至多能稳定地与150人保持关系。在投资方面，大师们给出的答案，是关注的标的不应超过10个。所以我在讨论组合的问题时，建议组合中的标的应是3～5个行业、6～10只股票。道理即源于此。

一句话，你的能力圈天生就有极限，后天又受到种种约束，所以它远比你想象的、认为的、判断的要小得多。

你的能力圈，小得很——这句话很重要，对普通投资者而言，重复一万遍也不为过。

越过能力圈和扩展能力圈是两个不同的概念

探索未知的世界，是人类的本能需求。知道得越多，则意味着能力越大。对于投资者而言，能力圈越大，则说明了解和掌握的范围越广泛，那么抓取投资机会的可能性就越大。正是基于这样的推导，我们也可以说，进入股市的投资者，也天生地具有一种不断扩展自己能力圈的冲动。加上牛市的假象、幸存者偏差、财富效应的冲动等诸多因素的侵扰，投资者对未知的世界更有一种主动进攻的欲望。所以投资者常常会打着扩展能力圈的幌子，干出超越能力圈而去冒险投机的蠢事。

其实越过能力圈和扩展能力圈是两个完全不同的概念。越过的意思是做自己不能做、为自己不能为之事，就是俗话说的干超过自己能力范围的事。扩展的意思是站在现有基础上的稳步推进，是对已知部分的扩充和完善。前者脱离了已知，后者立足于已知。后者是对现实的尊重，前者则是对现实的背叛。

投资新手弄不明白这两者的区别和联系，所以常常把越过能力圈当作扩展能力圈，最终撞得头破血流。芒格说："你根本不知道自己买的股票是什么，如何赚钱?"一语道破天机。在市场中长期亏损的朋友，绝大多数都是完全不知道自己在干什么的人。

能力圈的扩展应遵循递延推进的原则，而不是漫天撒网

能力圈注定会很小，超过能力圈和扩展能力圈又是完全不同的两个概念，那么能力圈到底还能不能扩展呢？答案当然是肯定的。但能力圈的扩展却必须遵循"顺线而行、递延推进"的原则。所谓顺线，就是指要沿着你熟悉的行业这条主线，在上下游间寻找突围的方向，不要脱离得太远。所谓递延，就是稳步推进，循序渐进。正因如此，巴菲特在挑选企业时，对那些总是跨行业、跳跃式、连续性进行并购的企业充满警惕。虽然类似的例子也有成功的，但更多的案例都以失败收场。投资的本质就是概率的游戏，不到万不得已，我们不应以牺牲大的概率为前提，去寻找小概率事件。企业发展的道理，同样适用于投资者能力圈的扩展。一万小时定律告

诉我们，我们不可能总是拿一个又一个人生的五年，去构建新的领域，成为新的领域的领导者。从胶卷，到数码，到手机，这是一个行业的变迁。你看到有一家企业能从头吃到尾的吗？没有。主要原因就是企业的能力圈也没有你想象得那样大。所以对扩展能力圈，一个更经济的办法就是顺延着已经付出的一万个小时，在邻近的领域开辟天地，这样曾经付出的一万个小时，可能会跟新的领域有所交叉和重合，这样就会为进入新领域节省下八千或九千小时。

总之，投资者不是不可以扩展自己的能力圈，但一定要坚守递延推进的原则，切忌漫天撒网。

普通投资者的护城河

对于这个概念，在拙作《投资大白话》中，对比普通投资者和机构投资者的优劣势时，我曾把普通投资者的优势总结为“主动权优势”“机动性优势”和“时间成本优势”三个主要方面。

所谓主动权优势，是指普通投资者经营的是自己的钱，对资产的处置具有完全的自由裁量度。举个简单的例子：市场下跌时，基金等机构为了应对客户的赎回压力，可能出现虽然看好后市但必须卖出的情形；而普通投资者就没有这方面的压力。在2015年的股灾中，散户的这种优势与机构的这种劣势得到了最生动的体现。经历过这轮股灾的朋友应当有深刻的印象。

作为机构来讲，主动权的负面影响除了源于客户，还受制于金融业各种规章制度的硬性规定。比如，一般的偏股型基金都有仓位的最低与最高要求，这就决定了基金公司的持仓必须符合规定，不能逾越红线。但普通投资者就完全没有这方面的后顾之忧。在极度看好市场时，你完全可以自由决定满仓；在极度不看好市场时，又完全可以自由决定空仓。在本书的

第四章“投资与安全”中，我们谈到好的投资标的，最首要的一条就是资产的绝对控制权。以此为标准，在对个人资产的处置方面，普通投资者相比机构投资者，当然处于一种先天的优势中。

所谓机动性优势，是指相比于机构投资者，普通投资者资金量小，在买进卖出时更具灵活性。普通投资者可以把资金集中投入自己看好的两三只股票中，在正常的市场状态下，可以随时进出，不会担忧出现流动性危机。而机构投资者资金量大，在建仓和清仓的过程中，必须打出提前量，徐进缓出方能保证充沛的流动性，否则就容易出现踩踏卡死现象。经典的案例同样频频出现在2015年股灾中，当时动辄千股跌停的场景现在想来还让当时被堵在市场里的所有参与者不寒而栗。相比于机构投资者，普通投资者显然又占据着绝对优势。散户有一句著名的口头禅叫“一秒钟满仓一秒钟空仓”——腾腾爸虽然不赞成频繁波段操作，但这句话所反映的普通投资者与机构投资者在灵活机动方面的优劣性对比，却是生动形象的。

所谓时间成本优势，是指机构的运营资本多是加杠杆操作的，而普通投资者多是自有资金——正是为了确保不丧失这方面的优势，所以腾腾爸是反对普通投资者尤其是“股市三无人员”加杠杆操作的——这就意味着，一旦行情不好，资本金出现浮亏时，两者的持仓心理是完全不同的。机构一方面需要顶住可能的赎回压力，另一方面还需要为套牢的时间支付杠杆成本。在这种状况下，时间就成了敌人而不是朋友。相反，普通投资者这方面的压力就小很多，应对的策略也可以很多：有资金的，可以根据形势判断，进行加仓补仓；没有资金的，可以调仓换股，采取积极进攻态势；没有资金又不需要调仓的，还可以采取最笨的策略——“卧倒装死”——事实上，八成以上的老股民都这样干过。每当股市大跌后，总有一批有经验有胆识的老股民，通过定投方式来不断追加资本金、摊低持仓成本，在底部获得更多廉价的筹码，为下一轮收获奠定坚实的基础。

有朋友看到这段话，曾经跟我探讨：这段话是不是就概括了普通投资者的护城河呢？我认为这是一种误解，至少在理解方面，有所偏差。我的观点是，上述三方面优势，如果运用得当，的确能成为普通投资者在交易操作层面形成有别于机构的护城河，但是我们要看到，这些优势理论上能为一切个人投资者所拥有。所以，它还不具有最大的普遍性。

护城河的来源

每一个投资者想投资成功，都必须培养和具有独一无二的护城河。这些具有完全个人特色的护城河，必须来源于四个方面的因素：判断力、执行力、忍耐力、想象力。

判断力

对某事某物如何决断以及决断的正确程度，这就是判断力。但这份判断力来源于你的能力圈。而你的能力圈又有赖于你依据自己的学识、职业、悟性以及努力程度等诸多因素而综合形成。对能力圈之内的事情，你的判断力会相对准确，对能力圈之外的事情，你的判断力可能就只有蒙眼插飞镖的准确度了。因为每个人的能力圈不同，所以每个人都会有独具特色的判断力。普通投资者所要做的，就是努力建立并认识自己的能力圈，然后在能力圈之内对人对物形成一种能超越和不同于一般人的“第二层次思维”。

这样讲，多少有些抽象。我们还是拿刘经理举例。他在第一次给我理发时，没有贸然动手，而是先看了我的脸型，摸了我的头型，在弄清我的头型、发质、纹理以及我的职业、要求之后，他才开始动手剪发。理发后，我自己愉悦的感觉，得到的同事以及回家后太太的夸赞，都是以他准确的判断和定位为前提的。如果他没有这种判断力，也像其他理发师一样不假思索，上来就动手乱理一气，那么他的能力和水平又从哪里得以体现呢？

可以说，如果没有这种职业的判断力，刘经理很快就会同小城里那些平庸的理发师毫无二致。

执行力

成熟的投资者，有两件事情必不可少，首先得有一套完整的交易体系，其次在严格执行这套交易体系时，必须形成自己的交易纪律。这二者相辅相成，必不可少。二者的完全结合，就是投资者的执行力。

一个完整的交易体系，大致应该包含四个方面：理念、策略、技巧、心态。不同的人可能会有不同的交易体系，但再不同的交易体系，都应该包含这四个方面的内容。缺少任何一项，交易体系都将是残缺而不完整的，就会给自己未来的投资带来重大的隐患。我之所以强调这一点，是因为以我的观察，市场上众多投资者皆以追求策略和技巧为己任，把更为重要的理念和心态问题抛诸脑后。其实，理念是交易的源头，它直接决定你未来的投资走向。而心态则是交易的保障。没有正确的心态，就没有正确的交易。杨天南先生曾说过：“阐释专业知识或许并不是唯一重要的事情，我认为第一是理念，第二是心态，第三是专业知识。”他这段话很深刻，但很可惜，市场中大多数人，并不是这样做的。

执行力另一个侧面的体现，就是看投资者有无交易纪律的养成。再好的理念、策略与技巧，均需要有纪律地执行。看到很多人随意改变自己的交易计划，我就感到不可思议。而纪律的养成，需要长期的实践和摸索，很多时候，还有赖于性格的影响。同样的操作方法、心得技巧，有些人一学就会，而有些人则百练不成。主要原因不是智商，而在情商。一个人性格的养成，是过去所有人生经历的总结。不得不承认，因为性格的原因，有些人天生适合于股市投资，有些人则天生不适合在股市中淘金。在实践中判断自己适合不适合股市投资，这本身也应该是投资者修行的必然。若认为自己的确不适合进行股市投资，果断退出这场游戏，也不失为明智之举。

忍耐力

投资界有个著名的“二八定律”，即股市在投资者积极参与的过程中，有80%的时间是等待和忍耐，这段时间是不赚钱的，甚至是亏损的，只有20%的时间，股市是上涨的，也就是说股市投资大部分的收益来源于这20%时间上涨的贡献。但股票市场最难判断的事情就是你永远无法准确预判那能贡献大部分利润的20%的时间何时会到。因此，在大部分平庸的时间里，我们唯一能做的，只有傻傻地等待。

这种忍耐，最主要的还是投资者面对困境时的心态管理。在投资理念、策略和技巧相仿的情况下，最后能决定投资结果的，就是投资心态了。最大的问题是克服上涨时的贪婪和下跌时的恐惧。调整心态，静待花开。

投资的世界，很多时候，可以用诗去装扮。

想象力

投资当然需要想象力，但我说的这个想象力，和当前市场上某些“神粉”口中的想象力不是一回事儿。A股市场向来有“炒小、炒新、炒差”的恶风，打着成长投资和想象力的旗号，做一些疯狂的事情。在我眼里，那是赌博，不是想象力。我说的想象力，是在能力圈、判断力、执行力及忍耐力等诸因素综合结果之上生发而成的意志力。

在别人都不看好的时候，你能坚持看好；在别人都满腔悲观时，你能坚持乐观；在别人不敢买卖股票时，你能坚持买卖；在别人都纷纷放弃时，你能继续坚持。这种不同于常人的逆向思维和操作能力，就是你对未来股市的想象力。

决断力、执行力、忍耐力和想象力，这四个因素的不同组合，将会构成你别具一格的投资护城河。

到底什么是护城河呢？

一句话，**做别人做不了的事，这就是护城河**。

05 做自己力所能及的投资

对能力圈和护城河的分析和阐述，使我们认识到，投资原来也并不是一件可以随心所欲的事情。只有坚持住一些基本原则，投资才有可能获得成功。

能力圈和护城河理论给我们的启示是：只做自己力所能及的投资。

重要的有两点：

1. 只做业务简单的、看得懂的投资；
2. 绝不贸然向自己不熟悉的领域进军。

关于第1点，笔者要说的是，A股市场中，目前已有3000多只股票，未来肯定还会有更多的企业上市，我们的可选择标的会更多更广。有些企业，业务很简单，容易为大众所理解，财报读起来也干净利索。比如贵州茅台，它就是一家造酒卖酒的企业。酿酒的原料是粮食和水，卖酒的价格一目了然。花多少钱进料，经营成本是多少，又卖了多少，什么价格，盈利多少，进项与出项两相一减，收工，完事儿。普通投资者，只要舍得下工夫，就能看得懂，算得清。对这样的企业，我们只要找到好的价格，抓住机会及时买进，投资就已成功大半。当然还有一些企业，业务或者非常新奇，或者非常复杂，一般投资者就是用心钻研，也很难把握得住，这显然不是普通人能把握的投资标的。为什么巴菲特投资的“股票篮子”里很少有高科技类企业呢？原因也在于此吧。连“股神”也不敢擅入的领域，普通投资者的胜率会有多少呢？

关于第 2 点，想想我那位买船的朋友，想想理发的刘经理，这是两位失败的典型；再想想病房中的孔姐，想想姜家鸡汤中的姜老头，这是两位成功的代表。我们是否可以由此得出自己明确的答案呢？

第七章

司机开店：投资的进入与退出机制

单位里有一批辅警，待遇不高，交“五险一金”，拿刚符合全省最低工资标准的工资，每月1200多元。司机小王和他的太太，都是辅警，两人每月工资2500元。这样的收入，养家是很困难的。小王太太在工作之余，开了一家服装店，雇人经营，平均月收入3000元。时间久了，小王很不爽：自己一个大老爷们，养家糊口还得靠太太。终于有一天，在出差的路上，对我说：“我想开饭店！”

01 开一家饭店

小王一说开饭店，我脑子里马上蹦出两个问题：一是你懂吗？二是你有时间吗？小王说："我干哥是干厨师的，以前一直在外打工，现在想回家开个饭店，本钱不足，所以找到我。开店后，我先理顺一下关系，以后只在下班后去店里，就像我太太打理服装店那样。"我没开过饭店，但对投资的事儿感兴趣，所以一连串地问了好多问题。

开店的疑问

第一个问题："你想在哪儿、开什么样的饭店？"小王答："城南有一片商贸区，主营渔网渔具，生意很好，但缺少一家饭店。我们找了一家店面，上下两层，200 多平方米。这两年大饭店明显干不过小饭店，所以我们自己定位在小本生意。以拉面为主，快进快出。同时考虑到小城人爱吃鱼的习惯，饭店二层再设几个单间。既能当成快餐店，也能当成小饭店。"

第二个问题："需要多少本金？"小王答："房子租了两年，租金每年 3 万元，共花费了 6 万元；粉刷墙壁，修理门窗，置办门头，又添加了空调、电视，花费了 3 万元；购置炉灶厨具、桌椅板凳，花费 3 万元。除此之外，还需要几万元的流动资金，用于日常经营，包括购买食材、酒水、烟茶以及发放工人工资等诸项开支。总体需要十五六万元，我和干哥各拿8万元。小店开张，工人工资是支出大项。雇请拉面师一名，月薪4500元；大厨一名，月薪3500元；‘二把刀’（主厨副手）一名，月薪2000元；三名端菜及打扫卫生的服务员，月薪每人1200元。目前还缺一名收银员，正在物色中，月薪怎么着也得千把块钱吧。另外，饭店经营全靠干哥，我准备也给他发点工资。发多少，还没有想好。”

第三个问题：“买菜购物、置办其他消耗品，这个环节你是怎么打算的？”小王答：“由干哥统一购置。”见我满脸狐疑，小王解释说：“不用担心，我干哥从三岁起就拜我父母当干爷干娘，从小在我们家玩，和我一块儿上学、一块儿当兵。我父母是把他当亲生孩子一样对待的。我和干哥做生意的事儿，我父母也是知道的，反复交代要亲兄弟明算账，不会有错。”我问他：“厨房里的事务，也是你干哥负责喽？”小王说：“那当然。”我默默地点下头。

第四个问题：“你们股份五五开，开业经营谁说了算？”小王答：“都说了算。干哥是‘业务出身’，但对外沟通不如我，所以他主内我主外。”我忍不住追问：“两人都说了算，有分歧怎么办呢？”小王很不以为然地说：“商量着办啊。他是我干哥啊，还非得分那么清吗？”我反问：“你父母不是交代‘亲兄弟明算账’吗？”小王答：“这是说每天打烊后，必须当天的账当天算清，并不是说要我们争权夺利呀。”

第五个问题：“预期利润怎么样？”小王答：“生意好的话，一年就能回本。”我问：“要是不好呢？”小王答：“怎么会不好呢？不会不好的。”嗯，不出所料，这个问题，小王压根没有考虑。

六点分析

谈话到这里，我忍不住分析如下。

“第一，在业余时间开创新的事业，增加收入，从投资理财的大战略上讲，是没错的，但选择饭店这个行业，让我担心。中央八项规定出台后，县城里很多原来生意兴隆的大饭店纷纷倒闭了。剩存的饭店，也都绞尽脑汁，各出奇招。总体上看，这是一个进入门槛不高但竞争非常激烈的行业，不可过分乐观。

“第二，你对这个行业完全陌生，所有的经营事务全部有赖于干哥，而且你和他股份平开，将来很容易造成管理方面的矛盾和冲突。

“第三，明面上可以像你说的，有分歧，商量着办。但要想实现这一点，你在饭店的经营上，必须卡住自己的位置。”

我认为第三点是最核心的问题，所以讲得特别详细：“开小饭店和工厂，在经营管理的程序上，没有任何区别。工厂开业后，得先进原料，然后送到车间生产，做好产品后还得有专人销售。所以供、产、销是企业经营中最核心的三个环节。如果这三个环节控制不好，工厂就很难开好。小饭店也是如此。到菜市场购货，这是供（进）；拿到厨房里做菜，这是产；食客进餐，餐后收银，这是销。要想成功，最重要的就是在这三个方面下工夫。你是怎么做的呢？拉菜单、买菜，你得靠干哥；找厨师、做菜，你得靠干哥。供、产、销三个环节，你已经在前两个环节上丧失控制权了。最后一个销上，你必须控制住。收银员，必须亲自找，最好找你自己的亲友。总之，不能再委托干哥。

“第四，饭店的定位有问题。要么开拉面馆，走快餐店的形式，要么开正经的饭店，走雅间的形式。现在好像是扩大了潜在的服务对象，实际上是战略定位不清晰。

“第五，成本控制有问题。正因为既做拉面又做炒菜，所以你的厨房里有两套班子、两个主厨，光工人工资，每月就得支出13600元，这还不包括你干哥和收银员的工资。

“第六，分红制度也有问题。既然股份五五开，分红应当平均。要么你们都不领工资，光拿分红，要么都拿工资，然后再分红。现在他拿工资领分红，你只拿分红，没有工资。这是显失公平的。”

小王听后，笑嘻嘻地说：“开个小饭店，考虑那么多干嘛，走一步看一步呗。”

三个参考样本

小王的这种反应，让我很担心。既然无法说服他在控制和管理方面加强力度，我就想在单纯的店铺经营上给他一点帮助。

我选了三个样本——都是小城里一些著名的小吃。

第一个样本，姜家鸡汤。以前已经重点分析过了，不再多说。

第二个样本，杨家拉面馆。小城共有五家拉面馆，生意最火爆的就是杨家。经营范围极为简单，主营拉面，配菜只有一道，辣椒调牛肉。铺面连厨房加大厅有六七十平方米。大厅里有七八张小方桌，过道里还塞着两张，满打满算十张桌子。但从中午十一点到晚上八九点，始终爆满。客人进店，从吃到走，不超过二十分钟。一个拉面师，两个端盘子的服务员，兼职打扫卫生、收拾碗筷。老板娘站在厅里既招呼客人，又指使服务员，自己还兼职收银员，一手托三家。服务对象主要是普通工人、附近居民，但因为口味独特，远近闻名，各阶层人士都有光顾。

第三个样本，是一家髭肉干饭。髭肉干饭是我们这儿有名的地方小吃。一口大锅，里边炖着大肉、排骨，也炖着各式青菜，还炖着鸡蛋、豆腐皮等其他食材。客人进店，一块大肉或一块排骨，五元钱，一碗青菜，两元钱，一只鸡蛋，一元钱，一碗米饭，一元钱，一碗稀饭，五毛钱。吃撑，满嘴油，加起来不到十元钱。服务对象也是工薪阶层。店面只有三四十平方米，密密麻麻摆着七八张小方桌，客人像吃流水席一样滔滔不绝。老板娘就是主厨，站在大锅旁，不停地从锅里往外盛菜，又不停地往锅里添菜。手下有两三个端菜的服务员，也是一边端菜，一边收拾碗筷、打扫卫生。老板负责收银，同时也兼职招待客人、安排起坐、指挥服务等工作。

出差归来，我带着小王，反复光顾这三家小店。然后给他分析这三家小店的成功之道：一是业务简单。姜家鸡汤就是鸡汤加油饼，杨家拉面馆就是拉面加牛肉拌菜，甏肉干饭就是米饭加碗菜。业务简单，投资很小，傻瓜式经营。二是定位准确。主要服务对象都是普通百姓，不“高大上”。正因为不“高大上”，接地气，走的是快餐店风格，依赖的是大众消费。三是成本控制。店面都不大，员工都不多，老板都一身兼数职。租金、工资、食料成本等诸项投资，都被压缩到最低。四是运转高效。流水席，薄利多销，走的是量。一碗米饭一碗菜可能只挣两元，一天两千碗就能挣四千元。这样的生意，看似不起眼，总体利润极大。

餐饮业，三个数据非常核心：一是回头率，二是翻台率，三是坪效。根据我的分析，这三家小店，这三方面数据都做到了极致。所以赚钱很容易，亏本很难。针对小王存在的问题，我额外向他强调了控制权的问题——这三家小店，老板都既是指挥员，又是战斗员，在产、供、销三个环节上，都牢牢抓着控制权。

前景展望

过了几天，我问小王饭店收银员物色的怎么样了？小王答：“还是让我干嫂干吧。”我一时发懵，问：“你哪个干嫂啊？”小王答：“我干哥的太太呀”。我大叫一声：“你这样不是产、供、销三个环节全部假手他人了吗？”小王答：“我找不到人，我干哥又跟我说了好几次，我再不答应，就不好了。”我不甘心，问这两口子的工资是怎么定的？小王答：“干哥月薪3000元，干嫂月薪1500元。”我心里默叹：嗯，不错，这算是又多请了一个工人、一个大厨。小王开一家小饭店，算上他自己，杂七杂八共有员工9人，光大厨就相当于请了3套人马，每月仅员工工资一项就需要1.8万元。一家顶姜家鸡汤、杨家拉面、甏肉干饭三家。这样的人员配置，什么样的生意搞不砸呀？

饭店开业那天，我和一帮同事一块儿去给小王捧场。回来的路上，有同事问我："你认为小王开饭店这主意怎么样？"我答："这家饭店，经营上很难好；经营好的话，小王也未必能赚到钱"。同事们都很奇怪，问我何出此言？我笑，答："这是后话，三五个月之后，我们再来分析，现在能做的，只有观察和等待了。"

02 开店经过

矛盾初显

小王给饭店起了个比较大众化的名字，叫“老百姓拉面馆”。刚开业时，人来人往，热闹非常。最多的一天，营业额达到了6000多元，最少的一天，也有2000多元，取中位数4000元计算，一个月的营业额12万元。毛利率30%的话，收入36000元，去掉工人工资剩18000元。二人平分，单方有9000元收益。

小王跟我算这笔账的时候，笑得合不拢嘴。同事中，也开始有人质疑我当初的判断。我说：“不急，这才几天，还需耐心观察。”

实际上，这时候我对小王开店的前景更悲观了。通过亲身体验，我观察到了一个细节：为了捧场，我们科室里的同事经常到小王那吃午餐。每次去，小王都安排那位收银员——也就是他的干嫂——给我们上两盒香烟。我发现，这两盒烟，是不记账的。前两次，小王干嫂笑容满面的。后来的一次，面无表情，小王吩咐她拿烟时，她懒洋洋地不愿动。我跟小王说：“你免费给我们上烟，是不合适的。一定要记上账，要么我们结账时付清，要么记到你头上，分红时扣出来。”小王满不在乎地说：“没事，我干哥也会来很多朋友，也是这样办的。再说，干哥本身就是个大烟枪，平时抽烟都是在吧台上随手拿的，我也没管过他。”

这事给我留下了非常深刻的印象。第一，它充分暴露出管理的漏洞。香烟虽小，反映出的问题却很大。第二，干嫂的神态举止，暗示双方的分歧已经产生。也许小王还没感觉到，但在他干嫂那边，已经单方面产生。原来我认为问题的暴露会在三五个月之后，现在看，大大提前了。

果然，有一天小王坐在我办公室沙发上，突然若有所思地说：“要是这么好的生意都不赚钱，不就成笑话了吗？”我问他何出此言？小王说：“账目算不清了。刚开始还好，每天花多少钱买多少菜，干哥都跟我说，晚上打烊后，干嫂也会把全天收银情况总结一下，算清记账。从前几天开始，他们慢慢表现出不想跟我说的样子。总是以麻烦为借口。天天算一次，有时候的确算不清。比如烟酒，进项和出项就总是对不起来。开始我想也很正常吧，我们两个来了朋友，感觉都是来捧场的，不上点烟酒什么的，不好意思。后来我发现，这个洞太大了，不可能我们进的酒一瓶都没有卖出去，全送朋友喝了吧。这两天，干哥老是在我面前念叨，说别看生意看起来热闹，利润率很低的，弄不好不赚钱呢。说一遍，我认为开玩笑，老是这样说，什么意思嘛？”

我笑，问小王：“你觉得是什么意思呢？”小王没有正面回答，反问：“您觉得我们生意怎么样？”我答：“天天满客啊。”小王说：“就是啊，这样的生意都不赚钱，那以后万一客人变少了，不就亏钱了吗？”我问：“我们前几天估算的那笔账不是挺好的吗，你干哥怎么看待这个问题？”小王答：“干哥说，我们把毛利率定高了，真实的毛利率可能连20%都不到，也就10%多一点吧。”

这个问题，我以前在网络上搜索过，餐饮业30%的毛利率已经偏低了。经营好了，能达到70%。如果毛利率只有10%，这桩生意还怎么做？

种种迹象表明，我以前担心的所有的问题，都开始暴露出来。我的建议是：这时候说什么都没用了，先沉住气，到月底结账的时候，看什么情况再说吧。

好生意不赚钱

到了月底，小王催着算账。干哥告诉他："算什么呀，又没赚到什么钱。"得到这个答案，小王着急了，跑到我身边，两手一摊："这可怎么办呢？"我给小王做了如下四点分析。

（1）生意很好，但是不赚钱，不报账，这只能说明一个问题，你在小店的管理上，完全失控了。

（2）失控的原因，是你从开始就没有抓住核心的管理权。

（3）若想改变被动局面，必须针对漏洞，改变管理模式。只有规范起来，抓住其中的重要环节，你才有可能重新夺回位置，不被彻底边缘化。

（4）你干哥干嫂已起异心，即使抓回管理权，你自己懂管理、懂经营吗？

分析到此，小王已经满脸焦急了，一迭声地问："那怎么办呢？"我的答案是："如果抓不回控制权，干脆退出。"

谋划退出

听到"退出"二字，小王眼前一亮，但马上又犹豫起来："都是亲戚，我怎样才能退出来呢？"

我继续给他分析。

"你得先搞清楚你干哥的心理变化。当初他想开店，本钱不足，找到你。饭店开张，生意好了，又感觉吃亏了。在他眼中，你光出资，什么都不干，月底还得一块分红，因此有甩开你单干的想法。当初是他找的你，现在很难开口，故而在行动上不停地给你增加压力。先是不报账，然后是放风说不赚钱，最后再给你摊牌就是不赚钱。现在他就等着你开口提议退出。所以，你退出是不难的。他不会拦着你。

“既然你也不好意思直接提出来，那就逼着他做个选择吧。首先，找到你干哥，跟他商量——生意这么好，却不赚钱，怎么回事呢？然后再问他，怎么办呢？让他提意见。如果这个时候他还不愿开口，你就提出你的方案。你的方案一定要有两套。第一套，就是堵漏洞，改变经营思路。三个方面：一是买菜，由厨师拉出菜单，让卖菜的往饭店里送。不让你干哥自己干这个活了。这样便于互相监督。二是收银时，用电脑打小票，无论多大多小的支出，都记录在案。这样方便清算收入。三是改变分红方式。你干嫂作为收银员，应该领员工工资。但你干哥跟你一样，都是专搞管理和经营的，要么都拿工资，要么都不拿工资。这样分红就相对公平了。第二套，就是以不懂饭店经营为由，你退出，让你干哥单方接手继续干。”

“这两套方案，第一套是虚的，你干哥干嫂肯定不会同意。第二套是实的，是你干哥希望看到的结果。所以在提方案时，一定得先提出第一套。如果第一套方案提出后，他对这三点都能接受，那就继续经营，也达到了你的目的。将来哪怕饭店开亏了，也亏得明明白白。但以我的分析，你干哥干嫂肯定不会接受。待商量不拢时，你再提出第二套方案。我估计，他会求之不得。这样，他将来就不会埋怨你甩手走人了。因为有了这样一个商讨的过程，亲朋好友也就不会误解你了。”

这个方案充满了心机，但没办法，想做成事情，还不想得罪人，只好拐个弯，给彼此找个台阶下，含蓄应对。

小王大笑：“这个方案好，我就这样办。”但是话锋一转，又担忧道：“当初他是因为没有钱才找我合伙的，现在我要是退出来，他上哪儿找钱来还我的本金呢？”

我手一摊，说：“这不是我们思考的问题。既然他想单干了，应该已经有所考虑。肯定不会再吞你本金的，毕竟是干兄弟，他现在不是也不好意思跟你开口吗？”

小王谈判去了。第二天喜滋滋地跑过来，说：“跟你预想的一模一样。提出第二套方案时，我干嫂都笑了。但他们也跟我说，我那8万元钱本金，他们一时拿不出来，只能先还3万元，剩下5万元，算是贷我的款，他们边经营饭店边付我利息，两年后再把本金一块还上。”

我问签书面合同了吗？小王答：“签了，每月利息1100元。”我从民法的角度，给小王进行了一下分析：“以前你们达成的那个口头合同，是合伙合同，现在签的这个书面合同，是一种借贷合同。看起来，好像你有5万元没有要回来，实际上两个合同的性质悄悄地发生转变了。以前你们是合伙关系，现在你们成了债权债务关系，你是债权人，他是债务人。以前做生意赔了的话，你们共同承担损失。以后他不还你钱的话，你可以拿这个合同去告他。前后对比，二者的法律地位是完全不一样的。”

退出后的感慨

退出后，小王还曾经流露出一种落寞的神情：“唉，忙了这几个月，竟然这样收场?”又叹息：“生意这么好，居然不赚钱。”

我安慰他：“第一，你们当时的合伙方式乃至经营模式，注定了今天的结局。第二，今天这种结局，还算是圆满的。你从一场注定失败的投资中全身而退，没有一点损失。你干哥也解决了小店的股权问题，从此可以安心经营，他完全有机会重新改变小店的经营模式，说不定就成功了呢。你相当于贷了5万元出去，每年收股息1.3万元，这个股息率已经高到逆天了，而且还是月月付息。你干哥之所以给你这样高的股息，除了没钱，更重要的因素是愧疚。所以愿意从经济上对你进行一些补偿。从这个角度讲，他还是不错的，有见利忘义的成分，但也是在商言商，遵守了资本的规律，你不应对他再有怨气。”

小王听了我的话，长吁一口气：“这样就好了，以后我跟那家小店就彻底没有什么关系了，它经营好坏，也跟我没有任何关系了。”我笑答：

“你还是盼望着小店能经营好吧，只有经营好，你的债权才能得到充分的保障。”

小王问我：“这家小店将来真的无法经营好吗？”我答：“如果按现在的状况，我的确不看好。刚开业，顾客很多是亲朋好友，其他客人能否被吸引变成回头客，还是未知数。尝试和新鲜感一过，可能就会归于平庸。当然，现在困扰小店最大的控制权问题已经解决，如果能对小店进行全面改变，也许还能发展好。这样就是一种双赢的局面了。”

小王开店的故事，过去了整整一年。前两天我为写此文，专门询问小王：“你干哥的饭店怎么样了？”小王答：“您判断得真准！生意越来越不好了，最近他经常抱怨自己开店还不如以前打工赚钱。他把拉面师辞了，只留一套做家常菜的人马，服务员也只留下一个。”

我点点头，答：“这样改变之后，主营业务和成本控制两个问题，也都得到改善，剩下的就是解决口味和培养回头客的问题了。但总体上看，这是一家比较平庸的小店，无法和姜家鸡汤、杨家拉面、甏肉干饭这些店铺相提并论。”

小王看看我，我们相视而笑。

03 开店的启示

小王开店，前半部分准备不足，应对不当，逐渐陷入困境——借用股市投资中的一句行话，这叫“套牢”；后半部分精心准备，应对得当，又成功地摆脱困境——这叫“解套”。可谓“一半是海水一半是火焰”。

温故而知新

小王失败的教训都有哪些呢？下面，我们尽量用以前探讨过的知识进行分析，也算是一种复习吧。

进入一个完全陌生的领域，违背了“能力圈”原则

小王毫无开饭店的经历，对这一领域一无所知，而且还不虚心学习，投资完全靠热情、勇气和想象。这是他开店失败的根本性原因。这一点，小王犯了和理发师刘经理一样的错误。当然，进入新的领域，并不必然意味着失败。前提有两个，一是循序渐进，二是善于学习。在刻苦学习的过程中，由浅及深地推进。普通投资者，资金有限，个人风险承担能力较弱，在没有充分调研和精心准备的基础上，重金一头扎进一个自己完全不懂的世界，失败的概率一定远远大于成功的概率。这种情形，跟股市投资

中很多新入市的朋友一样，对自己买的股票背后那家企业是干什么的都不知道，却凭着勇气和想象，全仓、重仓一两只股票，风险能不大吗？成功只是小概率，失败才是大概率。

定位错谬，违背了简单性原则

好的投资，业务未必复杂。像姜家鸡汤、杨家拉面、甏肉干饭，以及双桥理发店等案例，都遵循了业务简单、专业精通的原则，逐步建立起了自己的“护城河”。小王开饭店时，既无专业设计，又无成本计算，仅凭想象，贪大求全，既想抓大众消费，又想走高端消费，两边发力两边不讨好。巴菲特一再提醒我们，一定要注意那些大搞跨界并购扩张的企业，因为投资历史表明，这类行为失败的案例远多于成功的案例。投资是一件追求高概率的工作，普通投资者更不应把自己有限的资金放在押大猜小的赌博上来。贵州茅台、万科、双汇发展这些优秀的企业都是主业简单的，这是它们能够成功的秘诀之一。恒大也曾大举进军粮油饮料行业，苦战多年而无利可得，最后只能贱卖资产，重新专心房地产主业。企业的扩张应该围绕自身的主业进行，在产业链上下游寻找机会。普通投资者进行投资，也应遵循由简而繁的方式。这和循序渐进扩大自己能力圈的道理相同。

没有抓住核心控制权，违背了投资的安全性原则

安全的投资首先必须具有高度的支配性，其次才是流动性、收益性、稳定性。支配性、控制权在投资安全方面是第一位因素。小王开店，生意明明很好，为什么却丧失了完全的主导权？原因就在于他在关键环节中假手他人，而且是假手同一人，无法对投资进行有效的支配。这是他失败的直接原因。在很多大企业的经营中，也常常发生控制权的争夺。最近发生的一起案例，就是轰轰烈烈的万科股权之争。表面上看各方势力是在争夺股权，最终的指向都是企业的控制权。王石之所以对宝能的“入侵”激烈地排斥，主要原因还是害怕丧失企业的控制权。谁掌握了实际控制权，谁

就掌控了企业。这是基本常识。

对于普通投资者的理财投资，我反对投入“高利贷”，也不太赞成重仓 P2P，主要原因也是基于安全性的考虑。“高利贷”冒着道德的风险、法律的风险、本金完全损失的风险，看似收益很高，实际非常不安全，一旦有失，追悔莫及。P2P 在发展之初，还有诸多不完善的地方。尤其前几年，网上借金融创新之名、行诈骗之实的案例不胜枚举，几乎酿成影响全国金融稳定的重大事端。投入于它，也是将命运假手他人，无法做到有效控制。当然，我并非完全否定这个行业，我只是在这个行业野蛮生长的草创时期保持警惕。在 2014 年各类 P2P 大行其道时，我即在网上发文明确质疑这类金融创新方式，提醒风险。我质疑的主要理由，就是在资质不明、事实不清、流动性不保的前提下，投资者投入的资金是没有支配权可言的。这是安全的大忌。后来的事实，证明了我的推测。目前国家正在规范这个行业的发展，整顿之后，安全性提高，可根据情况，适当投入。

感情用事，违背了理性投资的原则

投资的本质就是投入资金和劳动，创造出新价值，“让钱生钱”。其间，充斥着资本的运作。资本的本性就是获利，并尽可能多地获利。所以投资既需要遵守投资所固有的理性原则，也应尊重和顺合资本的本性。人伦感情可以影响但绝不能代替理性投资，也无法改变资本获利的本性。对我的提醒和质疑，小王最常用的反驳逻辑是“我是在和干哥合伙做生意”，其潜意识就是“他怎么会为了钱而坑害我呢”，完全把私人感情和理性投资混为一谈。他忘记了与他合伙的人是为了赚钱才跟他合伙的。他的钱与干哥的钱，从投入的那一刻起就化身成了资本，逐利和尽可能多地逐利才是它的本性。在这个方面，人类的道德和感情，可以和它交融或并行，但永远无法彼此替代。至少在投资的过程中，不能彼此替代。

总结新知

当然，小王后续的退出，又给我们提供了一些有益的经验，主要有两点。

及时认错、纠错

投资无法完全避免犯错，关键是对待错误的态度需要端正。简单地说就是：投资不怕犯错，就怕有错不改错。小王是比较聪明的，从最初的创业激情中清醒过来后，对风险的感受比较灵敏。及时地认识错误，积极地进行纠错，这是他避免犯更重大错误的基础保障。

抓住关键，应对得当

小王退出的过程稳妥、顺利，退出后的效果也完全符合预期，之所以能做到这一点，是因为他看准了问题的症结所在，抓住了解决问题的关键。时机上，他选择在饭店生意看起来最好的时候；谈判时，紧紧抓住生意伙伴私心泛滥、急于整体接盘的心理；在结果导向中，以我为主，尽量符合个人利益与愿望。可以说，退得及时、体面、策略，符合双方利益，皆大欢喜。

决策机制

在整本书的写作中，我比较重视小王开店这个案例。主要原因就在于它能从多个侧面论证我们以前学过的知识点，同时还牵涉有关投资的一个重大的基本问题，即**投资的进入与退出的决策机制**。

任何一类投资，都需要一套整体的评估体系，这套体系包含两个方面：一是进入，二是退出。我能进入什么样的行业，经营什么样的主业，什么时候进入比较好？这些问题，属于投资的进入评估体系。进入之后，能达成什么样的收益，在什么样的情况下退出？这类问题，属于投资的退出评估体系。有进有出，二者结合，一个完整的评估体系才能完善建立。

对于股市投资而言，“何时买”“买什么”“何时卖”，这三个问题，会贯穿投资者买卖股票的始终。

我们以前探讨好行业、好企业的标准，解决的是“买什么”的问题，现在需要解决“何时买”“何时卖”的问题——对这个问题的简单回答是：在标的价格合理或便宜的时候买，在其价格高或明显高的时候卖。那么什么是便宜什么是贵呢？这又牵涉股市与股票估值与定位的问题，以及在估值与定位之间寻找具体标尺的问题。接下来，我分三小节，讲解下列三个事关投资进入与退出评估机制的问题。

1. 估值；
2. 定位；
3. 标尺。

04 估值

股票投资者常挂在嘴边的一句话："碰到优质好股，估值不高的时候买入，估值高的时候卖出，这样操作就行了。"说起来简单，关键是什么叫低估、什么叫高估呢?

为企业估值，传统上有两种方法。

盈利端估值

从企业盈利的角度进行估值，这是第一种常用方法。

企业盈利能力强，则企业的估值就应该高；企业盈利能力差，则企业的估值就应该低。比如，同样投入的甲乙两家企业，都是投入1000万元，甲每年盈利200万元，乙每年盈利100万元，甲的盈利能力是乙的两倍，则甲企的股票估值从理论上说就应是乙的2倍。按照这个思路，人们发明了市盈率（PE）这个概念，也就是每股股价与每股盈利之比。每股盈利分前期收益与当期收益，因此选择使用的收益分类不同，PE又分为静态市盈率和动态市盈率两种。

名义与实际收益率

在市盈率这个概念发明之前，人们使用资产收益率来衡量企业价值。

所谓资产收益率，是指盈利与资本的比率。比如上述企业甲，1000万元的投入，200万元的盈利，则资本收益率就是：200÷1000×100%＝20%。

看起来是很简单，但简单往往是因为你对它理解得还不够深入。使用这个计算公式需要注意一个问题：企业每年或每月、每季过往的盈利是确定的，但企业的资本站在不同人的角度却有不同的选择。什么意思呢？还是以甲企业为例，它200万元的盈利是确定的，这个是无法改变的。但站在企业经营者和股票市场投资者的角度而言，投入的资本额可能是完全不同的两个概念。对企业经营者来说，我投入了1000万元，我的投入资本就是1000万元，所以对我来说，这家企业的资本收益率就是20%。但是对股票投资者来说，显然不是这样：因为企业的每股股价×总股本之后，企业的市场估价可能远大于经营者的初始投入资本。比如，甲企业的市值是4000万元，也就意味着股票投资者想获得这家企业的所有股权，则要付出4000万元的代价，而不是经营者投入的1000万元。那么此时对股票投资者来说，资本收益率就变成了：200÷4000×100%＝5%。

因为股票市场的存在，溢价成为一种常态，市场报价和企业真实的资本投入往往不是相等的。这就让资产收益率这个概念，对不同的人有了不同的含义。

为了区分，我们把站在经营者角度计算出的资本收益率称为“名义收益率”，把站在股票投资者角度计算出的资本收益率称为“实际收益率”。

很多菜鸟级投资者一听某某企业资本收益率高达多少，就像苍蝇闻到了血一样轰轰飞过去，完全没有理会市场的溢价有多少，也就是说，没有计算出它的实际收益率是多少。这是多么大的错误啊。对于投资者来说，更重要的计算，是实际资本收益率。名义收益率再高，只与企业经营有关，股价被大众追捧过甚，致使实际收益率骤降，这样的生意不是好生意。

市盈率及其优缺点

仔细观察一下实际资本收益率和市盈率的计算公式，不难发现，二者原是一种倒数关系——没错，实际上这就是市盈率的由来。起先人们在通过盈利为企业估值时，是只计算资本收益率的，后来投资股票市场的人们嫌弃名义、实际转换的烦琐和陷阱，干脆把实际资本收益率的计算公式倒过来，为这个新计算出的数值起了一个好听的名字，叫市盈率。市盈率的妙处，是直接从投资者的角度来思考和分析问题，计算公式中体现出了投资者最关心的市场股价这个变量。

但是任何事物都是有两面性的。它在克服一种旧的弊端的同时，可能也会带来一些新的问题。市盈率发明后，人们发现股价是没办法造假的，它就体现在股票市场无时无处不在的报价机制上，于是在每股盈利上开始动起了脑筋。各种各样的财务造假，手法看似繁复，其实不外乎两种，要么在盈利端造假，要么在资产端造假。经营者可以通过调节账款、计提损失等方式来调节当期收益，也可以通过售卖资产等一次性损益的方式来调节收益。总之，手段手法多种多样。更让人悲催的是，这些手段手法可能还是合理合法的。比如，2015 年的牛市行情中，雅戈尔就通过计提损失的方法，合理地隐藏掉了 10 亿元的地产收入，然后在次年一季度财报公布的时候，又通过账款调节的方式，通过“地产收益”，把这个 10 亿元的收入释放出来。如此算来，前一年雅戈尔的市盈率准确否？后一年的市盈率又准确否？

所以，在使用市盈率这个指标对企业进行估值时，投资者需要万分谨慎。不分析财报，不长期追踪一家企业，对这家企业的市盈率估值很难准确到位。话再说回来，即使长期追踪，也未必全然了解这家企业——这就意味着，**估值不可能是一件百分之百精确的事情**。投资者对此认知，一定要铭记于心。

注意事项

用盈利的方式为企业估值，人们需要注意两方面问题。

一是在盈利方要注意去掉非经常性损益。如企业通过售卖资产获得的利润，这样的收益往往是一次性的，不具有持续性。至于企业经营方对于利润的波动调节，我们实在无法阻止，只能被动接受。但投资者对经营方的此类行为多加分析，判断是否恶意作假，对于投资决策还是大有裨益的。比如，一家亏损的企业通过“左手倒右手”、自家货卖给自家、增加应收账款的方式增加盈利，就是一种严重的欺骗行为。投资者阻止不了，但可以用脚投票。

二是在谈到资本收益率这个概念时，一定要注意区分名义与实际。对于投资者而言，包含股价变动因素的实际收益率才是最应该关心的。这是市盈率产生的原因与意义所在。

资产端估值

从企业资产的角度对企业进行估值，这是第二种常用方法。

这种方式独为基本面分析者所好：一家企业值多少钱，看看净资产，心里就差不多有数了。就像到菜市场买一条鱼，首先要做的，一是询价，二是称重。商量好价格，称好重量，二者相乘，交钱走人。为了简化计算，方便交流，再考虑股价的因素，人们又发明了市净率（PB）这个名词，其计算公式为：

市净率 = 总市值 ÷ 净资产总额 = 每股股价 ÷ 每股净资产

用净资产或者说市净率为企业估值，好处是简单，好记，一目了然。但缺点同样很多。最为世人诟病的是：企业的价值不仅仅体现于资产。比如，同样的 100 万美元，放在巴菲特手中，和放在王二傻子手中，资产数量是完全一样的，实际使用价值却是完全不一样的。王二傻子越吃越少，巴菲特越赚越多。企业的经营同样如此：资产相同，创造的价值完全不同。

也就是说，净资产估值法，只考虑资产的因素，而没有考虑经营者、劳动者、专利、垄断权等非物质资产。对有些企业来说，后者往往更为重要。投资者投身股海，一味地盯紧PB值，一不小心，很容易掉进坑里。

第三种方法

如果不从经营者的角度，而仅仅从股市投资者的角度来分析和看待问题，那么决定股票市场价格的因素，主要有两条，一是企业的基本面，包括企业资产、经营能力、企业文化以及盈利能力等方方面面；二是市场的基本面，包括经济周期、货币环境、财政政策等诸多宏观因素。粗暴一点，可以把上述两个因素简单归纳为“业绩+货币”。业绩好的企业，估值应当高；反之，估值就应当低。同理，货币多的时候，估值应当高；反之，估值就应当低。传统的两种估值方法（PE或PB），都是立足于企业基本面，并没有考虑社会货币量对股价的影响。事实上，社会货币量对股价的影响又是立竿见影的。

正因为这方面的考虑，在拙作《投资大白话》中提出了**第三种股票估值方法——“股息率+利率”估值法**。其基本框架是：将股息率和社会无风险利率进行比值计算，然后乘以当期股价，即可推算出未来无风险利率变化后的股票估值。这番演算，在《投资大白话》中以雅戈尔为例，作了详解，这里不再多说。只谈优缺点。

优点是：(1）简单，实用，好计算，小学四年级水平即可胜任；(2）充分考虑了股息、货币利率以及股价等内外多重综合因素的影响；(3）通过选取股息的方式，规避了企业基本面的分析，对投资者的财务分析能力、商业洞察力要求不高；(4）事实上，我推出这种估值方法的本意，就是为“没知识、没经验、没脑子”的股市“三无”人员准备的——它是站在市场中绝大多数人是普通人的认知现实提出的。

缺点是：（1）只考虑了股息率的影响，没有考虑分红率的影响，因股息率可能通过调节分红率来进行干预；（2）只考虑了成熟稳定型企业的估值模型，而没有考虑成长型企业的估值；（3）过于简单粗暴，让精通数理分析的数学专才们难以接受。

经常有网友问："腾腾爸，用你这种方法为企业估值，好像只对你的雅戈尔有用，比如对从不分红的互联网企业，就完全没用，何解？"每当看到这样的提问，我就哭笑不得。因为我这种估值方法本来就不是为互联网企业打造的。它的使用，当然也是有前提的：（1）它只对有长期稳定分红的企业有效；（2）它只对稳定成长的企业有效；（3）它只是一种粗略的估值方法，不要把它教条化使用；（4）它提供的只是一种思考方式，是我们今天在书中推荐和探讨的整个交易体系中的一环；（5）它需要和其他选股标准与原则系统化使用。

我提供的第三种估值方法，是站在本书提供的交易体系、选股思路、盈利之道等基础之上总结提炼出来的。

现实值与预估值

从性质上看，估值有两种，一种是现实的估值，即站在现实股价基础上的估值；另一种是预期的估值，即考虑股息和利率等因素变化情况下应该得到的股价估值。从这段论述，我们很容易判断出，PE、PB 属于"现实的估值"，剔除陷阱因素，非常容易计算，甚至不需要计算，从相关交易软件上直接提取就可以了。而"股息率 + 利率"估值法，则是在股息率或利率发生变动时，我们对未来股票价格合理值的预测，它明显是属于"预期的估值"。第三种估值方法提出的最大意义就在于：它能为投资者在决定买卖时提供一把标尺——当现实的估值明显低于预期的估值时，意味着买入时机；当现实的估值明显大于预期的估值时，则意味着卖出时机。

通过分析可以看到，任何一种股票估值方法都有其产生的原因和背景，亦有优点与不足。换言之，任何一种估值方法，都有其使用的前提和范围。比如市盈率估值，强调的是企业的盈利能力；市净率估值，强调的是企业的资产安全性；而我提供的方法，针对的是对稳定经营且能长期稳定提供分红的企业。

优点的对面就是缺点。**使用方法总有边界，边界内是有效的，边界外就是无效的。**任何一种估值方法，都不是绝对的，都应该是某一个系统中的一个环节。投资者应使用多种估值方法，综合量体裁衣。

正因为每一种估值方法都不可能为企业提供一个精确的估值数字，所以我们才强调毛估的力量，才强调“投资是一项艺术而不是一门科学”。基本分析也好，技术分析也好，那种把某类企业的价值精准地确定在某一个数字上的人，要么是傻子，要么就是骗子！投资者在使用任何一种估值方法为企业估值时，都应该配合其他选股标准综合衡量。成熟的投资者拥有的是一个完整的交易体系，而不是某一种具体的交易方法。

第四种方法

即考虑成长性的 PEG 指标。因为关系对未来企业成长的预测，站在我能力水平上的看法是，不靠谱，也不是我能理解和掌握得了的。不懂的事不乱说。加这点说明的意思是，我不希望有朋友看完这段文字，再跑过来跟我理论：“腾腾爸，用你提供的这三种方法估值，很多创业板公司都不符合投资标准呀?”嗯，是的，你说对了。在它的估值没有达到我的理想标准之前，它的确不是我的菜——2015 年的创业板以及现在的创业板（写作时创业板整体市盈率估值还在 60 倍上下），是为有梦想、有创意、有闯劲的投资者准备的。怎样为它们估值，问“神粉”们比较好。这一方面，我不靠谱。当然，2015 年，有大佬说“我现在炒股，已经不看估值了”——之后，股灾就来了。

05 定位

投资须趁势

通过对股票估值的分析，我们可以得出结论：当股票现实的估值低于预估的合理估值时，则意味着股票的投资价值体现，这种偏离度越大，说明投资价值越大，越值得买入；当股票现实的估值大于预估的合理估值时，则意味着股票的投资价值丧失，同样也是偏离度越大，投资价值的缺失度也就越大，则越应当予以卖出。

很多基本面热衷者认为，选出好股票，选出好的投资价值，这是投资者最应该干的事情。这种认识，当然是对的，但还远远不够。另一个基本事实是：当你认为现实估值已经非常低的时候，未来可能还会出现更低的估值，“地板之下有地下室，地下室之下还有十八层地狱”；当你认为现实估值已经非常高的时候，未来可能还会出现更高的估值，这也是市场上流行的“不卖强势股”的由来。所谓“顶上有顶，底下有底”。

俗话说：牛市不言顶，熊市不言底。这一点，讲的其实是市场大环境对股票交易的影响。哪怕是欧美成熟市场，每过几年总会出现趋势性的上涨或趋势性的下跌，在这种趋势性行情中，市场中绝大多数股票会与市场大势呈现一种齐涨共跌的正向反馈关系。中国市场由于机制的不健全、散户市的特点，这种规律性的变化更加明显。基本上三五年就会经历一轮牛熊。

因此，在关注股票个体本身估值的同时，适时地为市场定下位，寻找整体性的投资机会或规避趋势性的投资陷阱，也是非常必要的——虽然逃避系统性风险非常困难，但对此心怀警惕，还是必须的。

五项指标

给股市整体做定位，还是有一些基本的规律可以追寻的。为了化繁为简，我喜欢从五个方面思考问题：一是证券化率，二是总体市盈率，三是历史前值，四是国家大政，五是股民心理。

证券化率

简单地说，证券化率就是股票总市值和国家GDP的比率。它反映的是一个国家或地区证券市场的活跃度。越高，意味着活跃度越高；反之亦然。正因它反映的是市场的活跃程度，所以暗合“低买高卖”之道，对我们给股市定位提供了参考。通常来讲，成熟市场因为投资者以机构为主，操作更理性，往往波动较小。证券化率常在50%～120%振动。中国是新兴市场国家，市场主体以散户为主，有些机构也常以散户思维操作，所以投机的特征更明显，波动区间也更大。涨时涨过头，跌时跌过头。历史数据通常在30%～150%振荡。最疯的时候曾接近200%。基于上述认识和谨慎原则，我建议在证券化率60%～70%即可入市，低于40%以后可以疯狂入市，然后在证券化率接近或达到100%时就应该考虑大幅退出，达到120%时坚决全部退出。

总体市盈率

市盈率、市净率这两个概念自诞生之日起，就成为衡量大盘或者个股价格水平的两大主要指标。虽然也都有这样或那样的缺点，但作为宏观指标，绝对值得一提。沪市的整体市盈率常在10倍到60倍间波动，10与60都是极端估值，靠近都是最佳的买入或卖出时机。

这里需要强调的是，单纯依靠总体估值来为个股投资做决策，是非常容易被误导的。比如，2014—2015年的那轮行情，市场热捧成长而忽视价值，造成了一种极端失衡的二元失衡结构：一方面中小创估值高达一百余倍，另一方面以“银证保”为代表的大盘蓝筹股只有五六倍的估值。在沪市大盘5000点时，沪市的整体市盈率也没有超过30倍，与历史上历次牛市高峰期的同类数据相比，还有很大一段距离。正因如此，这个估值数据欺骗了市场中的绝大多数人。所以在这种市场结构下，单纯依靠市场的整体估值作为自己的投资决策，尤其是个股的投资决策，是非常危险的。

那么这是否意味着这个指标就失去存在的意义了呢？回思过去，我们发现历史轨迹一再表明：投资者的疯狂最终还是受到股市整体估值的感性约束的。正如不需要预测股市未来走向，我们也不必预测未来股市的估值，但我们必须面对股市现在的估值，并从现在的整体估值中寻找投资决策的蛛丝马迹，尤其是一旦面对股市整体估值过大或过低的事实时，那就意味着我们投资可选择方案的倾向性。2015年，在类似的估值比较中，腾腾爸看到了香港恒生指数已经长期在历史估值底部徘徊，于是毫不犹豫地制订出了“抛A买H”的计划，逐渐卖掉手中估值还在高位的A股，买入相对估值还在低位的H股。这也为我安然度过此后的“后股灾”时代奠定了基础。在投资股票的过程中，我们应该始终牢记以前常说的一句话：**低估是王道**。当同一类标的在不同市场间表现出截然不同的估值水平时，往低处站，在大多数情况下，都是正确的选择。

历史前值

中国是一个发展中国家，经济形势从总体上看，还处在一种赶超阶段。这从根本上决定了股市螺旋式上升的态势。总结过去二十多年的大盘走势，每一轮行情底部都在抬高，顶部都有突破——2015年的股灾，沪市大盘最高点位定格在5100点，似乎并无突破，但不要忘记，这是一次结构严重失衡的牛市，主板虽然没有创出新高，创业板、次新股等相关指数都创下了新高。

股市的历史前值与证券化率和总体市盈率相比，更直观，也更粗糙，需要具体问题具体分析。至少在我的分析体系中，它是一项辅助指标。根据我的个人经验，每轮大的行情，沪市从底部反弹达到或逼近100%，我们就应该有序退出了；从最高点下跌幅度超过30%～40%，就应该做好逐渐投入的准备。

很多投资老手可能会认为，看历史前值炒股，这种手段太落伍了，但当你把它科学地纳入到一个综合的体系中去，它就具有了独特的参考意义。想想我们在前面提到的孔大姐，她决定买卖点的依据之一就是股市点位。没有什么好笑的，所有的指标，只有使用科学与否，而没有好坏之分。

国家大政

世人常报怨中国股市是政策市，把暴涨暴跌归咎于政府。首先，这种观点是错的。仔细想想，哪个国家的股市不是政策市呢？只是程度不同罢了。成熟市场，政府调控手法更柔和高明，中国政府对股市的基本看法、立场还存在一定的偏差，调控股市的经验还不丰富，应对暴涨暴跌时的手法有时有些拙劣，应该是能谅解的。其次，这种观点即便是对的，作为投资者来说，也应正视市场中存在的一切现实。哪怕中国股市就是政策市，我们也应认清、接受和适应这种现实。在现实没有发生根本性变化之前，它就值得我们尊重。所以，投资A股，判断股市大趋向，观察国家意志，必要而且重要！熊市末期，市场人气涣散，政府通常频频出台政策呵护股市。牛市末期，人性癫狂，政府又通常频频出台政策打压股市。个人无法左右国家出台什么样的政策，但国家一旦出台相关重大政策，投资者就应当仔细分析和研究。尤其在市场的极端环境下（大牛或大熊），国家的政策指向，是不难判断的。

股民心理

股市作为股票交易市场，归根结底还是一个由人组成的市场。正是千千万万的人的集合，才决定了股市的涨涨跌跌。决定股市长期涨跌的，是股市整体的基本面，包括估值、点位、资金、盈利等方方面面，但决定股市中短期趋势的，是人气。所谓的人气，就是指股民作为一个整体时的心理取向。大行情的发生，常常是基本面和股民心理发生共振的结果。

观察股民心理，有两个比较容易的方法：一是观察身边的人，二是观察一些必要的宏观数据。观察身边的人，即所谓股市风向标、参照系的问题，大家耳熟能详的“鞋童理论”就是典型的例子。第二种方法，即观察宏观数据法，我主要是选择股票开户或基金开户数据。这两个数据，在很多金融网站上都能找到，一般是按周或月定期公布，普通投资者很容易找到。这两个数据具有高度的相关性：股市行情好的时候，入市的人就多，反之就少。理性的投资者，能从这两个数据的变化中，感受到市场的冷热。一般而言，每轮行情的数据高点之后不久——也许会有一两个月的滞后效应——大盘都会创新高或创新低，极有可能是就大盘的最高潮或最低谷。之所以开户数的高低点和行情的高低点会有一个滞后效应，是因为从开户到资金转账，再到投资买入，这一系列过程需要一定的操作时间。

指标综评

五项指标中，前两项即证券化率、整体市盈率，最接近科学，后三项则需要经验的判断，最接近艺术。总体上讲，使用其中任何一项指标对股市进行整体定位，都是不严谨的。它们本身就是一套系统，理应综合分析、综合运用。比如，按照上述标准要求，我们发现市场的整体市盈率不高，证券化率也很低，股市的点位也处在历史低位，身边的人已经很少有谈股论市了，证券开户数也不景气，而国家又出台种种呵护股市的政策，那么就不难得出股市已经走到底部区域的结论。反之亦然。

注意两点：一是底部或者顶部，都是一个区域，不是一个具体的点位。到了底部区域并不意味着马上会升，到了顶部区域也并不意味着马上会降。但在底部区域敢于重仓、在顶部区域精于控仓，放长周期看，都是必要策略。二是底部和顶部可遇不可求。股市在整体上处于高估区还是低估区，我们是能判断出来的，这是股市的现实，但这并不是赞成和鼓励投资者去预测股市何时“赶顶”、何时“探底”。我们只能依据股市表现出的事实，采取相应的行动，而不靠预测去操作。

06 标尺

化繁为简

股市是牛市还是熊市，股票是高估还是低估，有时候是能够“一眼定胖瘦”的。笔者在讲述估值时一再强调，世上没有一种方法能把股票的估值精确到小数点之后。在谈股市定位时也反复强调，投资在很多时候，更接近艺术而不是科学。这就意味着上述的计算和推断，都具有“估”的性质。经验非常重要，而普通投资者缺的就是这一点。那么，能否从中找到一个最重要、最有代表性、最接近科学的参数作为指标，为普通投资者的进入与退出机制寻找一把化繁为简的标尺呢？根据我提供的交易体系，我认为“分红和股息”这两个参数，就能担此大任。

为什么反复强调“分红和股息”这两个指标呢？第一，我们首先承认自己只是普通投资者，商业洞察力与财报分析能力，迥异于投资达人。也就是说，承认自己的辨识能力是平庸的。第二，我们得看到市场中经常存在造假现象。诸如“扇贝游走了”“扇贝又游回来了”这样的笑话不说，那些合理合法存在的造假行为，我们同样无法准确地甄别。第三，分红和股息的意义来了——公司什么都可以造假，就是分红和股息无法造假，因为这需要拿出真金白银兑现。一年的分红和股息好造假，年年分红、拿出股息造假，这是不可能的。造假的最终目的是圈钱，而不是散财。

三个前提

值得我们关注的分红和股息，应有三个前提，即“长期、稳定、可持续”。**长期**，是指分红和股息是持续多年的，不是偶然心血来潮。我认为至少得持续5年以上才有参考意义。**稳定**，是指分红率和股息不能忽高忽低。稳定即意味着管理层做事有规则，企业经营稳健。**可持续**，是指对未来的预期。这要剔除那些基本面明显恶化、行业也处在衰落期的夕阳企业。这是对未来的保证。

在确定这三个条件的同时，再强调高股息率——利率是资本的价格，股息是股票的价格。你在大盘上看到的那个价格，只是股票的第一层次的价格，仅是一种表层的物理上的价格。股息才是股票的第二层次价格，这是一种内涵性的、能体现资本回报率的价格，是真正的价格。所以，股息率，在分红率相同的前提下，当然是越高越有价值，越高越有吸引力。

标尺的逻辑

分红和股息对于投资者的进入和退出的评估体系又有什么特别的意义呢？一般地讲，企业章程对企业的分红率都有规定，只要企业能够稳定经营、有一定的盈利、符合分红条件，企业都会按照公司章程的规定进行相对固定比率的分红。能体现出和股价相对关系的，不是分红率，而是股息率。所以在分红率相对不变的前提下，股息率的起伏，是能折射出股价的高低的。比如，同样的5毛钱股息，股价5元和10元，所计算出的股息率是完全不同的，所体现出的投资价值当然也是完全不同的。这一点，就是我们能把股息率当成投资评估体系标尺的逻辑所在。

投资股市的资金，自进入股市的那一天起，就不再是普通意义上的资金了，它已经自然化身为资本。它具有资本逐利的一切属性。当它在股市中得到的回报高于社会其他领域中的回报时，它就会从社会领域涌入股市，直到抬高股市资产价格，使它的收益率与社会收益率基本持平，或达到一个合理的比率；反之，当在社会其他领域收益率高时，它又会从股市涌出，降低股市资产价格，直至二者基本持平，或达到一个合理的比率，进入一种新的平衡。

如果做不到这一点，资本不就傻了吗？所以当我们决定使用股息率作为评判进入还是退出的标准时，还必须为股息率寻找一个能够对标收益率的参照物。这个参照物，就是经济学家和金融学家常念叨的“社会无风险收益率”。

社会无风险收益率是个什么玩意儿？不懂的朋友，可以去找百度。我要说的是，不同的人，找的对照系数是不一样的。有的人喜欢把 5 年或 10 年国债利率当成社会无风险利率。但我考虑到，5 年或 10 年的国债具有流动性的限制，而股票投资大多数时间内是可以随时进行交易的，流动性比国债高了不止一个档次，所以有点溢价是自然的。因此，我喜欢选择一年期银行定存利率作为股息率的参照物。以此进行计算，相对就是简单的。

一个案例

为了不把事情搞复杂，我举一个例子——雅戈尔。多年来，雅戈尔的分红率稳定在 30% 以内（这是它以前的公司章程决定的），每年的股息几乎都在 5 毛钱的水平上。2014 年牛市启动前，它的股价长期徘徊在 10 元之下，最低的时候只有五六元钱。也就是说，此时它的股息率最高时可达 8% ~9%。而当时一年银行定存利率最高约为 3%。从股息率上看，同样的 10 万元钱，投资购买雅戈尔的股票，收益最多 3 倍于存入银行。这显然意味着此时的雅戈尔是非常具有投资价值的。此时不买，更待何时？而 2015 年牛市高峰期，雅戈尔的股价一度冲高到 26 元附近，此时的股息率是多少呢？按最近5年的加权股息计算，它的股息率已经不到2%，和当时的一年期银行定存利率基本持平。考虑到股票的合理性溢价问题，这显然意味着此时购买和持有雅戈尔已经没有便宜可赚了。也就是说，对标于银行定存，此时的雅戈尔已经没有投资价值可言了。此时不卖，又更待何时呢？股票投资的进入和退出机制，分析起来非常复杂，但计算起来，就这么简单。

第八章

骗人的印象：投资需要理性的计算

生活中，我们对事物的最初判断，往往来源于印象。印象在心理学上是一个很重要的心理因素。我们所有的人，对事物做出判断时，都会或多或少地包含印象这一心理因素。印象是对的时候，它能快速有效地让我们对事物做出正确判断。印象是错的时候，它马上又轻易地送给我们一个犯错的机会。遗憾的是，在投资领域，利用印象做判断，常常是错的。说起来可笑，我对这种现象的关注，本身来源于家庭内部一次失败的投资经历。

01 一次半途而废的买房经历

十几年前，我有一位朋友，拥有一块地产，各种手续齐全，大约1.5亩的面积，设计建造3座别墅，每座3层，每层150平方米，按当时的建筑成本，总共约需60万元建造经费。朋友因为生意失败，有心将房产盖起后沽出兑现，苦于无力筹措建造费用，找到我，许诺我只要支付80万元，别墅建好后，拿其中一套折抵予我。

我简单地做了一番计算，感觉划算，满口答应，回家商议时家人却反应不一：太太不置可否，岳父前后犹豫，岳母坚决反对。岳父犹豫的理由有二：一是建造三栋别墅只花60万元，却要我们80万元，然后卖掉另外2套，这不是在拿我们的钱做他自己的生意吗？二是计算下来，我们买别墅每平方米成本1800余元，比商品房还贵了300多元（彼时小县城房价），而商品房是人家已经盖好的，我们这儿还得自己操心盖。岳母反对的理由：一家四口人（当时腾儿尚未出世）住这么大房子，太浪费！现在一家一套房子，挺好。

我逐条回应岳父的质疑：其一，朋友做生意失败，没有钱投资，否则不会找我们合作。其二，从每平方米单价上看，别墅比单元房贵，但比小城其他别墅便宜二百元，更重要的是附送半亩宅基地产。当时小城地价已经40余万一亩，这半亩地算是白送。至于岳母的理由更不值一驳了：现在是四口人，将来我和太太还会有孩子呐。再说，人均90平方米和人均30平方米的居住感受能一样吗？将来岳父母总归要老的，住在一块，方便照应。

在我看来这样明白的计算，在岳父岳母那儿成了一道绕不过去的坎。岳父常说的一句话：我总感觉没有便宜可赚啊，费这么大劲干什么？几次，我听到岳父岳母为这事儿争论。买房是为了高兴，为买房闹心，有违初衷。所以这事儿就不了了之了。

朋友后来另寻他家，最终也盖起了别墅，顺利完成了计划。此后十年，房价蹭蹭上蹿，小城单亩地价已到百万元以上，单元房价每平方米3000余元，院子只有巴掌大的联排别墅每平方米也高达5000余元。我定稿写作此文时，小城联排别墅每平方米价格已达8000余元。关键是，别墅房源紧缺，有钱没处买。现在岳父年纪大了，腿脚不便，也很想买栋带大门大院的房子，每每提及此事，嗟悔无及。

这件事让我第一次感受到印象对人的误导作用。尤其是投身股市后，经常思考：为什么明明有精确的计算摆在那，岳父岳母还会做出错误的选择呢？

后来在翻阅心理学类书籍，看到“刻板印象”这个词组后，我突然心境澄明起来。

02 刻板印象

刻板印象的形成

刻板印象的通俗解释：人们对某件事物形成的固定模式的印象与认识。比如，我们在长期工作相处中，认为同事老刘是个好人，忠厚、可靠。这番印象，刻在心中，从而对我们的认识与判断产生了超出意料的影响。老刘说，“啊，我有一笔生意做，很赚钱的哈”，我们想，“老刘是个好人，忠厚、可靠”，因此判断：他说的一定不是假话。后来老刘又说，“啊，我生意缺钱用，谁能借我，我高利报酬”，我们又想，“老刘是个好人，忠厚、可靠”，因此得出结论：把钱借给他，应该不会有错。于是有人借钱给他。后来老刘果然高利报酬，这时我们又会想，“啊，老刘果然是个好人，忠厚、可靠”，这不，许诺的高利不是兑现了吗？于是“老刘是个好人”并且“忠厚、可靠”的印象进一步固化。有一天，老刘又说，“啊，我做生意又缺钱用，你们尽管借钱给我吧，我一定高利报酬”。于是，很多人都会想“是啊，老刘是个好人，以前说话算话，把钱借给他一定没错”，于是纷纷解囊。张三拿十万元、李四拿八万元、王二麻子拿了五十万元。这个时候，总会有聪明人开始计算了，不对呀，这么高的利息，什么样的生意能覆盖得过来呀？于是，对老刘产生了怀疑。但这个时候的怀疑对大多数人已经不起作用了。当我们对张三提示风险时，他一定会告诉你，“没事，老刘是个好人，忠厚、可靠，以前从没有欺骗过我们”；你去李四那提示风险，李四可能会给你相同的答案；你若再去找王二麻子提示风险，大家可能会突然以异样的眼光看待你，好像是你居心不良一样。当你站在大多数人的对立面的时候，你就会得到这种群体性的质疑和嘲笑，你也就能最深刻地理解这种由刻板印象带来的事物失衡状态对你所造成的压力究竟有多大了。终于有一天，有消息传来：老刘资不抵债，携款跑路了。

这样的事情，回叙起来，显得那么滑稽可笑，可是仔细想想，是不是在我们身边经常发生呢？

积极面、消极面

刻板印象有积极的一面，尤其是当它正确的时候，会让我们对事物的判断有异常简洁的力量。比如，我们在生活中逐渐形成了“警察就是打击违法犯罪”的印象，一旦遭逢歹徒威胁，就会不假思索地拨打“110”、向公安求助，大量节省思考与选择的成本。

但当刻板印象原本就是错误的时候，它的消极一面亦显露无遗。比如，当我们形成“世上贪官很多”的印象后，见到公务员，马上与贪官画起等号。事实上，一国公务员整体上贪污是不可想象的，历史上往往只在极端环境下产生。这个例子恰恰向我们展示了刻板印象可能的两个错误方向：一是以整体印象代替对个体的判断，如“贪官都是公务员”和“公务员都是贪官”原本就是不搭边的两个判断，但是当整体与个体混淆后，二者即被画上等号；二是原本立意就错的刻板印象天生地排斥掉了正确方向的思考——至少，它轻易地让我们犯下了拒绝深入思考的错误。

刻板印象之所以会产生这样根深蒂固的错误，主要原因是推导和产生的逻辑起点有可能是正确的，即错误的刻板印象可能起始于正确的立论。

这是刻板印象最有迷惑性与最可怕的地方。举个例子，过去几年，无论从市盈率、市净率还是股息率方面看，银行股的估值都非常低，但是人们依然认为银行股是不值得投资的。我们且从源头算起，看看这种印象是怎样形成的。2008 年世界金融海啸发生后，中国政府推出了世所瞩目的“四万亿”刺激计划。计划一出，即有经济学家指出，这四万亿会对中国经济产生严重的后遗症。受到刺激，楼市会满血复活，各地“铁公鸡”项目会纷纷上马，原本就高企的楼价、物价火上浇油。争论中，经济学家推导的现象果然出现了：各地重大工程纷纷上马，全国上下一片热火朝天，楼价果然暴涨。于是人们的头脑中就有了第一个印象：“四万亿是不好的，会留下巨大的后遗症”。接下来，专家们继续为我们推导，而事实也一再遵从着他们的推导。先是钢铁、水泥、煤炭等落后产能满血复活，甚至在强大的刺激效应下，已经过剩的产能更加过剩。后来过剩症状继续向其他上下游产业全面蔓延，造成工业产能的整体过剩。还不算完，专家们又告诉我们：后遗症最终的传导结果是，产能过剩的工厂最终将无利可盈，经济陷入困境，经济增速显著下滑，而银行的坏账将大量增加——增加到什么程度呢？他们告诉我们：这是一个出乎你想象的程度。因为推导的过程与现实观察到的现象存在高度的重合性，于是由“银行也是落后产能”，再到“坏账将大幅增加”，再到“最终将利润下降”，甚至是亏损、倒闭，最后很容易得出“银行股是不能投资的”的刻板印象。这个推导过程持续了近十年，在刻板印象的支配下，抛弃银行股的投资者越来越多，适度的担忧渐渐地成了不顾一切的担忧。最终人们头脑里只有坏账、破产、倒闭这些印象，而罔顾这么多年银行的业绩一直在稳定增长、从来没有发生过利润下降这类推测的事实，更不用说亏损了。最终形成低估。一旦有人对此提出质疑，刻板印象就会给我们传来声音：银行现在的确还在挣钱，但这种挣钱是不可持续的，它早晚会坏账爆发、早晚会利润下降、早晚会亏损、早晚会破产清算。

不可否认，“四万亿会有后遗症”的推论起点是没有什么错误的。任何事物都有正反两面的特征。但是一路推导下来，我们不知不觉地越过“适度”的中点，滑向另外一个极端。正如钟摆理论所揭示的情景，股市的钟摆从不会在轨迹的中点停下脚步，它总会遵循一种趋势的力量，从一个极端走向另一个极端——从均衡走向失衡，再从失衡回归均衡，而后再走向另一个方向的失衡——投资界的钟摆理论，实际上就是一个对失衡规律的完美阐释。

再回到银行股的争论上来。市场中的人，终于渐渐形成了“银行股没有投资价值”的印象，于是它的推论对市场中所有的银行都起到了“盖棺论定”的魔力，好像所有的银行股都没有投资价值了一样。实际上这些年招商、浦发、民生、兴业等股份制商业银行的发展是非常强劲的，长期追踪和投资它们的投资者至少到目前为止都还获利丰厚，少则几倍，多则十几倍。即使经历2015年的股灾冲击，他们的投资业绩依然可以笑傲江湖。再进一步地说，这些年投资工、农、中、建四大国有银行的投资者，小日子也过得不错。股价甚至在股灾中还一度创出近年新高。股灾之后的今天，单纯股价就比2014年行情启动前要高出不少。而这么多年来，这些银行一直维持着稳定、较高的分红率和股息率，仅红利再投资一项，收益就相当可观。最重要的是，到目前为止，哪怕是包含坏账率大幅上升、盈利下降、亏损等极端预期，我认为这个行业，都还是具有显著的投资价值的。但是现在市场上关于银行股的刻板印象已经发展到了“银行必将整体倒闭”的地步了。这是多么可笑、可怕的推论！大家可以翻翻古今中外的历史，一国的金融业整体上出现倒闭的问题，将会产生什么样的恶果？在这些人心中，“中国崩溃论”似乎已经不可避免了。适度的警惕甚至悲观，可能是一种积极的预防。但当警惕和悲观过度时，我认为八成会犯大错。

无独有偶，美国在发展壮大的历程中，始终伴随着这种悲观的预期。所以才会成就巴菲特如下一句名言：200多年来，还没有一个人是可以通过卖空美国而获得成功的。这句话，我们可以借用一下，套用到中国，然后送给所有判断自己国家的经济行将崩溃的“高人”。

正确的起点与错误的终点

刻板印象的推论基础首先起源于一个对事实的正确判断，然后人们不停地强化这种判断，最终形成刻板印象。接下来，人们在刻板印象的指导下，越过适度的中点，朝着与事实不再相符的某一个方向赶去，达到一个极端的地步。最终，事物的失衡状态完美地呈现在我们面前。这就是事物从印象到失衡发展变化的全过程。

话题回到十几年前：我岳父当初的错误结论是怎样形成的呢？与上述所有的失衡状态形成过程一般无二。首先，他脑子里有一个“别人用我们的钱盖房然后再卖给我们”的印象，这个印象直接产生了第二个印象“我们这样做不是吃亏了吗”。之后，他又发现我们买房的成本并不占明显的优势，而且岳母的意见“我们没必要住这么大的房子”又进一步佐证了他“没有什么便宜可赚”的判断，并最终固化了他“这不是一笔好买卖”的印象。而事实上，刻板印象一旦形成，他便再也听不进我中肯的计算了。判断与事实的失衡状态，自此再也无法避免。

03 失衡形态

通过分析我们发现，刻板印象的终极结果必然是形成生活中的某种失衡状态。在股市里，因为这些刻板印象的存在，造成市场上大量的、各种各样的失衡状态。对于投资者来说，这意味着机会。用这套理论，我们还能推导出市场持续数年的A股与H股的失衡、“大烂臭”与“中小创”的失衡产生过程。多年来，中国的股票市场就存在这样一种严重的二元失衡结构：同样一家企业，在A股估值上天，在H股却死塌塌地趴在地上；同样一类企业，小市值企业估值上天，大市值企业估值死塌塌地趴在地上。中国投资者似乎格外青睐“题材”“成长”这些反映未来想象力的概念，而异常讨厌“净值”“估值”这些关注现实的指标。

市场的失衡形态，通常在时空、题材、情绪三个方面体现出来。

时空错配

国家近年来提出的“一带一路”“国企改革”“经济转型”“互联网+”等政经战略，对促进国家发展、经济繁荣、社会进步，都具有积极的指引和推动作用。正是认识到这一点，所以敏感的资本市场提前予以了反应。从题材的角度，这并非错判。问题的关键是，市场过度关注概念而忽略了题材背后的时空限制。以“一带一路”为例，是不是一个好的战略呢？绝对是！无论是对中国而言，还是对区域内其他国家而言，一旦实施，都是一个划时代的大功业。但是会不会一朝成功呢？未必！在这个问题上，我们必须保持清醒，作为一项涉及多国的大战略，这必然是一个长远的、不可能一蹴而就的事业。十年二十年，甚至在更久的时间内能有所成，就是一件造福千秋万代的伟业。而且，坦率地说，这还不是我们国家一厢情愿就能完成的事。如果没有国际环境的配合，这项战略的推进不可能像在国内开展工程那样一帆风顺。这注定了这项伟业不可能在一朝一夕内完成。既然在短时间内难以完成，那就意味着良性效应不可能短时间内反哺国内经济。所以市场对此提前反应，只要在适度范围，未尝不可。但现实是，在 2014 年启动的牛市行情中，相关概念股在完全没有业绩支撑的情况下得到了市场的爆炒。如中国中车合并前的南北车，股价齐起，在业绩并无明显增长的情况下，股价上升十几倍。这样的炒作，能不产生严重的失衡恶果吗？与之类似的“国企改革”“经济转型”“互联网 +”等战略，单从性质和前途上看，都是不错的，但从事物发展的客观规律看，恐怕都不会是一朝一夕就能实现的。拿未来几年、十几年，甚至几十年后的业绩想象力来炒作和支撑今天的股价，能不发生时空错配的问题吗？

同样的道理，新近发生的例子，非“雄安”概念莫属了。雄安新区的推出，有着国家大的统筹规划，因此才有“千年大计、国家大事”之称。这种定位本身就意味着，这是一个宏大的、长期的国家工程，不会一朝一夕建设完成。在这个宏大的工程里，一定会有一批企业受益、发展、壮大，但这一定得需要一个漫长的过程。作为概念来热炒它，只会造成一批无脑追高的亏损者。

题材错配

随着经济的发展，与相关经济发展阶段相适应的题材会不断地生产和成长起来，这是一条自然规律。但是题材是题材，标的是标的，这二者之间还有一个适当配对的问题。只有正确的题材配上正确的标的，在合理的范围内进行反应和体现，才是平衡的表现。A股市场的现实是，常常出现“奥巴马上台，澳柯玛涨停”的现象。这样攀龙附凤、胡诌八扯的投资逻辑实在可笑。比如，“互联网+”这个新兴行业，对提高社会效率、促进经济转型来说，的确不可或缺，管理层提出这个概念，恐怕只是就事论事，没有推动概念炒作的意思，但现实是，人们在2014—2015年的那轮行情中，实实在在地热炒了它一把，以至于有些要业绩没业绩、要亮点没亮点甚至可以说完全看不到前途的企业，只要宣布一个有关“互联网”的计划，股价就会让人目瞪口呆地蹭蹭上蹿。甚至有些企业，连故事都懒得讲了，只要改个有点“互联网”特色的名称，就可能得到资金的青睐。这种题材与标的乱点鸳鸯谱式的错配，必然造成股市的严重失衡！

情绪错配

牛市需要冷静、谨慎，熊市需要激动、疯狂。我认为这才是一个成熟投资者应该表现出的良好的精神风貌。怎么理解呢？牛市行情，群情激奋，股市的整体趋势就两个字：向上。偶有回调，幅度极难达到20%，一般在10%附近就会返身向上，而且回调的时间往往很短暂，如上一轮行情中，很多回调常常在盘中就完成了，也就是说大盘一天的振幅常常超过15%的水平。在这种市况下，人们有两句话总结得经典：“买什么都赚”“傻子都能赚钱”。每当出现这种状况时，成熟的投资者肯定不会随之疯狂，一定会在众人皆醉中独醒。此时冷静、谨慎和保守，反而是一种难能可贵的精神品质了。这样想，并且还能保持这样做的人，基本上都具有成为“股神”的潜质；相反，在熊市中，尤其是漫漫数年的大熊市，连续的暴跌或遥遥无期的阴跌局面，已严重损伤了绝大部分投资者的情绪和财富，大家谈股色变，各种各样的悲观论调莫名其妙地生长出来，甚至视购买股票的人为疯子、傻子。这种情形下，在成熟投资者看来，到处是低估值股票，正是一个遍地黄金的时代，因此，激动而疯狂买入，就成了不二之选。但是，很遗憾，理论上如此的情绪配置才算合格，事实上，绝大多数人的做法与之相反——牛市中热情似火，熊市中黯淡无光。这种情绪的错配形态几乎宿命般地存在于古今中外所有的投资领域。由情绪错配而造成的股市失衡，存在于所有国家的股市，这一点倒不是中国股民的专利。作为投资者，一定要学会辨识，为我所用。

由时空而题材而情绪，股市失衡的全貌淋漓尽致地展现在我们面前。它就像学校班级里一位自以为是的差等生，题做错了，但自认为做对了，当你投去怀疑的目光时，他骄傲地仰着下巴颏，冲你来一个不屑一顾的嘲笑。

04 失衡与牛熊的联系与区别

牛熊是一种趋势性的失衡，表现为一种整体性的高估或低估。但并不能因此而将牛熊与失衡画上等号。失衡作为市场的一部分，几乎总是与市场同在。也就是说，失衡可以跨越牛熊周期。再直白一点，我们可以说，无论是牛市，还是熊市，还是震荡市（俗称“猴市”），都有可能存在失衡状态。只不过这种失衡状态与牛熊市的失衡状态，是局部与整体的关系而已。

牛熊是一种失衡的形态，而失衡却不仅仅存在于牛熊。当市场容量足够大，当辨别失衡的眼光越来越老辣，我们会发现，市场几乎总是在某个方面存在失衡状态。这是有效市场假说不愿承认的，但却是事实。而且根据我们的分析，可以看出，周期理论也好，钟摆理论也好，其实都是失衡理论的规律性表述。周期理论告诉我们，市场总是不停地在牛熊间转换。钟摆理论告诉我们，市场总是在高低点间轮动。但失衡理论归纳性地告诉大家：市场总是在失衡与平衡间轮动，从而造成了市场的周期性和钟摆性变化。

探讨和审明上述观点的重要性在于，它让我们意识到，在市场上赚钱的机会永远存在，成熟的投资者可以借用失衡的理论，以漠视牛熊的方式获得盈利。

05 寻找失衡

如果剔除牛熊的因素，我们还能从哪些角度或者说维度去寻找失衡带来的投资机会呢？

在不同标的间寻找

同一板块内的不同股票间，常常会发生失衡，从而为投资带来机会。比如，这几年的国投电力和川投能源，二者的核心资产都是雅砻江水电，甚至在核心资产的占有比例上，国投还略优于川投。川投的主要资产就是雅砻江股份，而国投除此之外，还有一部分火电资产。从总体上看，国投与川投在盈利能力、分红水平、股息水平都不相上下，甚至国投还略胜于川投。2016 年初，“两投”的 2015 年度财报公告后，我通过几个核心数据分析，发现因为市场对火电的偏见，反而造成国投的股价大幅低于川投——大约 25% 的差价。发现这种失衡状态后，我即毫不犹豫地减少川投、加大国投的持仓。目前这种失衡状态还持续存在，但这丝毫动摇不了我的持股信心。不合理的东西也许会持续存在，但早晚有一天会被市场纠正。也许有朋友会问，要是市场一直纠正不了呢？那也没什么，我以更低的价格，获得了更优于川投的股息回报，本身已经赚了便宜。缺少的那一段资本利得，不过是一种锦上添花的预期，实现当然美妙，不实现，又有何悲？类似的同一板块不同标的间的失衡，经常性地存在。一段时间，"银粉"（喜欢投资银行股的群体的绰号）间流传着一种"搬砖"游戏，其行为逻辑就是这种标的间的失衡状态。

在不同板块间寻找

很长一段时间，市场最著名的板块间失衡例子，莫过于"金三胖"和创业板的失衡。"金三胖"可能的确存在很多问题，但绝不致于惨到亏损、破产、清算的地步，但现在的市场估值可能已经包含了这样最悲观的情形。创业板上的股票也的确会有很多代表新经济的好标的，但再好的标的，当估值过高，已经包含了未来5年、10年甚至几十年的预期时，它的股价对当前也就意味着泡沫。彼此往合理的估值中枢上跑，是早晚必然进行的事儿。因为经济发展阶段不同，类似的关于板块的分析和衡量将会持续进行下去。由此我们也可以断定，每隔一段时间，这种板块间的失衡就会规律性地出现。在失衡达到最严重的时候找到它，并采取选择低估的策略应对，这是一个永远不会过时的主意。

2015年，人们对于新能源的喜爱和对于传统化石能源的偏见，都达到了顶峰。A股借助一轮牛市行情，把新能源概念的股票价格炒到了一个惊人的高度，很多股票市盈率达到几百倍甚至上千倍，市净率几十倍上百倍，但人们依然疯狂看好。而以煤炭、石油为代表的传统能源企业，却遭到了格外的冷遇。加之经济下滑带来的利润下滑冲击，很多这类被称为"夕阳产业"的企业，股价下滑九成以上者比比皆是。但是通过分析，笔者认为，新能源行业虽然方兴未艾，但在可见的未来——至少在十年以内——还很难完全代替化石能源。因此，假以时日，经济一旦好转，能源价格反弹是大概率事件。正因为此，我重仓了两只股价下杀严重的能源类股：兖州煤业的H股、中国石化的H股。2016年能源价格遭到了"报复性”反弹。国际石油期价从20余美元迅速反弹到40美元以上。与之相对应的，相关企业的股价也得到了“报复性”反弹。我在股价翻倍后沽出大部分，落袋为安。

在不同市场间寻找

同样一家企业，相同的管理层，相同的盈利，相同的分红，放在不同的市场，却给予完全不同的估值与股价，这种现象难道不滑稽可笑吗？在2015年，这恰恰是A股与H股活生生的现实。当时关于香港边缘化、港股边缘化的论调甚嚣尘上。这里面当然包含深刻的政经背景，但因此对同一家企业给予冰火两重天的待遇，无论如何都无法自圆其说。相同的资金体量，用以购买同一家企业的股权，两种渠道给出的报价相差甚巨，你会选择哪个渠道呢？理性的选择当然是，花尽量少的钱，买尽量多的股票。

AH间的失衡经常发生，AH股的溢价比率在历史上从来没有稳定在数字1上，经常在低于1与大于1间轮番上演。根据常识推测，由于未来两地股市融合工作在深度和广度上的加大，未来两地股市的估值比率会越来越相近与稳定，不再会像以前那样总是此消彼长、差距巨大。但一定要记住，只要二者间发生失衡，就是投资机会。

写到这里，忍不住提醒一句：更有宏观视野的投资者，可以把寻找失衡的眼光放诸全球。全球不同的市场广度和深度更大，因为失衡带来的投资机会一定会更多。但需要同时提醒的是：要做好这件事，我们必须是真的而不是假的——熟悉和了解世界其他市场。当年某位欧洲“股神”到中国来投资、最后铩羽而归的例子在网上广为流传。我建议有头脑发热症状的朋友在做出“留洋”的举措前，最好搜索出来看看，再做决定。

对于普通投资者，我还是建议在AH间寻找失衡，已经完全足够。

在不同品类间寻找

股市投资者需要关注的投资标的当然首先在股市、股票，但要想成为成功的投资者，眼光肯定不能仅限于此。美林投资时钟也告诉我们，投资机遇总是在不同的投资品类间轮动。其实在美林时钟之前，格雷厄姆先生更早地发现了这种品类间失衡所创造的投资机会，因此，他提出了著名的“股债平衡”建议，就是在股票和债券二者间寻找失衡、追求平衡、最终实现保值增值的目的。应该看到，在金融工具更为丰富的今天，这种不同品类间的失衡概率远胜从前，这也就为我们提供了更多可操作空间。2015年股灾初期，我看到黄金白银等贵金属品种已经跌到生产成本价附近，认为这是一个难得的分散投资的机遇。所以将从股票市场间通过仓位控制撤出的一部分资金，买入了部分纸黄金纸白银。2016年后，随着大宗商品期货价格的大幅反弹，贵金属价格也获得了超过20%的涨幅。这部分资金，不仅完美地回避了股灾，而且获得了比较满意的增值。后来在所谓的“股灾3.0”末期，我沽出部分纸白银头寸，转向增援股市，也为我带来了不错的收益。

当然，我在不同投资品类间的分散策略，最终目的还是配合股市上的投资。原因很简单：与其他品类相比，我还是更熟悉股市与股票——投资最好还是选择自己最熟悉的标的。

寻找失衡的最大意义就是让你在极端条件下找到避险或盈利的工具，别无其他。

投资是一门关于平衡的艺术。为了追求这种平衡的艺术，认真探讨如何寻找失衡才有意义。我曾经总结出股市平衡策略的十六字口诀：欲想平衡，先寻失衡；找到失衡，再求平衡。平衡的核心策略是：往低估处打子弹。

06 两个关于失衡的话题

存在的就是合理的吗？

每当探讨低估高估等失衡问题时，总会有朋友教导我们：低估有低估的原因，高估有高估的道理。然后再引用一下那句著名的哲语："存在的就是合理的。"

因为深谙失衡之道，每闻此语，就忍不住喷笑。此语首创者系德国哲学家黑格尔。完整的译文应是：凡是合乎理性的东西都是现实的，凡是现实的东西都是合乎理性的。通俗一点来解释就是：任何事物的发展都是合乎一定规律的，当合乎规律的事物出现，那么它就是合理的；反推之，既然已经出现的事物，那么必然也具有其内在规律性。黑老师的原意，是在逻辑上肯定了现实存在的事物——只要合乎逻辑的事物都会出现，只要出现的事物都合乎逻辑。但是，到此为止，人们在使用这句哲语时，渐渐地开始出现分化：黑格尔只是在逻辑上肯定已经出现的事物，但仅限于逻辑而已，并没有在道德、法律或其他是非方面对此进行认定。也就是说，某件事物的出现，总是有其内在的逻辑性，但已经出现的事物虽然符合逻辑，在道德法律等层面的是非上，却是不一定的。这话说起来有些拗口，我们可以通过一个小例子来生动地诠释一下。某人失业，家贫，父母病重，急需救命钱，无奈之下上街抢劫。从失业，到抢劫，这件事情的发生有一连串的逻辑在支撑，所以它的发生是自然而然的，也即从逻辑上看，抢劫这件事是“合理的”。说得通白点，它产生了，又有产生的理由，当然是自然而然、合规合矩的。但是，他对吗？这种行为值得表扬吗？显然抢劫是一项重罪。他这种行为，哪怕有一万种合理的理由，也无法改变他触犯刑律的行为性质。从这个角度看，此人大错特错。因此，逻辑上存在的合理性，与价值判断上的对错，是完全不同的两码事儿。

话题再回到投资上来。很多低估的东西之所以被低估，的确都有一些逻辑上的理由，所以低估产生的原因都有归属，其产生的过程都是内在逻辑自然演化的结果。但是正如上文所述，它产生的逻辑是没问题的，但在价值判断上，它一定是对的吗？低估或高估的演化逻辑都是合理的，但演化后的结果，在价值判断上未必是正确的。比如，每次牛市创造新高的过程，在逻辑上都是有支撑的，所以形成的过程，都是“合理”的，但最终的结果，事实证明却都是错的。熊市与之相反，在迭创新低的过程，也都有内在的逻辑支撑，其产生与存在是合理的，但最终的结果，同样也是错的。因为它跟牛市的高点一样，都偏离价值中枢太多。

那些拿“存在的即是合理”的观点来反驳失衡判断的人，是从根本上混淆了“逻辑合理”与“价值判断”两个完全不同的概念。就像我说“不讲卫生容易生病”，而你却振振有词地反驳“我吃饱了，自然不饿”。这个例子，跟“存在的即是合理的”说法，在答非所问的本质上，异曲同工。

所以，以后当别人在探讨这事对或不对的时候，你千万不要再闹出“存在的就是合理的”这样的笑话了。当然，一心想狡辩的，可以另说。

“大比小好”，还是“小比大好”

很长一段时间以来，中国股市一直存在这样一种严重失衡的二元结构：虽有业绩支撑但成长性相对较差的大蓝筹股票无法获得市场的充分认可；被市场给以极低的估值打分；与之相反，虽无业绩支撑但有良好成长预期的中小创股票却颇得市场青睐，常常得到极高的估值打分。

我们常常因此而探讨失衡的问题。时间一久，听起来好像我们很爱“大”股票、而不爱“小”股票一样。事实上，我们不是因为股票“大”而喜爱它，而是因为它估值过低所以才喜爱它的。相同的道理，我们也不是因为股票“小”而就对中小创有偏见，而是因为它估值过高所以才开始对它敬而远之。喜爱与否，不是大小，而是价值判断。

在网络上跟朋友交流时，常遇到“是大比小好，还是小比大好”的问题。我总是耐心予以回答：“我本质上并没有贬低小票的意思，只是因为它们过高的估值已经严重透支了未来的成长预期，所以才保持警惕。”

我说它很贵，和你说它成长性很好，本质上也是一种答非所问的无厘头对话。说它很贵，指的是它的价格与价值的比率关系，意思是它没有多少投资的价值；而你说的成长性很好，是指它的社会价值、经济价值，价值与投资价值是完全不同的两回事儿。大与小本身并无问题，有问题的是价格与价值的比率，即投资价值会有不同。当价格远远高于价值之后，股票的投资价值就会很快地消失。

07 成功投资不能缺少理性的计算

生活中的大多数人通常是依靠直感生活的，解决问题的方法是“跟着感觉走”。虽然有时候也有一些看似精确的计算，但因为没有抓住投资的核心，而常常得出错误的结论。

投资的核心是什么？就是计算你自己在这一行为中是否有“便宜”可赚，而不要过于计较别人是否赚了你的“便宜”——从做生意的角度，这叫“双盈模式”。

比如，当年我岳父在买房时的计算：我认为他计算的重点，应是自己斥资买房合不合算，而不是计算开发商因为他的买房行为赚了多少钱。

若把排斥别人盈利、好处自己一人独得当成投资的第一要诀，那么这个世上99%以上的交易将失去存在的基础。

所以投资者在投资前，对看似非常合理的或非常不合理的决策，都不要贸然持否决态度。

在做出选择之前，一定要想清楚两个问题：

1. 我计算了吗？
2. 通过计算，我有“便宜”赚吗？

成功的投资少不了理性的计算，只有抓住核心的计算才称得上是理性的计算。直感与刻板印象是投资者的大敌。但因直感与刻板印象造成的市场失衡，却又是市场馈赠理性投资者的最大褒奖。对于市场的失衡，聪明投资者的做法是：认识它、抓住它、利用它，然后为我所用，从中谋利。当然，做到这一点，前提还是：理性的计算。

第九章

两个朋友的投资故事：穿越牛熊的秘密

最近，两个好朋友股市投资的故事，引起了我的兴趣，让我对投资、波段、时机等问题有了更深入的思考。

01 两个朋友的入市经历

第一位朋友

刘兄，就是那位造船的朋友，2013 年初，在沪市大盘 1800 多点的时候，跟我商量投资造船。我通过计算与分析，得出项目前途黯淡，不值得冒险投入，建议他投资股市。他一句“这个时候傻子才会买股票”把我噎个半死。尔后，我继续“炒”股，他去造船。

牛市引力

一年多后，大盘到了 3400 多点，刘兄突然给我发信息：“我开好户，准备买股票啦。”当时我正处理一起群体性事件，紧张忙碌，看到这条信息，心里一颤，感觉要坏事，忙里抽闲回他：“一是最好不要买，因为你不懂；二是如果真想买，一定不要下重注，最好拿出积蓄的四分之一、顶多三分之一进行尝试；三是一定不要贪，小赚辄止，尤其注意的是，将来大盘点位更高的时候，千万千万不要追涨。”

我劝得口干舌燥，他听得百无聊赖。最后，我只好发狠说：“希望你把今天的信息保存好，一两年之后再翻出来看，那时你可能会有收获。”

结果，他就豪情万丈地冲股市里折腾了。

新手表现

虽然不情愿他到这未知的世界冒险，但我还是希望他能赚钱，或者是小亏，至少树立学习的目标，建立正确的投资观，寻找到一种可靠的面对市场的姿态，所以每天晚上一起出去散步，我就给他谈我的投资经历、得失、经验与教训，格雷厄姆、巴菲特以及利弗莫尔，基本面、技术、交易心理分析，当然，也讲一些股票的基本知识，如市盈率、市净率、分红、ROE 等。我发现他对这些东西并不感兴趣，只对股票一天的涨跌或网上某大师的股评感兴趣。有一次，他告诉我："我想买中国银行，看它涨了一个点，没舍得买，没想到一犹豫它就涨了一分钱，咬咬牙买进去了吧，它又跌了两分钱，真是一买就挨套呀。"有一次，他还告诉我："网上那个谁谁说了，富贵险中求，要买就得买那些股性活的，能涨到让你目瞪口呆的股票。"这些话，要么让我笑掉大牙，要么让我毛骨悚然。每遇此景，我都心急，话痨，滔滔不绝。朋友听得心烦，后来晚上散步都走不到一块去了。

回家跟太太说起这事，太太劝我："人各有志，你操那么大心，反为不美。只要尽了心意，心安即好。"想想也是，与其说得别人心生厌烦，不如点到为止。

连续追涨

大盘过了 4000 点后，有一天，我正在老家为祖母办理丧事，突然又接到刘兄的电话："腾腾爸，十年一遇的大牛市呀，我可不能错过啊，所以，我又筹了一笔钱投到股市。"我听了，忍不住训斥："我就知道你会有今天，越涨越买，越买越涨，早晚有一天你会栽进去的。"他嘻嘻笑："没事没事，你的话我都听着呢，我用的全是闲钱！"我说："这个点位，闲钱也不行，四分之一、三分之一的仓位限定，你听了吗？"我还没说完，"富贵险中求"那几个字又从他嘴里蹦出来。

这种情形，这种味道，老股民都太熟悉了！

刘兄是我最亲近的一位朋友，此等状况，让我非常焦心。放下手机后，我忍不住一条一条地给他发信息，提醒风险。他总是回复，“好的，好的，知道了，知道了。”应付而已。彼时，我心里惴惴不安。

料理完丧事，返回县城，我约刘兄出来散步，原想劝他急流勇退，但他给我爆出了更震撼的一颗信息弹：他买了两只早就蹿到天上的创业板股票。我一听名字，吓得浑身哆嗦。

大家看到了，我这位朋友很有主见，我是劝不回来了。

惨淡收场

再后来的事情，大家都明白了。5000 点后，雪崩开始。他割肉，再买，再割肉，再买。某日，我问他怎么样了，他一脸黯淡，漠然。亏损了一多半，主要的亏损源，就是后来追加的两只“神票”。他自己总结：要是4000 点之后别再连续追加资金就好了，要是信你的话别购买“神票”就好了。

事情到了这种地步，实际上还不是最糟的。（1）用的是闲钱。好在这一点他听了我的话，没有贷款，没有卖房，没有辞职。伤的只是筋骨，未动根本。未来很多年，他依然有源源不断的现金流可以补充。这样，他就有翻本甚至盈利的希望。（2）花钱买了教训。初入股市的新股民，每一笔损失都是上缴的学费，每一次刻骨铭心都是对未来上缴的一份保险。当然，前提条件是，得做个有心人，知道反思，学会谦虚，痛定思痛，吸取教训。

我以前在网络上经常给新股民忠告：这轮牛市你是来玩的，不可能赚钱，即使赚了，也早晚还回去。好好学习，下一轮牛市才是你的时代。

在这种情况下，我给刘兄提出了两条建议。一是如果家里还有钱，不影响正常生活开支，可以再拿出一部分追加投资。彼时大盘已二度跌穿李大霄所谓的“婴儿底”，到了2700点下方。这时候，我认为很多股票已经极具投资价值了。二是回归低估值高股息标的，抛弃暴富思想。我告诉他，炒股是会害人的，投资才是散户长期生存之要，千万杜绝赌性！

对于第一点，他的反应是：“还有点钱，我会在低位追加投资的，网上说大盘会回调到2200点，到时候再说。”对于第二点，他的答复是：“我亏了那么多钱，再像你那样四平八稳，什么时候才会翻盘呢，所以我必须赌性大一点。”事已至此，他还是执迷不悟，我已无话可说。

第二位朋友

这位朋友姓许，和刘兄一样，也是我心中最要好最亲密的朋友。牛市中，股市常成谈论焦点，许兄就常问我，现在怎么样，可以入市了吗？

入市决策

3400点时，他这样问我——彼时刘兄也过来参询我，上文有述——我答：“可以，但不要投入太多，因为现在点位毕竟是从2000点走上来的。”4000点时，他还是这样问我——彼时刘兄正慌不迭地筹款再投入——我答：“如果是抱着学习的目的，也还行的，对有志于股市投资的人来说，晚入市不如早入市。”5000点时，他还是这样问我——彼时刘兄已购入两只“神票”，美美地做着发财梦——我告诉他：“可以，因为对于学生来说，雪崩十年一见，机会不多，可以小赌怡情，感受感受。”后来大盘跌破4000点，他又过来问我，我说：“可以啊，反正危险不如5000点高了。”大盘跌到3000点附近时，他又过来问我，我答：“当然可以，现在是长线投资者应该考虑建仓的起点。”大盘起起伏伏，在“股灾2.0”间上下徘徊时，他又过来问我。我说：“观点未变，现在应是长线投资者精心布局的时候。”他告诉我：“我开户了！”我心里暗暗称奇，孺子可教也！

后来大盘跌穿“婴儿底”，跌向2638点时，他跑过来问我：“腾腾爸，告诉我，我买什么好呢？”我看他这回是玩真的，很严肃地问他：“你是怎么计划的？”他告诉我：“就像你说的，拿点闲钱出来，买完放上几年，就当银行存款，反正这时候股息就比银行利息高。”我问他：“要是买后套住了怎么办？”他说：“你说怎么办就怎么办，你让我买我就买，你让我卖我就卖，大不了到2000点的时候，我再买他一家伙。”

真是高人呀！面对许兄，我心里突然冒出一串问题。投资有那么复杂吗？需要看那么多书吗？投资的修身悟道到底是天生的成分多些，还是后天养成的成分多些呢？

师心泛滥

按道理，是不应该荐股的，但面对这样天资聪慧的朋友，我忍不住又师心泛滥。给他列出一个股票组合：三五个行业，五六只股票。给他制订出了一个操作计划：2700点时，买入三分之一仓；2500点后，再买入三分之一仓；2300点之下，满仓。叮嘱他：“如果2700点初建仓后，大盘弹起，就不要加买了，以后没有机会的话，也不要遗憾，因为你现在的目的，还不是赚钱。

“学习，学习，历练，历练！

“在股市里赚小钱是很容易的，但有大成者，这是必不可少的过程。说来说去，股市生存，还是不容易的，初入股市即便第一次赚了钱，也不代表永远赚钱。”

许兄对我说：“你这个方案好，进可攻，退可守。”又说：“我就是来学习的。我可没指望通过买股票发大财，但要真是一不小心发财了，也不反对。”我再看许兄，从此又多了一分感佩。此人有投资成功的各项潜质。

循阶而进

后来的事实是，大盘跌到2650点附近就止跌了，许兄只建了三分之一仓位。此后一年，他又按照我的建议，坚定执行“低估值高股息蓝筹 + 打新”的策略，既收获了贵州茅台、五粮液等明星股近一倍的巨大涨幅，又收获了年化收益率约为15%的打新收益，真实的收益率丰厚至极。

一年之后，再跟许兄交谈，发现他对股市的认知也已经有了巨大的进步。从初入股市时的一无所知，到现在的侃侃而谈，已经颇有一点“腹有诗书气自华”的味道。

当然，实事求是地讲，许兄现在还处在摸索和学习的阶段，离真正成熟、成功的境界还有很长的路要走。但他和刘兄表现出的截然不同的精神气质，还是给我留下了深刻的印象，让我玩味不休。

02 收益的秘密

结局迥异的原因

同样都是我的亲密朋友，同样都对股市一无所知，同样都得到了我毫无保留的劝导和指点，但刘兄和许兄却获得了截然不同的投资经历、投资经验和投资结果，原因何在？我认为，主要有以下四点。

选择的投资时机不同

刘兄是在牛市中后期开始入市的，采取的交易策略是“越涨越买”，即行话中的“追涨之法”。对于“无经验、无知识、无脑子”的新股民来说，这是当然的“找死”之法。而许兄则是在熊市中后期开始入市的，采取的交易策略是“越跌越买”。虽然因为第一次出手就基本买在了最低点，无法进一步追加投资，但考虑他毫无股市经验，所以还是建议他坚守住最初制定的交易策略，即严格执行了交易纪律。在起点上，两人就已经分出了胜负、高低。

确定的投资目标不同

刘兄看到股价步步高涨、身边的朋友都赚钱了，这才急汹汹地跑过来开户入市，“赚了就跑”，完全是一种投机的心态。事实证明，他赚了也没跑，步步追高，最终套死在最高点，极为被动。而许兄虽然在对股市一无所知的情况下进入股市，从本质上讲也是一种投机，但他最初的目的却是买一些好的股票然后长期持有。这个决策暗合着价值投资的本义。

对待市场参照系的态度不同

两位仁兄都知道我已在股市投资多年且小有斩获，也都曾把我当作一个标杆和参照来对待。但二人对我这个参照系的态度完全不同。刘兄可能是认为“你在我身边这么多年，没看到你比我多聪明啊，你能做到的事情，难道我做不到吗”，所以，我讲得再多，他也听不进去一句，相比身边人，他似乎更信任网上人。这非常符合新股民通常好犯的“听风就是雨”的毛病，盲信网络骗子。据我所知，他太太还加了个收费群，听一位“数线派”大师“讲道”并奉为圭臬。而许兄则对我的话非常重视，认真地研究之后再小心翼翼地尝试。后来听许兄介绍，他拿到我的“组合名单”后，马上请另一位投资多年的朋友“会诊”。这位朋友拿到名单后给他的意见是：这是一个永远都不可能血本无归的方案——虽然偏保守，但长线看，还是有肉吃的。许兄这才放手加仓起来。当然，后来的事实证明，这份组合并不保守，收益率完全超越了许兄最初的预期。不得不说，对新手而言，选择什么样的市场参照系以及如何对待市场参照系，非常重要。

对待学习的态度不同

刘兄本就是想来赚一把快钱就走，所以股市对他而言就是一台赌博机，如何使用、修理、驾驭它，根本就不是他关注的重点，他只关心明天是涨还是跌、账户里的市值是升还是降。而许兄从最初就建立起了长期在股市里玩下去的念头，所以对股市、股票的学习和研究是认真的、慎重的、仔细的，在很短的时间内就建立起了基本的知识框架。

上述四点决定了刘兄和许兄的投资差距。一两年内尚且如此，把时间放大到一二十年之后，两人的差距笃定更大。

投资逆人性

从根本上讲，投资是一件逆人性的事情。当大多数人都认为股市行情会进一步走好时，甚至连平时对股票完全陌生的人也听风是雨地跑过来打探股市消息时，往往意味着行情已经到了中后期。此时，老的选手，已经非常警惕，开始思考退路的问题了。当大多数人经过股市的大幅下跌后已经统一思想，认为熊市还将继续下去的时候，甚至网上网下很多曾经炙手可热的“股神”也都完全找不到踪迹的时候，可能新的行情已经在孕育之中了。对股市如此，对具体的个股而言，也同样如此。当众人都去追捧某一只股票时，我们最应该做的是冷静分析、慎重对待，而不是盲目跟风、任性追高。当众人都极不看好某一只股票时，我们最应该做的还是冷静分析、慎重对待，而不是盲目跟风、溃逃四散。所以阅读大师们的经典时，我们常常看到“一定要回避热门股”或“在冷门股里淘金”的忠告。

在这方面，我们自己也有很多实例可以考察。

整体操作

从股市的角度而言，最经典的案例莫过于2015年的股灾——沪市大盘冲高到5000点上之后，通过市场整体市盈率来看，似乎还不太高，但考虑严重二元失衡的市场现实，尤其是在观察了网上网下诸多新手的种种表现后，我对市场的下一步走向充满了警惕。所以当时我在雪球上写了“睡前一帖”《给新股友浇盆冷水——TTB站在5000点上方的劝告》一文，明确提出股价已高、新手莫入的观点。自己也果断进行了“拔鲜花种毒草行动”，即将前期涨幅巨大、股价已经脱离低估区域的雅戈尔、张裕A等股票沽出大部分仓位，换入我认为尚在低估区的银行股，并通过精心计算，保留了大约36%的现金在手。这个现金仓位可以保证我在大盘下杀哪怕一半的情况下，也能保存相比于行情启动之初至少一倍的收益。

而后大盘崩塌，指数一路下杀，在到达3400点附近时，我看到很多优质好股也被错杀严重，已经具备了长期投资价值。所以在大盘跌近3500点附近时，指出3500点之下，散户的最佳投资策略是定投。这个时期，我加仓买入的几乎所有的股票，都以盈利至少30%收场。而后经过所谓股灾2.0、3.0的冲击，大盘又数次跌破3000点大关，先后创出2850点、2650点两个低位。在跌破3000点后，我通过对大盘整体估值的观察和对比，就已经得出“跌势随时停止”“这里就是底部区域”的结论，所以又明确提出“3000点之下越跌越买”的策略。为了提示广大股友，我数次写作类似《TTB站在3000点上下的思考》的文章，全数发表在雪球个人主页上。

我个人在操作上，也是在这一时期，打光了手中所有的弹药，并在大盘跌破2800点之后，将前期移仓出去的资金全数搬回，买入自己精心挑选的个股。后来，在认真研究了证监会颁发的新的打新制度后，我又提出了“低配蓝筹+凡新必打”的策略，仅此一项，年化收益率即达10%左右。上述这番操作，完整地记录在我2015—2017年所有的雪球长短帖中，后来，我将这些文章收录整理在一个叫《财富来敲门》的系列中，免费挂在雪球个人主页的置顶帖中，有兴趣的朋友可查找翻阅。

在这番操作中，比如5000点上方的“拔鲜花种毒草行动”、3500点下方的定投行动、3000点下方的“越跌越买”策略，无不与当时的主流市场情绪相悖。后来，我在5100点上方创造的市值高点，反而在股灾探底回升的3100点附近得到了突破，可以说，整整跑赢了市场2000点。很多在5000点高位笑我保守的人，后来又在3000点附近笑我疯狂。但事实胜于雄辩。有一位网友感叹：股灾，是用来发财的。这句话，得到了我极大的共鸣。

个股操作

从个股的角度而言，成功的例子更是不胜枚举。2015 年下半年，我看到港股中的兖州煤业已经跌破 4 港元，于是利用自己身在煤矿产区的便利，对煤矿进行了简单的调研和走访。主要是走访了两家正在进行限产裁员的煤矿，拜访了一些在煤矿工作的亲戚和朋友。同时对中国整体的能源状况进行了梳理和归纳。最后我得出的结论是：在未来一二十年内，煤炭还将是我国能源的主要构成部分；当前的煤炭行业已经进入全行业亏损状态，各大型煤企正在进行艰难的限产自救；兖州煤业 H 股股价已经进入了长期投资区域。所以，我在雪球写了名为《买两只烂股做实验》的长帖，并在实际操作中，开始第一批买入兖州煤业 H 股。此后，股价一路下探，最终跌破 3 港元。我按照既定的计划，严格遵守“越跌越买”的交易策略。半年后，国家提出“供给侧改革”，对煤炭实行了限产能政策。兖州煤业 H 股股价一路震荡上扬，回升到 6 港元上方。我原来制订的“5 年持有、收益至少翻倍”的计划提前四年完成，于是果断沽出一半仓位，抽出本金，投入到新看好的另一只低估值、高股息股票中，只留下利润在兖州煤业上继续坚守。至写作本章时，股价还稳定在 6 港元上方，但市场中看好煤炭行业未来前景的声音已经越来越普遍。

当初对兖州煤业的操作，我是顶住了多方的压力。网络上关注我的朋友认为我投资一只烂行业的烂股票，这样的做法让人不可理解。对我本身而言，我的择股标准一直是“低估值、高股息”，非常注重股息这把标尺的衡量作用，而兖州煤业作为一只周期股，显然不符合我的这条最根本性的择股标准。之所以如此操作，完全是以一种实验的心态在做，主要是想证实人心惶惶之下购买错杀股的投资逻辑。并且在做之前，我还是做了一些必要的调查和思考，否定了这个行业的“烂”字公评。事实证明，这番操作，我是成功的。因为实验的性质，当初购入兖州煤业的数量不大，只占了总仓位的5%。虽然如此，却为整体仓位贡献了5%的收益率。同期，我按相同思路还购入了中国石化H股，并采取了大波段操作的策略，一年时间内，收益率也近一倍。可以说，这一段时期，我对石化能源股的投资经历，完美证实了逆人性投资的重要性和正确性。

同样的道理，我们还可以显见于另一只曾经的大热门股——中国中车。在中国南车、北车合并前，这两只股票在2015年趁着牛市行情都得到了爆炒，股价一气上涨了十几倍。当时，我初入雪球，在网络上粉丝不多，但通过各种计算都得出结论，这只股票将会像当年的中国石油一样坑杀掉很多追高的散户。所以坚决回避了这只市场大牛股。后来的事实证明，这只股票下跌一半还未见止跌，最终下跌幅度高达78%！当初人人争而抢之，如今人人弃而厌之。时移势易，不免让人心生多少感慨。但是，我在2016年底，看到中国中车如此不受欢迎，对这只股票进行了粗略研究，最后得出结论：7港元上下的中国中车H股已经具备了长期投资价值。在我写作本章节的时候，中国中车H股相比A股折价近36%，股价稳定在7港元上方。我认为放在三五年的维度上，这只股票是能为投资者带来不错的收益率的。

熊市买股，牛市卖股

以上，无论对大市的判断，还是对个股的操作，我都遵守了逆人性的操作原则，收到了很好的效果。我两位朋友的投资经历，以及我个人的实务操作，给我们投资股市提供的启示，可以总结为一句话：熊市买股，牛市卖股。也就是说，在熊市中，我们要积极择股、布局，在牛市中，我们要根据形势，择机沽出，兑现收益。

根据过往的经验，笔者认为沪市大盘整体市盈率在10~15倍，就是低估阶段；15~30倍，就是均衡阶段；30倍以上，就是高估阶段，这是一个我们必须非常小心的阶段。在低估的阶段，我们要积极布局、勇于播种；

在均衡阶段，起初应耐心持股，后期应谨慎观察，做好随时控仓、撤离的准备；而市场一旦到了高估阶段，则要坚决制订并落实撤退计划，根据具体情况，分级、逐步退出。

一个判断

写到这里，有一个问题需要厘清。众所周知，中国股市以散户市著称，市场主体以散户为主，中国股市也以“大起大落、牛短熊长”为主要特征。每三到五年，通常就会有一轮牛熊转换的行情。可以说，牛熊市的特征非常明显。投资者不需要掌握太多高精尖的知识，基本上就能把握牛熊市的转换规律。在这种大势背景下，“熊市买股、牛市卖股”策略是比较容易执行的。比如，前文的孔大姐，就是很好地把握了这一规律并加以利用，最终实现了大幅收益。一个显见的事实，孔姐并非一位掌握了多少专业知识的投资者。甚至可以说，与千千万万名投资者相比，孔姐普通得不能再普通了。她的成功，就是“熊市买、牛市卖”的典型代表。

但是，随着养老金等大型资金的逐步入市，以公私募基金、保险资金为代表的各式机构的逐步发展壮大，以及中国股市的逐步开放、制度建设的逐步规范和完善，可以明确预见的是，未来的中国股市一定会越来越规范和成熟，并最终与发达成熟市场接轨。也就是说，未来的市场极有可能走出“牛短熊长”的怪圈，降低、缩小波动率。那么，在此背景下，“熊市买股、牛市卖股”的策略，是否会依然有效呢？

这是一个很好的问题，但同时又是一个无须过于担心的问题。

我们在探讨失衡的问题时曾说过，人性偏见造成的刻板印象将永远存在，尤其是万千机构、股民聚合在一起，更能群体性地放大这种人性偏见，所以市场先生展现给我们的状态，总是要么过于乐观、要么过于悲观。

成熟规范的市场的确可以有效降低波动率，但牛熊市的不停转换，却一刻也不会停止。钟摆理论、周期规律不会仅存于过去的经典和过去的市场中，未来一定会继续存在。

过于担心这个问题，无异于杞人忧天。

03 三个认识错误

关于价值投资，与本章内容有关的，还有三个论点需要理清思路、明确答案。

价值投资做不做波段？

有些市场人士认为，股市未来的涨跌，是很难预测的，价值投资者不应该以预测股市为己任，而所有的波段操作，都是以预测为前提的，因此，所有的波段操作都是一种投机行为，价值投资者是不会这样干的。

对于这个问题，我的认识是：股市短期的涨跌的确是很难预测的，如下一天、下一周、下一月，股市到底是上涨还是下跌，这是很难把控的。但是在长周期上，股市、股价的高低却是相对容易做出判断的。简单粗暴点，如前文所述，当股市作为整体跌入 15 倍以下的市盈率估值时，我们就能认为股市进入低估区域了，也许买入后股市还会继续下跌，但只要把投资周期拉长，收复失地并创造利润，是完全有把握的。相反，当股市整体市盈率达到四五十倍的水平，我们就应当小心行事了。

所以，这个问题，不是波段可不可以做的问题，而是投资者如何理解波段的问题。我们认为以日、周、月、季，甚至一年为限的短周期是不可预测、不好把握的，但把投资期限延长到三五年，甚至十几年，则完全可以测量、定位并加以利用。

也就是说，根据投资时限的不同，波段有大波段、小波段之分。我们赞成做大波段操作，反对做小波段操作。所谓“价值投资不做波段”的说法，是错误的。

价值投资就是长期持有，永不卖出吗?

在网上我经常看到这种论调，一直非常奇怪，这种观点的出处在哪里呢？我翻阅了不少投资大师的著作，也始终不明就里。大师们鼓励长期持有股票是有的，如巴菲特，就主张以合适的价格购买优秀的企业，然后通过长期持有来分享企业的成长。什么时候说过“永不卖出”这类话呢？我分析“永不卖出”这四个字，是后人杜撰出来附会到大师身上的。因为打着大师的幌子，并且在附会时引用了大师的观点，所以这种说法就很有市场，并且具有非常大的隐蔽性和欺骗性。

我们在探讨价值、价格与投资价值的关系时指出，当价格低于价值时，投资价值就会出现，低估的幅度越大，也就意味投资价值越大；反之，则意味投资价值的消失，高估的幅度越大，投资的风险越大。所以从三者间的关系就可看出，所谓价值投资，就是当价格低于或显著低于价值时买入，然后在价格高于或显著高于价值时卖出。若此定义没有争论，那么“永不卖出”的谬论就不攻自破了。

虽然价值投资常常体现为长期持有（因为价值回归和价值成长的过程可能很缓慢），但并不能因此说持有的期限就是评判和区分价值投资的标准。我甚至认为，如果因为价格低于价值买入，两秒钟后价格上涨到价值之上，从而导致卖出，这样的买卖过程依然可以称之为投资。与此相对应的是，那些对股票一无所知、随意买入后，因为遭到深套而死守经年的行为，依然无法定义为投资。究其实质，还是投机。

价值投资，只择股，不择时？

主张“只择股不择时”的人，也多以大师为例，言之凿凿的样子。可惜，我也没有找到具体的出处。但巴菲特却明确地说过：大多数人都是别人对股票感兴趣的时候才感兴趣，但当没有人对股票感兴趣时，才正是你应该对股票感兴趣的时候。

我还知道，当年“股神”为买到某只心仪的股票，他耐心等待了很多年。

04 不买也是投资

这句话是我在牛市中经常念叨的，主要目的在于规劝股市新丁千万不要被牛市潮水冲昏头脑。股票的投资规律告诉我们：在股价明显低于价值时买入，在明显高于价值时卖出。但基于大多数散户新手是被牛市吸引而来的现实，我们不得不反复提醒牛市买股的风险。

坚守价值是一种显见的投资行为，但拒绝泡沫也同样符合投资的定义。拒绝泡沫的最好方式，就是抵制趋势上涨带来的强烈诱惑，不买——今天不买泡沫，明天就能回避泡沫破裂的痛苦。在牛市泡沫期坚持不买节省下的子弹，可以在熊市的泡沫破裂期收获更多的猎物。

谁能记住并做到这一点，谁就能穿越牛熊。

第十章

楼顶菜园：风物长宜放眼量

股市投资久了，我们会发现，在股市中悟出的道理，能指导生活中很多事情；在生活中悟出的道理，很多时候也适用于股市。触类旁通，一通百通，这是所有投资者都应努力追求的结果。

01 一次分房的经历

拆迁户

这件事发生在十多年前，当年在单位分得一套七十余平方米、两室一厅的老旧宿舍，正住得不亦乐乎呢，因为扩路，突然接到县政府的拆迁通知，一夜之间，像我这样的一百多户民警家庭成了拆迁户。单位为了解决这部分民警家庭的居住问题，向上级申请集资建房，得到批准后，又想借腿搓绳，把原本没有分到住房的七十余户“无房户”也纳入进来，一块集资建房。

单位有一块集体土地，盖我们这一百多拆迁户房子绰绰有余，但若加塞进剩余七十多户民警，就会显得非常紧张。于是两方不同利益的代表，产生了意见分歧。单位为了尽快平息事态，安抚拆迁户，在意见未统一前，先开工建设拆迁安置房，但还不甘心，又在图纸设计上动了心思：一栋楼，十二层，四个单元，每单元三十六户，也就是同一楼层同一单元中，设计了三户。北边并排两户，南边单列一户，呈“品”字形分布。南边的是小套，号称 110 平方米，去掉公摊，实际使用面积 90 平方米。北边两套是大套，号称 130 平方米，实际使用面积 100 平方米。

这种设计方案，初衷是省地，在有限的土地上盖出尽可能多的房子。

但是，它损害的必然是每一套房屋的质量。倒不是说建筑质量如何，事实上“品”字形结构在牢固程度上可能是最优的，只是房内的结构与布局，尤其是对通风、采光等方面产生了极其严重的影响。南边的小套，采光好，但到了夏天，这种特别好的采光意味着消暑压力大，同时由于北边两套房子的阻挡，通风非常差；北边两套房子相对通风稍好，但采光尤其是冬天的采光非常之差。建房的过程，我多次到毛坯房里观看，结果发现，在冬天，主卧和次卧的阳台，十楼之下全天只能见到大约两个小时的阳光。加上大小套房间的内部设计也有诸多不合理之处，集资款收取的相对偏高，所以房子还没建好，拆迁户们都已怨声载道。

原本想加塞进来的“无房户”们见状，也多有到单位反映这问题、那诉愿的，弄得单位领导好不挠头。最后主要领导一拍大腿：光建拆迁户的，加塞的部分，不再操心了。

于是乎，预留的那部分土地就建成了一个非常宽大的院子。已经建好的房子不可能再拆掉吧，所以整个小区，除了院子让拆迁户们格外满意之外，关于楼房的建设几乎没有一处满意的地方。

单位自己集资建房，最后搞成这样，也算是奇葩一件。

选房分析与取舍

不满意归不满意，房子总是要分的。我算了下自己的排名，一百多户，大约排在六七十名，恰好是一个不上不下的位置。这样的名次，面对这样的楼盘，选到心仪的房子，恐怕是很难的。我和一些同是拆迁户的朋友，会经常在一起交流意见。我个人的分析和取舍过程如下。

1. 小套采光好，但夏天可能会比较热，通风较差，实际居住面积只有90平方米，相比大套，居住面积整整小了10平方米，舒适度肯定逊色于大套。所以，直接把小套全部否决掉。

2. 大套的房子10楼以下，采光都非常差，通风只是比小套稍好而已，内部构造也没有什么优势，所以要选就选10楼以上的大套房子。

3. 楼顶是开放式的，空间比较大，人员可以自由出入，正因为是开放式的楼顶设计，所以建造了非常厚的防水层、隔热层，隔热材料上还铺了花砖，四周有一米半高的厚实围墙。这一点，对十二楼的住户比较有利。想象得到，晚饭后，到楼顶观观光、乘乘凉，是一件相当惬意的事情。而且根据我的测算和分析，将来楼顶的空间，去除安装太阳能的面积，还会有较大的节余部分，而这部分空间，将会大有文章可做。

4. 因此，我最心仪的房子，是中间两个单元的十二楼的四套大房子中的任何一套。

5. 但考虑到我的排名问题，我认为，能选到这四套房子的可能性极小。

我的这番分析，重点参考指标是三个：通风、采光、空间。在现有的基础上，“瘸子里拔将军”，通风越顺越好，采光越多越好，将来可利用空间越大越好。分析毕，听的朋友莫不点头称是。看到大家思想这样统一，我认为我选到心仪房子的机会更加渺茫了。

另一种思考

回到家，我和腾妈有了一次至今仍记忆犹新的谈话。

初始，聊起我和同事议论分房这事儿，腾妈埋怨我：“哪有像你这样的，把自己的想法全盘托出，本来没有这些想法的，也被你思想动员过来了。”我哈哈大笑，对太太说：“我能想到的，别人当然也能想到，我若说想选三楼，结果却选了十二楼，将来朋友们笃定会责怪我不实诚，这是我不愿看到的。”

当时，我已深刻地认识到，在单位里，一个人的信誉和口碑也是一项非常重要的无形资产，不可轻视。

腾妈对我说："其实，我认为你的选择未必是最佳的。十二楼有什么好的？最顶层，夏天热，冬天冷，哪天要是停了电，电梯不能用了，光爬楼就能累死。"

我问太太："这是你自己想的，还是周围人普遍有这种想法？"太太说："我前几天带几个同事去新楼盘那儿看了看，她们几个都是这样的想法。这些人是我同事，不是当事人，可能看法更客观些，意思表达也更真实吧？"

腾妈的分析，让我大喜。我对腾妈说："要是别人真都像你这样想，那就太好了。其实，你挑的十二楼的这几个毛病，我都一一核实完了，绝对都不是个事儿。这栋楼虽然在布局上有诸多不合理之处，但单纯从建筑标准上看，还是符合最新、最严格的建筑要求，外墙有保温层，楼顶有半米多高的隔热层，还进行了十分严格的防漏设计。我看过图纸，找过一位建设局的朋友了解过，十二楼的隔温防水问题是绝对没问题的。至于你说的停电问题，可能几年遇不上一次，完全杞人忧天了。"

这次谈话，以腾妈的大笑收场，达成的效果是：选房的事，她全权委托给我，到时若有机会选择十二楼，就选择十二楼。

如愿以偿

分房的日子到了，一百多户拆迁户悉数到场。有夫妻二人同来的，有一家三口全来的，像我这样一个人空着手、晃荡着腿来选房的也有，但不多。按照排名，从高位到低位，逐个挑选，只选了三五套，我就意识到，有门儿！因为排名在前的，多是一些老同志。前三五个选房的，竟然全部都是选低层。理由居然都如腾妈所言：年龄大了，怕电梯万一停电，不好爬楼。后来一些年轻力壮的，居然也以选低层为乐。在他们的意识中，顶楼首先就是排除的对象，原因也如腾妈分析的，"太高，夏天热死，冬天凉死，万一漏水，补救都来不及”。

我比较熟悉的一位朋友，当初我直言看好十二楼的时候，力挺我的观点，可轮到他选择的时候，在十二楼还有多种选择的情况下，直接选择了五楼。看到这种情况，我一方面有些情感方面的不适，同时又深为伟大的腾妈所折服——她当初对我的劝告真是太中肯了——我做梦也没有想到，分个房子，在朋友们中间也能有这么多的攻守博弈。

轮到我的时候，十二套顶层，居然还有九套完好无损地为我保留着呢。于是我毫不犹豫地选择了我看中的大套房子。各得其所，倒也不错。

02 楼顶菜园的空间扩展

这件事情让我感慨颇多。当时我已经初入股市，对股市、股票、投资、投机这些基础性问题正苦思冥想。自然而然地，我就把分房这件事情，和股市投资联系到了一块。

谋划要长远

分房的时候，拆迁户、主持分房的局领导、待分的房产、排名标准、分配方案以及各方会聚一堂的大会议室，构成了一个有血有肉的大市场。如果按照一种标准，遵照排名，从上往下分配，最终的结果，极有可能是绝大多数人都分不到自己理想的房子。但是在排名确定后，不做统一规定，由住户自由选择，效果就出来了。你认为这套房子不好，没关系，有人喜欢。你认为那套房子好，OK，给你了，因为别人未必认为好。

为什么会出现这种情况呢？

因为大家的身份不同、需求不同、看待事物的角度不同，最终得出的结论、做出的选择当然不同。

股市投资，也是如此。同样一只股票，有人买有人卖，买的人一定是认为值得买，卖的人也一定是认为值得卖。那么零和思维的人认为，这两个人中一定有一个是错误的。但从市场的观点来看，却是非常容易理解的。每个人买卖股票的目的不同、获利手段不同、风险承受能力不同、价值判断不同，甚至投资期限、个人好恶都不同，做出的选择当然不同。举个最简单的例子，甲是做短线的，他通过技术分析，可能认为此股已经超买，技术上有获利回吐的需求，因此认为短期风险较大，从而导致了卖出。从甲的交易目的、风格、手段、能力来看，你能说他的卖出行为是错的吗？而接手的乙则与甲完全相反，他是一位长线投资者，价值投资者，通过基本面分析，发现这只股票长期看还有非常多的增长因素，所以相对放长周期看，现价买入是完全有利润可赚的。在此判断基础上，他选择了买入。从乙的角度看，你能说他的买入行为是错的吗？

说来说去，就牵涉市场的本质问题。市场的本质就是一个互通有无、各取所需的地方，也就是一个资源再优化、再配置的地方。

当然，长期的股市投资观察让我们发现，表现最优秀的交易模式，还是投资，不是投机。如果从投资的角度来看待问题，上述例子中提到的甲和乙，谁高谁低，还是一目了然的。甲的投机行为可能会在短期内较乙的投资行为获利更高、更快，但放到一个更长的投资周期看，则可能乙稳稳地赢过甲。

回到分房这件事情上来。分房的时候，出于各自不同的目的，大家会做出完全不同的选择，各得其所，皆大欢喜。

但放长周期，从实际效果来看，则一定有长期获得满足感的，也有长期获得挫败感的。那些长期获得满足感的，才是真正成功的人；而那些在后来的生活中，感受到诸多不便，从而动摇甚至否定当初选择的人，则就是现实的失败者。

不同的选择，不同的结果

理论是这样分析的，那么在现实生活中，这些拆迁安置户的感受和表现到底又是怎样的呢？我在警苑小区已经居住多年，据我的观察，分化非常严重。

第一，小套的住户，没有一个不抱怨通风不好的。通风不好，异味杂生。心情不好，然后大骂单位领导。当初拍板决定设计这栋楼的领导的确有疏忽，但作为选择者，你还是有一定主动权的。你当初干嘛去了呢？一骂骂十年。这和股票市场上那些“赚钱认为自己是股神、赔钱就骂管理层瞎胡搞”的人有什么不同呢？

第二，十楼以下的住户，没有一个不抱怨采光不好的，尤其到了冬天，一天一两个小时的“阳光时刻”，确实是太过短暂了。这些住户的衣物晾晒都成问题。楼下一位大妈告诉我，某年冬天她洗了件毯子，在阳台上晾了两个星期，居然还没干，后来凑上鼻子一闻，都馊了。对这些用户的评价，不用多说，可参考上一段。

第三，自搬入小区以来，电梯的确因为损坏或停电而停止运行过，但从来没有超过一天的，所以电梯问题带给大家的不便，几乎可以忽略不计。有些腿脚不好的老人，乘坐电梯上十楼、十一楼，反而感觉比在二三楼爬楼梯的老人还要方便。这让当初因为电梯这一单一元素而选择低层的老人们，非常懊悔。我不止一次地在大院里听到老头、老太太因此抱怨自己的另一半。每遇此境，我就忍不住掩嘴一笑。看问题不抓核心，而仅抓某一方面大做文章，并且还不做深入调查与思考的人，是不值得同情的。

第四，尤其让大多数住户感到不爽的是，对十二楼的住户而言，上述问题几乎全不存在。不仅如此，因为开放式的楼顶设计，十二楼的用户实际上得到了比下边住户更大的活动空间。

对最后这一点，完全可以以我为例，通过我筹建和侍弄的楼顶菜园，来充分地加以说明。

楼顶菜园

搬到新居的第二年，儿子到同学家玩，看到同学妈妈在阳台上种的几盆青菜，回来羡慕得不得了。我对儿子说："这好办，我们家楼上有几十平方米的空地，想种菜，还是很容易的。"

儿子的兴趣让我父爱泛滥、玩心大发。于是我就找来几个工人，对楼顶的剩余空间进行了一次彻底清扫。一个空旷、敞亮的新世界一下子就呈现在了我们面前。

对照建筑图纸，寻找到承重墙；根据建筑参数，计算出楼顶每平方米的承重量；在承重墙上放置了几口大缸，再购置专业的塑料养殖箱；后来又经物业同意，在一些不影响公众活动的地方，修砌了几处简易的花池；大缸里种上桂花、橘子树，养殖箱里种上油菜、芫荽、葱、蒜等日常菜品；因花池里土壤肥厚，就能种上水萝卜、大白菜等一些稍大型的作物。甚至后来，我还在上边种出了玉米、向日葵等大型作物。

在太阳能间隙，我还见缝插针地放一些盆盆罐罐，在不影响太阳能采光的前提下，种上了茄子、辣椒等作物。

我把水龙头顺着太阳能管道引到楼顶，引到每一处大缸、花盆、养殖箱、花池旁边，需要浇水时，拧开水龙头即可，完全不用受农民躬身拉水浇地之苦。就这样，我在这片土地上，种出了各种瓜果蔬菜。

春夏秋三季，楼顶一片绿意盎然；四季桂，满树繁花，满楼飘香；到了冬季，我在花池里搭个简易的塑料大棚，把秋季生长好的大白菜、水萝卜圈苫起来，再撒些菠菜、油菜种子。白菜、萝卜、青菜，可以一直吃到过年。

这种劳动的乐趣、收获的乐趣，又怎是一个爽字了得？

每到油菜蓬勃生长起来的时候，我就会在电梯里张贴告示："楼顶油菜成灾，敬请诸友上楼消灾"；辣椒成熟了，我又会出告示一张："楼顶辣椒贼辣，敬请勇士品尝”；某日，大葱长成个了，电梯里又会贴出告示：“楼顶大葱有限，每户限薅十株”……如此等等，不一而足。相亲相爱，倒也有趣。

初始，邻居们不好意思上楼拔菜，我就拔好，拣相熟的送过去。久而久之，邻居们就习以为常了。

无意中，我倒在邻居们中间得到了许多诸如“勤快人”“好人”之类的美誉。

瓜田论股

其实，我在楼顶菜园中得到的，远非这些。

在桂花旁、瓜架下，设一桌一椅，持一杯一卷，这里是我学习和思考的地方；有友来访，客厅局促，邀至楼顶，摘一瓜一枣，这里是我交流和聚会的地方；工作之余，锄草施肥，莳花弄草，这里是我休闲和娱乐的地方；早晨，这里是我锻炼的地方；夜晚，这里是我仰望星空的地方；烦躁时，这里是我沉静的地方；恐惧时，这里是我寻找安慰的地方。

有一次，我在修理甜瓜秧时，看到枝枝蔓蔓，杂压丛生，问孩子：“你能辨识出这里生长着多少棵瓜秧吗？”儿子稍作思考，答曰：“明白！”他提供给我的方案是：不要数枝叶——枝叶繁杂不可细分，数根——枝叶再多，根茎有数。我听了，拊掌大笑。

其实，股市投资也是如此。市场中股票繁繁总总，生意模式千差万别，投资者如何在这繁杂混乱中去伪存真、去粗取精？追求枝枝节节，累死而无功。最重要的事情，还是恢复到根本。股票的本质，是股权；股权的本质，是参股；参股的本质，是收益；收益最重要的方式之一是分红。所以股息（分红）才是股市投资者最重要、最本质的收益之源。那些“稳定、长期、可持续”为我们带来高股息率的股票，就是我们最应该苦苦追寻的好股票。

由瓜秧至股票，我在楼顶给儿子上了一堂最简单、最形象的财商启发教育课。

2015年上半年，行情汹汹时，我在楼顶菜园劳作时，总是心烦气躁不能平复，最终做出了“拔鲜花种毒草”的决定，这一重大决定让我掌握了此后股灾中的主动权；股灾发生后，在一波又一波的下跌中，我反而心安气定，又在楼顶的劳作中静思时局大势，最终提出“3500点之下坚持定投、3000点之下越跌越买”的应对策略。

可以说，楼顶这一方小天地，因其独立和自由的氛围，在一段时间内，成了我修炼和悟道的地方。

彼时，工作也遇到了一些问题，自己无计可施，闷闷不乐而深陷抑郁中。在劳作中深刻体会出古语讲的“人勤地不懒”，从中吸取到了蓬勃向上的动力，终于走出心理的沼泽。可以说，也正是这一方小天地，在最苦闷时，成全了我，解放了我。

看到我把几十平方米的楼顶空间搞得这样风生水起，家人、朋友惊叹不已。其实，他们只看到了植物的丰茂，而没有看到我精神的充盈。

太太称赞说：“你当初坚持选择十二楼，简直是太英明了！”

事关投资

太太这声赞赏，实际上有很多值得推敲的地方。这一点，笔者下文会抽空做一点分析和说明。这里我想强调的是，通过分房和经营楼顶菜园这件事，我悟出了有关股市投资的两件非常重要的事。

第一，投资要有远见，要能跳出局限性思维；

第二，投资与人生有一个非常重要的相通之处，即心态问题。

下文将专门探讨一下这两方面的问题。

03 投资要有远见

“投资要有远见”这句话是不难理解的。从某种程度讲，这就是一句永远正确的废话。稍有人生阅历的人都会明白，不仅投资，生活中计划做任何事，都应该加入“远见”的元素，所谓“人无远虑必有近忧”。但说起来容易做起来难。正如我们都知道，成功投资的要领是“低买高卖”，但现实中却依然有人大赚、有人大赔。所以问题的关键，不是如何理解这句话，而是如何实现和做到这句话。

远见三要素

太太当初赞我选房英明，我不置可否，原因有二：一是大家在选房时各取所需，我也只是选择了我心仪的房子而已——对这部分人来讲，无所谓英明不英明；二是与那些选了房又后悔或对我选择顶层并充分利用楼顶空间的行为产生羡慕之情的人来说，我比他们多的，也只是一点远见而已。于我而言，是正常的事情，也谈不上英明。

但是，我做到了“远见”的前提又是什么呢？或者说，我是如何做到了“远见”之明的呢？简单地说，有三点。

一是我事前做了精心的调研。选房前多次到现场观察和测算，查阅了相关的资料，调阅设计图纸，咨询专业人士，这让我在做决策时，有了科学的底气。

二是我在做决断时抓住了核心的要素。分房时，大多数人还是抱持着购买多层楼房的原则来选择小高层，这本身就是一种错位。同时，没有看到我们这栋房子的特殊之处。应该说，房子的位置、质量、构造、价格，作为拆迁户、单位集资建房的对象，我们是没有选择的余地的，所以在做选房决断时，不能像普通商品房购置者那样对房源、位置、性价比等核心要素进行分析和对比。需要考虑的核心要素是通风、采光、未来生活空间的扩展问题。让我诧异的是，正是这三个核心要素，尤其是最后一个要素，恰恰被很多人所忽视。归根结底，这些人没有跳出通常选房的惯常思维——当我们用惯常思维来思考和衡量新事物的时候，往往就不自觉地跳进了刻板印象带来的局限性思维里去了。对投资，这是非常有害的。

三是我自始至终，都秉持一种长期的思维。说实话，第一次看到这栋楼的图纸时，我就发现它结构的种种不合理之处，当时即已下定决心，这套房子只会是我的权宜之所，不会是我的终老之地，也就是说，只要未来条件许可，我一定会立即购买更可心的改善性住房，但是在选择时，我却尽量把眼光放长。我的思维落脚点是：万一将来没有条件达成心愿，只能在这里终老呢？所以我对它的所有规划和设计，都是放在更长的维度里来思考。太太曾问我：“你要是知道我们明年就要搬离此地，还会做这样的选择吗？”我答：“哪怕我知道明天我们就要搬离此地了，我也会做这样的选择。”巴菲特说，购买一只股票，如果不想持有十年，就不要持有十分钟。选房和投资股票的道理，是完全相通的。

事前调研、抓住核心要素、始终坚持长期思维，这是我们分房、买卖股票、甚至是做任何人生大事决策时，都必须坚持的三项基础原则。

思维的长度

就选择和买卖股票的思维问题，霍华德·马克斯在《投资最重要的事》一书中，曾为我们区分和介绍“第一层次思维”与“第二层次思维”。他举了一个简单的例子，如对一只股票，第一层次的思维是这样思考问题的：“这是一家好公司，让我们买进股票吧”。而第二层次的思维则告诉我们：“嗯，这的确是一家好公司，但正因为人人都认为是一家好公司，所以它现在的股价并不低”。所以，在第一层次思维的人买进股票的时候，第二层次思维的人可能选择的是卖出股票。

霍华德告诉我们，第一层次思维简单而肤浅，第二层次思维深邃、复杂而迂回。作为投资者，我们应该摒弃第一层次思维，而努力培养第二层次思维。但是怎样培养第二层次思维呢？大师没有讲。

逆人性是一件很难的事情，大众思想趋向一致的时候也并不一定全错。如何甄别大众的思想对错并做出最正确的选择，让自己始终保持在高人一等的状态呢？这更是一件难上加难的事情。

但是，我认为，长线思维，很有可能是解开第二层次思维之谜的一把钥匙。正如我们在以前章节中分析的，投资者对股市的短期走势可能是很难把握的，但把眼光放长远一点，对股市当前的定位可能又是相对明确的。对具体的股票而言也是这样，通过自己的估值体系，你给这只股票的估值也许是 10 元，而它现价只有 5 元，那么如果我们估值不错的话，放长周期看，10 元的估值相比于现价 1 倍的升幅，早晚会实现的。如果抱持这等长线思维，那么股价短期内的涨跌，就不会造成任何痛苦和恐慌。相反，如果只是抱持短炒之心，那么今天 5 元、明天 4 元的价格，对于交易者而言就已经构成重伤了。

所以，从这个角度而言，**思维的长度决定了思维的深度**。

那些总是能以第二层次思维来思考问题的人，往往都是抱持了长线思维的人。我建议普通投资者，能从这个角度来理解和体会长线思维、第二层次思维。

正如人生会有很多不快，但只要把眼光放长远一点，很多不快很快就会烟消云散一样——当你对股市、股价的短期走势把握不定时，想象一下三年、五年、十年之后的情景，也许你就能洞察很多。

辅以我们以前探讨过的股市估值、定位方法，恐慌自去，淡定自来。

04 心态问题：投资与人生息息相关

心态问题

投资很重要的一个问题，是心态问题。“懂得很多人生道理，但依然过不好这一生”，这番无奈讲的其实就是投资者常常谈论的“知行合一”的问题。虽然知识、技能非常重要，但是能把这些知识、技能转化成实际操作行动的一套完整的心智系统，更为重要。以前在网络上看到有大V否定心态在投资中的重要性，认为一切投资错误都是知识不足造成的，而所谓的心态问题，都是伪命题。我曾专门撰文反驳。我举了两个类似的例子：奥运射击选手埃蒙斯两次将子弹射向别人的靶心从而痛失金牌，中国名将王义夫也经常在最后一枪失利。他们关于射击的技能、知识比别人少吗？发生变异、制造困难的，是心态问题。

在投资界，这样的例子更是不胜枚举。明明发现某只股票非常具有投资价值，后来的股价走势也完全证实了自己当初的判断，但打开账户一看，购买的仓位竟然小到可以忽略不计。这样的情形，想必很多朋友都碰到过吧。

所以投资者的心态不是不重要，而是太重要了！

分房之前，大家都抱怨通风、采光等问题，但一到分房时，大家还是忍不住“随大流”地走——既然大家都认为那套房子是不好的，我为什么偏偏认为它就是好的呢？在这种思维模式下，自己当初的判断，已经不重要了。

理想的心态

我曾在《投资大白话》中专设一章，探讨和分析股市投资者的心态问题，名曰“最后的障碍”，之所以起这个名字，就是想告诉大家，在懂得很多策略、技能、技巧之后，心态问题可能是阻碍我们成功的最后一道障碍。

我曾把股市投资者理想的心理状态，归纳为以下五点。

1. 终胜思想；
2. 永远不要被短期情绪控制；
3. 低点兴奋，高点冷静；
4. 寻找最舒服的姿态面对市场；
5. 放弃暴富思想，静水流深，不疾而速。

这些观点，是我投身股市十多年的心路总结，经过两次大的股灾洗礼，包含观念、思想、策略、技巧等诸多内容。如果能够内化于心，形成稳定的心理结构，对于经受股市风雨，还是大有裨益的。

巴菲特说：在众人恐惧时我贪婪，在众人贪婪时我恐惧。实际上，稍作分析就能得出恐惧和贪婪其实本质上就是一回事儿。恐惧是因为希望避免每一次波动带来的损失，贪婪是希望赚尽市场的每一分钱。这种赚尽便宜的思想本身就是违背科学规律的。

如果你能认识到中国经济未来强大的发展潜力，建立起对国家、对股市的终胜思想，你就能建立起长远的勇气，克服短期暴怒暴喜的情绪，做出的决定就能更客观、有效。在股市的高点上小心翼翼，而在股市低潮时表现出大拣便宜货的兴奋状态。无论市场处于什么状态，都能根据自己的风险承受能力，通过精心计算，建立起适合自己的仓位，从而达到调节持仓心理的目的，这样我们就能更容易做出正确的判断。

其实说来说去，要想做到这一点，还有赖于我们建立长期投资思维，遵从股市规律，彻底摒弃赌博思想，追求在市场中长期生存与长期收益。

懂得恐惧，则不再恐惧；精通贪婪，则不再贪婪；不贪不惧，一个成熟的投资者才能真正培养出来。

工夫在诗外

投资的时间越长，越能明白“工夫在诗外”的道理。我常常用股市里悟出的道理来指导工作和生活，也常常用工作和生活中悟出的道理来指导投资。我发现，这三者之间原本就是相通的。

比如“低点冷静，高点兴奋”的原则，股市里如此，人生又何尝不如此？我曾写过一篇《低点与高点，起点与终点》的文章，详细叙述我的一段职场经历：在外观环境非常被动、艰苦时的坚持和努力，最终带来个人能力和职业生涯的重大进步，从而得出“你在人生低点处的态度，决定了未来的人生高度”的感悟。

这些道理，和漫漫熊市中依然坚持价值阵地的股民何其相似？其实，探究起来，投资原本就是工作和生活的一部分，它们遵守相同的规则运行，实在是理所应当。聪明的投资者不应该将三者生硬地割裂开，而应在工作、生活与投资中，将人生与投资水乳交融，达至化境。

工作、生活、投资都做好，都成为其中的强者，说起来似乎很难，其实只要我们能真正理解其中的区别和联系，努力领会与追求，我相信，大多数朋友还是能从中受益的。

第十一章

孩子的压岁钱：定投策略，散户投资的制胜之道

散户最好的投资方式是什么？这是腾腾爸多年来一直苦苦思考和努力实践探索的问题。没想到，有一年，在孩子的一笔压岁钱那里得到了启发。

01 孩子的压岁钱

压岁钱

2016 年春节期间，十三岁的儿子得到了 2 万余元的压岁钱。其中 1 万元来自远在他乡的太姥姥，直接把钱打到了孩子姥姥的账户上。以前，腾腾的压岁钱都由姥爷姥姥统一定存进银行，相约腾腾上大学时再集中交还给他打理；另外的 1 万多元，来自腾腾爸腾腾妈的七大姑八大姨——从 200 元到 2000 元不等。我们家是个大家庭，我和腾腾妈辈分较浅，在家庭生活中因此而“受益匪浅”，腾腾也为此沾光不小。

刚收到压岁钱的那几天，儿子拿着 1 万多元现金，翻来覆去，沾沾自喜。我不止一次听到他自己在那儿小声念叨：这么多钱，怎么花呀？能买多少零食呀？能买多少漫画书呀？能买多少圆珠笔呀？

往年的惯例，就是让他玩够了，再由他姥爷姥姥收走，存在他的定存银行账户上。但那一年特殊——起于 2015 年的股灾已经来了三轮，很多股票在我眼中已经跌出很好的投资价值——所以想，不如拿来给他做一笔股票投资吧。反正现在这个点位，风险不大。更重要的是，可以借机培养一下他在投资方面的兴趣——万一这孩子投资方面有天赋呢！

我把想法跟太太一说，没想到腾腾妈也举双手赞成。但太太提出了一个小小的前提：此事必须征得腾儿真心的同意。他若不乐意，此事即到此为止。尊重孩子，从小培养他的独立人格，这一点，我也完全同意。

做工作

某一天，腾儿又坐在沙发上数钱，自言自语道："哈哈，我钱好多呀！"我看时机成熟，装作若无其事状，问："你这么多钱，到底怎么个打算啊？"腾儿说："这些整的，共1万零7百元，是今年我得到的压岁钱；这些零的，共有300多元，是你和妈妈平时给我的零花钱，我悄悄积攒下来的。这1万多整的，开学前会交给姥姥存银行里；这300多零的，我会自己留着玩。"

我本着脸，略皱了下眉头："你知道吗，现在存银行的利息很低，定存一年，才1.5%的利息。你知道1万块钱存一年能得多少钱利息吗？"儿子略一思索，答："150块钱吧？"我说："是啊，才150块钱，唉。"腾儿问："那不存银行，要是放家里，不是一分钱利息都没有吗？"我点头，答："是，你这样的比较很对，很好，很动脑筋了。"

腾儿乐。

等他乐够，我又启发性地说："实际上，你没必要非得把这些钱存银行或放家里，你可以拿这些钱去投资，这样你的收益就会成倍地增长。你不是将来想做大富豪吗，大富豪当然得会投资呀。"腾儿马上来了兴趣，答："是呀，我也想投资，把1万元变成1亿元，这样我就成大富豪了！可是，我不会投资呀。"

我笑着说："其实投资的方法有很多种，如经商，买股票，买基金。"腾儿眼一亮："唉呀，老爸，你不是会买股票吗？你教我买股票不行吗？"未等我答话，此子接着又说："老爸呀，买股票赚钱容易吗？"

我本着脸，很认真地回答他："只要掌握了正确的方法，买股票赚钱是不难的。"腾儿问："能挣多少钱呢？"我答："如果买股票的话，现在市场上很多股票一年的股息率也能高达5%以上了。也就是说，买这些股票，一年光分红的收益就能三四倍于定存银行。如果给我5年时间，加上估值的回归、价值的成长，利润最少还会翻一倍。也就是说平均一年赚20%，如果换成复合增长率的话——你知道复合增长率怎么算吗——大约每年14%多一些，不到15%的样子。”腾儿答：“我小学六年级时就学过复合增长率了。”

说完，跑过去，把去年上小学时的数学课本拿过来，翻了一会儿，找到相关章节，让我看。我耐着性子，仔细看完，恭维他记性好，学得扎实。儿子对我的警惕完全放松。他问我：“一年才增长15%，赚得并不多嘛。”于是我给他算了一笔账：“你定存银行一年的利息只有1.5%，而长期投资股票的收益接近15%，将近10倍的差距呀。这已经是一笔非常大的收益了，而且这笔收益是在不耽误你吃、不耽误你喝、不耽误你学习、不耽误你玩耍的情况下得到的，基本上算是手到擒来，轻轻松松获利。这样的好事，哪儿找去呢？”

见腾腾还有些迟疑，我继续给他算账：“你今年13岁，以后每年给我1万元压岁钱，那么5年后总投入就是5万元，只要赶上一波行情，翻倍应该是不在话下的，凭你老爸的操作，这是底线。那么到你上大学的时候，大约18岁吧，你就可以单独以自己的名义设立股票账户了，那时候我把这笔钱连同盈利一块交给你，最少10万元吧，你自己开始独立进行投资。你把这些交给我，我和你签代理协议，双方签名画押，你妈妈做见证人，我们以5年为期。钱交给我后，先放到我的工资定投账户上进行操作，你可以自己查看账户，计算你的收益。当然，这个5年之期意味着，这个过程中，你不能随意提出抽资，因为那样的话，你会打乱我的操作计划，可能造成一些不必要的损失。当然，期间如有暴涨，也可能我们会提前终止这个计划。但终止的决定，必须由我来做。”

讲到这儿的时候，腾腾提出了自己的疑问：“为什么非得强调要以5

年为期呢？5 年时间，这么长！”

为什么是五年

这是一个很好玩，也很重要的话题。我略加思索，认真地给了他一个尽量完备的答案。

“第一，投资股票和买彩票不一样。你不可能今天买明天就能知道赚没赚。买股票就像我们在楼顶种菜一样，有一个翻地、播种、浇水、除草、生长和收获的过程。这个需要时间。严格地说，这个时间越长越好。越长意味着收益可能就越大。

“第二，中国的牛熊周期，基本上就是 5 年一个循环。也就是说，这 5 年之中，不出大的意外，基本上就能碰到一轮大的行情。

“第三，也考虑到你年龄的问题。你今年 13 岁，5 年后正好 18 岁。18 岁之后，你就可以开设独立的股票账户自己买卖了。那时候，如果一切顺利的话，你就上大学了，可以自己做很多事情了。”

什么时候买股票

儿子认真思索后接着问：“现在买股票，合适吗？”

我想了想，问他：“打个比方说，一件东西，有时候卖 10 块钱，有时候卖 2 块钱，你说什么时候买更合适呢？”腾腾说：“当然是卖 2 块钱的时候。”我夸他：“聪明！去年大盘在 5000 点时，股票都涨得很高了，而现在大盘只有 2000 多点，很多股票已经跌得很多了。你说现在买合适，还是去年买合适？”

腾腾对这个问题并不陌生——我曾多次与他讲有关投资的事——他干净利索地回答说：“啊，是呀，当然是现在跌的时候买喽。”

“对呀！”我拍手，做欢欣鼓舞状：“记住，牛市卖股，涨到一定程度后，要越涨越卖；熊市买股，跌到一定价位后，要越跌越买！千万不要搞反喽。”

对话到此，腾儿面红耳赤，手舞足蹈，已经有点热血沸腾的感觉了。他马上敲定方案，对我说：“OK，老爸，这 1 万元压岁钱，我们就这样办了！”

约法三章

我想了想，又和他约法三章。

第一，投资这件事情，决定权在你，但一旦做决定，就不能随意反悔。永远要记住 5 年之期，期间不准耍赖，不准撤资。

第二，操作权在老爸，你可以在业余时间跟我学习相关知识，但一定要记住，你现在最根本性的任务还是学习。

第三，我必须提前告诉你，虽然现在很多股票已经很低了，但买入之后保不准还会变得更低，这就意味着我们的投资暂时会有损失，你现在就得有思想准备，到时候不许哭闹，得能忍住。你得明白，损失都是暂时的，将来一定还会加倍挣回来。

这后加的约法三章看似简单，但为了让他充分明白其中的含义，我分条分项地和他谈了几乎整整一个上午。

谈完话的第二天上午，我和儿子正式签订了君子协定。

这是腾腾人生的第一笔投资，也是腾腾爸人生第一次代客理财。

02 投资的五种思维意识

与儿子的谈话，其实是给他灌输了五种有关投资的基本思维，即投资、逆向、长线、风险、价值。

投资思维

我通过股票的股息率和长期潜在收益率与银行定存利息的对比，引导他正确选择投资方式。这里有一个简单而有趣的机会成本的对比。很多专业术语现在当然给他讲不清，但通过实例的计算，启发了他的投资意识。最后他能快乐地做出投资决定，是他独立思考的结果，没有我强迫和诱惑的成分。中国人传统的思想里，有藐视财富的坏毛病，这阻碍了国人投资思维的养成。我希望我的孩子能在这方面早一点觉醒。足球需要从娃娃抓起，投资这事儿，也是。

逆向思维

熊市不买股，牛市白辛苦。当股票价格跌到一定程度后，应该越跌越买；当股票价格涨到一定程度后，应该越涨越卖。很多入市十几年的老手，身经百战（备受摧残）之后，还是一味追涨杀跌，想来殊是可叹。我希望我的孩子从小就培养出逆向思维的能力。不仅投资如此，人生中很多事情，都是如此。由投资而人生，我会努力让他学到更多。

长线思维

投资的大忌：今天播种，明天拔苗。我要孩子从小就树立远大的梦想，掐断短线投机、不劳而获的思想。志在长远，是每个成功投资家的必备心理基础。是以，我与他约定5年为期。引导他为自己规划一个18岁之后的投资计划，并且引导他为了这个计划，首先做好今天应该做的事——学习，学习，学习。重要的事讲三遍。

风险思维

投资有风险，入市需谨慎。你交易的那一刻，就应该下定决心承担交易的一切后果：可能很成功，也可能一败涂地。但即使失败了，也不能哭哭啼啼。风险思维的另一层含义，就是行为的反推：在做投资决定前，要有充分的预案——成功怎么办，失败怎么办。有计划有策略，遇到极端情况才不至于惊慌失措，才有可能应对得当。

价值思维

价值思维因为与当天的话题——劝说和引导他委托我进行压岁钱的投资——关联度不够，所以暂时没有提及。后来在购买投资标的时，我又慢慢深入浅出地告诉他：买股票，其实就是买企业；买企业，其实就是买产权；买产权，其实就是买它的盈利能力（包含分红能力）。同时，我还举了很多简单易懂的例子，告诉他价值和投资价值的区别，以及价格与二者之间的关系。

通过与孩子进行关于压岁钱如何投资的探讨，我慢慢地让腾儿学习和领会有关投资的五种基本思维意识。这五点，我认为适用于所有立志在股市进行投资的朋友。

03 压岁钱的操作实效及未来展望

操作及实效

2016 年春节之后，我拿到儿子的压岁钱，马上投入到股市中。考虑到当年春节 A 股休市期间，港股曾有一波凶猛的下跌，香港恒生指数和国企 H 股指数整体估值仅有五六倍之数，已经接近或创造了历史极低估值，所以我选择了“H 股 B”作为主要投资标的，同时考虑到 A 股的打新收益，又选择了一只彼时格外看好的白酒股五粮液作为投资标的（其实白酒股中我当时最看好贵州茅台，但儿子压岁钱太少，一手标的也无法购买，故退而求其次，选择了行业老二五粮液）。假期结束、大市开盘后，我按照计划全数买入。2017 年春节，儿子又拿到与上一年基本相同的压岁钱，依照约定，又将其中 1 万元交给我打理。

目前来看，2016 年第一次投入的压岁钱，已经有了 60% 左右的升幅。2017 年投入的资金时间尚短。这一次，我选择的是一只低估值、高股息的电力股——国投电力。同时，由于 2016 年的投资标的升幅已巨，我沽出一半资金，随同 2017 年的压岁钱，一起转仓到国投电力。随着时间的流逝，我相信企业成长和本身低估值、高股息的威力，必然能够逐步地显示出来。

在儿子上大学之前，他还有三年压岁钱可投，按照现在的点位、估值、市场风格、外部环境看，一轮慢牛行情已经呼之欲出。根据我的精选个股、周期轮动策略，跑赢大市是没有问题的。如果运气好一点的话，市场行情配合，在儿子上大学时为他赚够 10 万投资本金，是有可能的。

当然，儿子这五年的压岁钱投资，是以年为单位，逐步加码上去的，五笔投入中，只有第一笔在约定期满时达到五年投资期限，最后一年的投资期限可能仅有半年时间。这就意味着“五年翻倍”的投资目标还是非常高的。

展望及计划

我们以前探讨过，作为普通投资者，应该放弃暴富思想，长期年化收益率能达到 10% 即已可跑赢大市，投资水准和大多数基金经理相当，若达到 15%，五年翻倍，即已可超过国内外大多数优秀的基金经理。腾腾爸在入市十多年后，也只是把自己的长期投资水准定位在这一目标上。若能实现，已然心满意足。需要说明的是，这里提到的“五年翻倍”，是初始投资基金的投资期限，和儿子压岁钱中提到的“五年翻倍”目标决然不是一回事儿。

很显然，在定投中实现已投资金“五年翻倍”的目标，是一个更高、更难、更严苛的标准。说实话，我并不敢百分之百保证可以实现。为了说服孩子，我故意设定了这个较高的投资目标，并且刻意做了声明，届时若达不到翻倍目标，我会拿出家庭资产将不足部分补齐。

至少在目前看，儿子的压岁钱投资，执行得还非常顺利，成果也较为显著。无论将来能否如期达成目标，实际上已不重要。重要的是，我因为这件小事，在儿子心中种下了投资的种子。有投资的意识，便会有投资的后续。我认为未来二十年，处在国运最重要上升期的中国股市，将是投资的黄金时期。在最近几年经济转型带来的低迷期中，很多人对中国、中国经济、中国股市的未来持谨慎、悲观的态度，但我与这些人相反，我对中国的未来、中国经济的未来、中国股市的未来，尤其看好。孰是孰非，且待时间验证。

04 定投策略

关于儿子压岁钱的操作，我的策略是“**精选个股、周期轮动**”，这是从具体的交易层面总结概括的。如果从总体的投资手法上看，这种年年定期投入的方式，正是市场上广为流传的“定投策略”。

定投策略

所谓定投，顾名思义，就是定期定量定标的投资。

定期，就是投资者自己规定两次投入资金的时间间隔，如一周一投、一月一投、一年一投等。如何确定，这和投资者的资金来源、资金性质有直接关系。资金充实的规律性决定了定投的规律性。比如，我儿子的压岁钱是一年一次，所以我决定的期限就是一年一投。若投资者定投的资金来源于月薪，一月一投便自然而然。同时，定投的前提之一是需要长期坚持，因为只有长期坚持，才能把定投拉平投资成本的优势充分体现出来。这就要求通过定投方式投入的资金必须是“闲钱”，能够长期坚持的钱。

定量，就是投资者规定每次投入的资金量相对固定，如每次投入 1000 元、2000 元或 20000 元。投资者“闲钱”的多少决定了定投资金的多少。俗语讲，“吃穿量家当”，股市投资从总体上讲还是一个高风险高收益的行当，在条件、能力允许的条件下进行投资，是成功之要。如前所述，“不要做超越自己能力的事”，这永远是一条投资界的钢铁纪律，不得违背。

定标的，就是投资标的，要大致地提前选定好，开始投入后，就不再轻易改变。这一点，基本是市场共识。但我认为，单一的投资标的，风险极大，这需要投资者具有高超的基本面分析能力。甚至，仅有高超的基本面分析能力还远远不够，因为“黑天鹅”事件从来都是不可预测的。我的解决方案，还是适当分散，最好把投资标的设为一个组合。如果仅投股票，可按前文的组合原则，建立一个“三五个行业、五六只标的”的股票池，对组合内的股票进行均衡配置。2015 年之后，我在网上给朋友们做组合建议时，提出要以“低估值 + 高股息”的标准选择一二线蓝筹。因为我通过“失衡理论”和自己的估值分析体系判断，当时的中小创还在高估中，而很多估值低、分红高的蓝筹股票反而体现出了极高的投资价值。2017 年中，写此文之时，我认为低估值蓝筹的价值回归之路还没有走完。在未来的慢牛行情中，价值股一定会在波折中反复地表现，最终实现价值的完全回归。这个路径能走多久、能走多远，还需要一些货币、金融、体制建设、国家经济等外部环境的配合或限制，需要我们边走边看、进一步观察。只要大的环境没有发生重大变化，这个过程一定还会继续走下去。

所以，在投资标的的选择上，我们可以充分运用前文的方法、体系，“精雕细琢”，认真选择。

定投与择时

各种各样的专业书籍已经为我们验证、推导出了定投策略的有效性，甚至格雷厄姆、巴菲特这些投资界的超级巨星也在多种场合向我们推荐定投策略，指出这是非常适合普通散户的投资策略。2015 年股灾发生后，大盘跌到 3500 点附近时，我即提出，3500 点之下散户最好的策略就是定投。之所以提出这个观点，主要基于两方面考虑：根据大盘的整体市盈率，我认为沪市当时的价值中枢下轨就在3500点左右，低于这个点位，手中有资金就应当不断投入；考虑到股灾带来的恐慌情绪一时半会难以消散，市场惯性下跌的可能非常之大，所以在市场已现投资机会但前途未卜的情况下，能有效平抑投资成本的定投策略便成当然之选。

这涉及一个问题，就是定投策略的择时。

市场上有一种观点，认为定投策略一旦制定，就应该严格执行计划，时间一到即对确定好的投资标的进行“无脑买入”，不要顾及市场点位。也就是说，定投是一项不择时的懒人策略。我认为这种观点是值得商榷的。

正如前文所述，大盘短期的涨跌是无法预测的，但长期的走向却可以大致把握。通过确定的估值体系，市场在总体上处在什么位置，还是能测算出来的。当市场整体市盈率低于历史平均市盈率时，我们就可以通过定投来平抑，甚至降低成本；当市场整体市盈率高于历史平均市盈率时，我们就应当减少或停止定投资金；而当市场整体市盈率已经远远超过平均值而迫近历史高位时，就是我们果断退出的时候了。

一句话，我认为定投策略，也适用前文的“大波段操作”原则。

定投与均衡

那么，当市场整体市盈率过高，按照上述确定的原则，已经不适合继续执行定投策略的时候，后续赶来的定投资金如何处置呢？

这一点，就要灵活运用前文提到的“均衡策略”。（1）在不同市场间选择投资标的，如在A、H股间“搬砖”，有能力的投资者，甚至可以在中美、中欧、中英股市中“搬砖”。（2）在不同投资品类间选择投资标的，如我就曾在2015年股灾来临前后，将资金在贵金属和股票、政府债券间分配。（3）选股能力强的朋友，还可以在不同的股票间选择低估的标的。除了在市场极度疯狂的情况下，正常时，市场总是存在一些有潜力的低估值品种，找到它，然后定投它。

所谓定投“只择股不择时”，应该是对这些择股能力超强的投资者而言的，但很显然，能有这种能力的投资者已经不是普通投资者了。所以针对普通投资者，我个人认为，还是应该另当别论，回到我们上边提到的原则上来。

其实不论对哪一类投资者，在市场疯狂时，抽出定投资金，手握一段时间现金都是聪明的。在没有好的投资标的的情况下，退场休息，也是投资者应该学会的本事。

当然，面对困难，知识储备越丰富的人应对的手段就越多。作为投资者，我们在掌握了一些基本投资技能的基础上，一定要多看书、多思考、多学习、多实践，不断地扩充自己的能力边界。虽然本书旨在为普通投资者找到一条相对简单可行的投资道路，但并不排斥有能力、有天赋的投资者去尝试挖掘自己的天赋和潜能。这二者本身是一个前后延续的关系，并不互相排斥和矛盾，更不是腾腾爸反对的事情。

05 普通投资者的最好投资方式

如果我说巴菲特就是符合腾腾爸所言的“大波段操作”的定投爱好者，很多朋友一定会表示惊讶，甚至哈哈大笑吧？其实，不必惊讶，事实原本就是如此。

奥秘就在巴菲特身后的伯克希尔公司。

伯克希尔的奥秘

伯克希尔是一家保险公司，它的保险业务积累出的浮存金，为巴菲特的定投事业提供了源源不断的“现金流”。所以我们看到，每当市场发生恐慌性下跌时，“股神”就逆流而动，开始出手。

第一，他采取的是定投方式，虽然这种定投的时间间隔不定，但高手不必拘泥于细枝末节。第二，他采取的是“大波段操作”——通常选择在市场大幅下跌中购买股票。第三，他坚持的是长期投资，用的都是资金成本极低的“闲钱”。与我们上一节讲的定投策略在精神实质上完全无二。

当然，巴菲特“定投”的资金来源并非浮存金一项，持有股票的分红，以及逢高卖出他认为已经高估的股票回转的资本金，都在此列。

巴菲特和伯克希尔的例子，给我们普通投资者也提供了一个极好的投资范例。这个范例有三个要点：

（1）投资者必须坚持长期投资——主要是通过定投的方式实现；

（2）投资者应有源源不断的后续资金；

（3）投资者应该坚持“大波段操作”原则。

三点之中，最核心的是第二点，因为它意味着当万一碰到股市下跌，甚至被满仓套牢时，投资者还有充沛的现金流用以自救。

这一点，恰恰是大多数普通投资者天然具备的。

像巴菲特那样赚钱

A股市场中约95%的投资者为普通投资者，大多为工薪阶层或隶属于工薪家庭。我们用于投资的本金来源，就是自己和家庭成员的薪资收入。如果把一个人比喻成一个小小的伯克希尔公司，你的工资中扣除日常开销的节余部分，应相当于这家公司为你的投资事业提供的现金流。

个人投资者的优势之一就是资金没有成本压力、没有时间压力，另一大优势就是，个人投资者的本金是能随着时间的延长而源源不断地增加的。

所以基于上述思考，我认为**对普通投资者而言，最好的投资方式就是：一边努力工作，一边在股市投资赚钱。**

工作为我们的投资事业提供了最基本的资本保障，而成功的股市投资，则让我们做到“让钱生钱”，其实质就是加倍放大我们的工作回报。

想象一下，我们能像巴菲特那样投资和赚钱，这是一件多么美好的事情啊！

讲到这里，我忍不住地提醒您：一份稳定、报酬丰富的工作，对普通投资者是多么重要啊！

嗯，不错，这就是本书的最后一章所要强调和探讨的内容。

第十二章

一桩婚恋引发的话题：什么才是人生最大的投资

除非生于富贵之家，生活中绝大多数人的理财投资经历是从积蓄开始的，而绝大多数人的积蓄来源又主要依靠于工作。所以厘清工作和投资的关系，对普通投资者而言，意义重大。但是生活中，人们对于工作，尤其是对于工作和投资的关系，常常误解多多。我发现并关注这一现象，是从一桩婚恋故事开始的。

01 一桩婚恋故事

七年前，一位朋友的独生女儿到了婚恋年龄，因为女孩长得漂亮，虽然只是单位临时工，但追求者众多。摒除那些明显不合适的，最后剩下两个小伙子可供选择。第一个小伙子来自农村，大学毕业后经过社招的方式，进入公务员队伍，在小城某行政机关工作；第二个小伙子，没有什么学历，也没有什么正式工作，但是家境很好，父亲做煤炭生意，在县城附近有一定知名度，也就是说，这位小伙子称得上小城“富二代”。

择婿的计算

这两个选择对象的优劣势一目了然。

第一位小伙子的优势在于：（1）文化素质比较高，可以推断内在的涵养至少不会太差；（2）有固定的工作，旱涝保收，比较体面，将来的政治前途也相对明确；（3）社会关系比较简单，婚后的家庭工作重心显然会倾向于女方。

劣势在于：（1）出身农村，家境一般，来自家庭的援助力量有限，人生的一切奋斗主要靠自己独立完成；（2）经济条件相对较差，公务员，死工资；（3）农村人，没见过多少世面，也不太会哄女孩子开心。

第二位小伙子的优势在于：（1）家里比较有钱，据说父亲有千万身家，弟兄两人，哪怕一人一半，也能分得数百万元家产；（2）受家庭影响，头脑比较灵活，会来事儿，很会讨人欢心；（3）出身虽然谈不上显贵，但显然好于一般家庭，有一定的社会关系网。

劣势在于：(1）没有固定的工作；(2）没上过多少年学。

通过比较可以发现，第一位的优势恰是第二位的劣势，第一位的劣势又是第二位的优势。从某种程度讲，这二位是完全相对的两个方向上的选择。

自然地，朋友和他的太太就有了探讨和争论。最后老两口达成一致意见：自己就这么一个宝贝女儿，又没有好的工作，如果嫁给公务员，无钱无势，无车无房，可能会穷一辈子——人生在婚姻的起点上，就输掉大半了；而嫁给“富二代”就不同了，登记就买房，结婚就购车，有车有房有保障，小家庭从婚姻的起点上就一跃而入富足的行列。

第一位小伙子，我认识。不仅我认识，朋友圈里很多人都认识。小城太小，低头不见抬头见的情况太多了。在我的印象中，这位小伙子，个人素质很好，有文化，有理想，聪明而且勤奋，和朋友的女儿有过一段工作上的接触，有意向交往。我认为如果他们能够婚配成功，是比较理想的。

但现实就是这么残酷，这位小伙子当年一个月不过2000余元工资，而另一位“富二代”的父亲为了促成婚姻，找中间人许诺，只要小孩成婚，买车买房，并一次性给小家庭200万元现金，作为孩子成家立业的基础。很简单的计算：一个月2000余元工资，一年收入不过3万元；200万元现金，按当时2%上下的一年期定存利率计算，一年光利息就能达4万元，“富二代”的优势很明显。

我和太太一块去参加了朋友女儿的婚礼。那位公务员小伙子也前往祝贺，在众人的欢声笑语间腼腆无语，颇显落寞。

残酷的现实

回来的路上，我和太太聊天，也为这桩婚恋选择产生了一点小小的争论。我很遗憾，认为朋友为女儿做的选择，极有可能是错的，公务员小伙子的价值被明显低估了。太太则认为，作为父母，希望自己的女儿过得富裕一点无可厚非，从经济上的对比，根本不用计算，孰高孰低一目了然。

争论来去，太太拿我打趣："你是屁股决定了脑袋，因为你也出身农村，天生具有支持第一位小伙子的倾向。"又说："现在的小女孩多现实啊，找对象首先要有车有房，哪有我这么笨的?"

我哈哈大笑，和太太打赌："那就以这位朋友女儿的婚姻作为一个参考，十年、二十年后再来看看结果吧。"

其实没等十年，现在对比结果就已经基本上明朗了。婚后，那对小两口很快有了两个孩子，大的今年 6 岁，小的 4 岁。女方一心一意在家看孩子，没有工作，男方出去做了两年生意，我们也不知道是成功还是失败，只是看到他这几年就那么在社会上漂着，有一帮喝酒的朋友，有一帮唱歌的朋友，有一帮打架的朋友。我们也不知道他们现在还有多少钱，只知道这小两口吃住在女方父母家，已经完全沦落成啃老一族了。如果他们那 200 万元没有损失，还在手中的话，存放在银行，一年也就三四万元利息，这样的收入水平，的确很难生活。

男孩的父亲还在做煤炭生意，前几年因为行情不好，资金链断裂，一度跑路，现在回来了，据说又重新运转，但由于元气大伤，景象大不如前。客观地讲，就是景象一如从前，他也不可能一辈子大手大脚地供养孩子的一家，毕竟他有两个孩子，自己也得生存。

最近我和朋友一块吃饭，闲聊间，只听到朋友的唉声叹气：一是怨亲家对这边照顾得少，"媳妇哄到手，变脸了"；二是怨女婿不争气，"中看不中用，光会玩不顾家"；三是怨自己命不好，"就这么一个女儿，竟然把婚姻搞成这样”。

反观当年那位公务员小伙子，变化也很大，娶了一个同事，跟他一样来自农村，但短短七年时间，小两口也置了房，买了车，虽然有按揭，两人月工资1.5万元左右，基本上没什么压力；小伙子工作甚好，最近升了职，成了单位里最年轻的中层干部，前途一片大好。一家人在一块，其乐融融，羡煞旁人。

疑惑陡生

和腾妈再聊起这事，她也感慨良多。有一次，问我：“这个例子是不是有一些偶然性在作怪啊，这一方的男孩特别优秀，另一方的男孩特别差劲，一上一下才造成了今天的差异啊?”我答：“朋友的女婿有点小毛病，但都是公子哥的通病，也就是喜欢享受、不能吃苦，他既不吸毒又不赌博，至少还不是特别差劲的；另一方的小伙子，就是一名普通的公务员，优秀，但绝对也不是特别优秀，他走的路子，基本上就是一名普通工薪阶层常走的路子，中规中矩，按部就班。所以这个案例，还是很有说服力的。”

腾妈听了我的分析，颇为赞同，但疑惑随之而来：“那么问题出在哪儿了呢？明明一方是‘富二代’，一方是普通的工薪人员，怎么还不到十年，家庭生活就相差这么大了呢?”

我答：“婚姻的基础是感情，从道义上讲，它是不能从经济的角度来考量的。但是很遗憾，我们这位朋友，在为女儿做终身大事决策时，首先没有从道义的角度出发，其次即便从经济的角度说事儿，他当年的计算，也犯了一个致命的错误——工作是一项非常重要的资产，他忽略了这一点。而且，他压根就不知道，工作不仅是一项资产，对绝大多数普通人来说，还是一项非常重要的资产。”

正如我之前说的，在筹算取舍中，他低估了第一位小伙子的身价。

02 工作是一项资产

不仅我这位朋友，可能大多数人在思维上都存在一个误区，即工作是工作，资产是资产，二者风马牛不相及。出现这种误区的根本原因在于，没有搞清资产与净资产这两个概念的区别和联系。

资产与净资产

众所周知，在会计学上，资产包含两部分内容：负债和股东权益。所以资产负债表的基本逻辑就是：

资产 = 负债 + 股东权益

简单一点，股东权益就是“自己的钱”，负债就是“借来的钱”，即“别人的钱”。“自己的钱”加上“别人的钱”，才是我们可以总共支配的钱。

“自己的钱”，即股东权益，还有一个别称，就是我们日常挂在嘴边的“净资产”——请注意，资产和净资产，不是一个概念。这两个概念首先在外延上就是不一样的：净资产只包含你“自己的钱”，而资产不仅包含你“自己的钱”，也包含你“借来的钱”。换言之，从所有权的角度，资产并不一定就是你自己所有的钱。

原来负债也是自己的资产——大家想一想，这跟我们平时关于资产的概念是不是稍有那么一点不同呢？

是的，我们平时提到资产时，总是本能地首先想到“自己的钱”，也即净资产，自然而然地去掉了负债这一项目。实际上，我们把资产完全理解成了净资产，让这两个概念互相替代，彻底模糊了。

工作的资产属性

如果一个人，有一份工作，又通过工作积累了一部分资金，可以用这部分资金投资股市，那么这个人的资产状况如何表述呢？我们可以把这个人的资产简单地分成两个部分：一部分是工作，一部分是他积蓄下的资金，即

（普通工薪阶层的）资产 = 工作 + 积蓄资金

拿这个公式和上一个公式相比，可以很容易发现，这里的工作，相当于上一个公式中的“负债”，而这里的资金，则相当于上一个公式中的“股东权益”。

资金项好理解，因为是自己的积蓄，当然就是“自己的钱”，就是自己的资产。而工作项却有一定的隐蔽性，因为除了自己开公司、自己为自己打工，否则我们中的绝大多数人都是受雇于国家、政府、公司、企业或某一个个人。对于后者来说，我们很容易产生疏离感，认为那个工作、职位，并不是我们自己的，我们只是依靠它来挣点养家糊口的辛苦钱，因而顺延地推论，那并不是我们的资产。实际上在会计学上，负债就是我们的资产，相应地，在生活中，工作也是我们的资产。

负债和工作究竟是不是我们的资产，还可以从资产的定义中去找寻。

资产在一般教科书上的通常解释是：在一定时期内能有效使用、持有或者处置，从而为自己带来经济利益的那部分资产。也就是说，无论是负债还是净资产，无论是你自己的钱还是别人的钱，只要你能有效地使用、

持有或者处置，并为你带来可能的经济利益，那么这项资产无论最终的所有权是谁的，在持有期内，它都是你的资产。

同理，工作、职位可能所有权不是我们的，但是它既然能为我持有、使用，并且带来相对固定的收入（工资），完全符合所有关于资产的定义要件，对我而言，它理所当然就是一项资产。

因此，请记住这一点：工作虽然不是我们的净资产，但它的确是我们的一项资产，相当于会计项目下的负债端。

工作的资产特征

当然，需要强调的是，工作不仅是一项资产，它还是一项特殊的资产。从投资和理财的角度，具有如下三个鲜明的个性特征。

（1）**工作能持续、稳定地为我们带来相对固定的收益**。在你未辞职或未遭解雇之前，也就是在你的持有期内，它就像一只永续债，为你带来固定的孳息。

（2）**工作能随行就市地保值增值**。同样一份钳工工作，二十年前每月工资可能只有三百元，而今天可能就上涨到了五千元。物价在上涨，工资也在增长。在一个正常的社会里，工薪总是随物价和生活水平的提高而提高的。事实上，工作可能是世上最好的一项抗通胀的保值增值工具。

（3）**无法买卖**。除非你自我创业、自任老板，只要是受雇于人，你工作的所有权，都不是你的。你所能做的，只能是依托于工作，付出自己的劳动，收获自己应得的那部分工薪。也就是说，对于工作，我们只能持有、使用和收益，但是没有最终的所有权，无法像处置自己的净资产那样自由买卖。这段话的意思是：如果我们通过计算得出某项工作价值 1000 万元，只是说这项工作相当于 1000 万元永续债一样，给我们带来相应的收益，并不是说你可以把它卖掉，从而兑现出 1000 万元。

既能带来固定收益，又天然地具有保值增值的功能，这两项特征决定了，工作不仅是一项资产，而且还是一项非常优质的资产。无法买卖的特征又决定了，在安置这样一项优质的资产时，你只有两条途径：要么拥有，要么丢掉——因为不能买卖，所以在决定拥有或丢掉时，一定不要意气用事，要慎之又慎。

03 工作的价值计算

估值计算

既然工作是我们的一项资产，那么就应该可以对它进行经济学上的计算。如果把工作当成一项不能买卖的永续债，那么这项永续债的价值还是非常好推导的。

净收益 ÷ 折现率 = 工作价值

公式中的净收益，指工资，而且是扣除各种保险、税费之后，可支配使用的那一部分。最典型的就是公务员，每月打到工资卡上的那部分工资，就是我们这里讲的“净收益”。对于折现率的选择，我们可以相对于银行存款，根据自己的风险喜好不同，选择不同期限的存款利率。相对于存款的年利率，我们把净收益选定在扣除各种保险、税费的工资年薪上。这样，工作的价值计算公式就变换成了

年薪 ÷ 利率 = 工作价值

任何资产的计算，都是一种估算。比如，企业要卖掉自己的某项资产时，委托不同的机构进行价值估算，得出的结论可能不尽一样，很多时候，数值差距还非常大。对这种现象，我们不应该奇怪，因为作为买方来说，天然地有把资产低估的倾向；作为卖家来说，又天然地有把资产高估

的倾向。从专业的角度讲，估算采用的是权益法，还是成本法，也会对估算的结果产生重大的影响。

所以对工作价值进行计算时，不要过于斤斤计较它到底是值320万元，还是值321万元。这一点，如同对待股票的估值一样，最多是一个大致的范围。

对某一个具体的人来说，年薪是固定的，只是在利率的选择上会略有不同。风险喜好小的，可以选择一年期法定存款利率，风险喜好大的，可以选择三年期、五年期法定存款利率，甚至更高一点的十年期国债利率。

举个例子，某个时期，国家法定的一年期银行定存利率为1.5%，两年期定存利率为2.0%，三年期定存利率为2.5%，五年期定存利率为3.0%，十年期国债利率为5.0%。如果此时一个人月薪5000元，则年薪为6万元，那么他这份工作的价值怎么计算呢？

根据上述公式，取一年期定存利率为折现率，则工作价值为6万÷1.5%=400万元。取两年期定存利率为折现率，则工作价值为6万÷2.0%=300万元。以此类推：三年期为240万元，五年期为200万元，当取十年期国债利率为折现率时，则工作的价值只有120万元。

因为在处置资产时，资产的价值越高，人们对待他的态度就会越谨慎、保守，资产的价值越低，人们的态度就会越偏向风险和开放，所以我们说在估算工作价值时，选取的折现率越低意味风险偏好小，折现率越高则意味风险偏好越大。

恰当选择折现率

那么，究竟选择多大的折现率，对我们普通人才比较贴近现实呢？

为了把复杂的事情讲得简单点，再举一例：假如有两个人，一个拥有一份工作，通过计算，现在工作的价值大约400万元，而另一个人没有工作，却有400万元现金，他可以通过投资来保障生活。站在当前的时点上，两人拥有的资产是完全相同的。

那么未来十年、二十年或者更远的将来，两人将怎样生活呢？

先看第一个有工作的人。

（1）他的工作将为他带来相对稳定的月薪、年薪，如上所述，像一只永续债一样。

（2）他的工作将随经济社会的发展水平而自然地实现保值增值。目前已有足够的历史数据表明，长期而言，人们的工资涨幅将与国家 GDP 及通货膨胀系数（CPI）大体同步。也就是说，随着工资的提高，工作的价值也随之水涨船高，长期复合增幅约等于 GDP 增速与 CPI 增速之和。

那么拥有 400 万元现金的人，要想通过投资来获得与第一个拥有工作的人相当的生活水平，他必须做到以下三点。

（1）他的投资收益率一定得赶得上国家经济增速，这样才能保证他的资金价值保持住相对的分量。

（2）同理，他的投资收益率一定还得涵盖掉通货膨胀系数，即 CPI，这样才能保证他的资金购买力不被通胀吃掉。

（3）在涵盖上述两项之后，还得有一定剩余的增幅，保证多赚一些钱以保持与第一个拥有工作的人相当的薪资水平。

也就是说，这个拥有现金的人，投资收益率应当等于 GDP 增长率 + CPI 增长率 + 能覆盖工作薪金的增长率。

我们以前探讨过，股票市场长期的投资复合收益率能达到 20% 就是“股神”级的，这是极少数人才能做到的；能达到 15% 就是优秀级的，这是一小部分人才能做到的；大多数人能做到 10% 就是不错的。如果我们承认自己只是普通人，那么把长期投资复合收益率设定在 10% 就是合理的。

以此反推，目前中国 GDP 增速约在 6% ~7%，市场普遍预测，未来很长一段时间内，将以此为中枢上下波动；目前 CPI 增速也在 1% ~ 2.5%。如果都取中位值的话，二者之和约为 8%。那么这就意味着，普通投资者10%的投资收益率中，约有2%的部分是可以用来覆盖工作薪金的。

以上述推导过程为准，则以2%为折现率推算工作的价值，对普通人而言是相对客观的。考虑到GDP与CPI的波动，相对客观的折现率也应是波动的，我认为在1.5%～3%，是合乎普通投资者的身份定位的。而这个范围，恰是银行一年期定存利率近几年的大体波动范围。这就是我在测算工作价值时，倾向于选择法定一年期定存利率的原因所在。

如果一个月薪5000元的人，选择当前法定一年定存利率1.5%为折现率计算，则其工作价值相当于400万元。另一个拥有400万元现金的人，通过投资生活，从长期而言，他能实现大约10%的复合收益率，去掉GDP和CPI增速的影响之后，则还有大约1.5%的收益用来生活。这样，这两个人的生活水平，将能长期保持大体相当的水准。

解疑释惑

知道工作是一项资产，并且知道如何大体计算工作的价值之后，我们可以回过头来解释我太太的疑惑了——明明“富二代”的经济起点要高于农村出身的公务员，为什么短短7年时间，就呈现出了与我们起初想象的完全不同的景象。

（1）公务员小伙子当时月薪2000余元，按最低数算，年薪2.4万元，取2%为折现率，则意味他的工作当时大约价值120万元。“富二代”结婚后，父母赠送一车一房外加200万元现金，当时小城一套100平方米的房子大约20万元，一辆中档轿车大约20万元，我们按高的算，50万元吧，那么“富二代”结婚时，他共有资产大约270万元。这样看起来，公务员的资产状况，明显低于“富二代”。

（2）但是，不要着急，公务员找了女朋友，也是公务员，这位女朋友的工资水平也应与之相当，则意味着结婚后，这位公务员的家庭资产总额一下子上升到了240万元，跟“富二代”相差并不大。

（3）事情还没有完，工作是具有天然的保值增值功能的，这些年小城的工资水平也水涨船高，如前所述，公务员夫妻二人目前月薪总额已达1.5万元，年薪则达18万元，如果还以2%作为折现率的话，则意味着夫妻二人仅工作这一项资产就价值达900万元。

（4）“富二代”呢？如果他的资产也达到900万元，则意味着7年时间共增长230%，平均年增长率至少33%，复合增长率约20%。如果通过股市投资达到这一水平，这位“富二代”必须达到“股神”的水准才行。

（5）显然，这位公子哥是做不到的。

这就是“富二代”7年后不如公务员小伙子生活好的原因所在。

那么，我朋友在择婿方面犯了哪些错误呢？

（1）他在筹算公务员经济水平的时候，少算了工作这一块优质资产。也就是说，他低估了公务员的资产。

（2）他在筹算“富二代”的经济水平时，只是计算了静态的净资产，而高估了他的赚钱能力。也就是说他又在实际上高估了“富二代”的资产。

一方高估，一方低估，所以他在错误计算的基础上很自然地做出了错误的选择。目前只是七年之差，以我的判断，再过十年、二十年之后，朋友的女婿和那位公务员的生活差距将会拉到一个更加让人汗颜的地步。父母的短视，造成儿女的被动，想来真是让人感叹。

04 辞职要慎重

一个危险至极的观点

对股市投资者来说，辞掉工作、专事投资，是一个非常诱人的话题。尤其牛市汹汹时，这种论调总是不绝于耳。网友们的主流意见是：只要在股市投资中得到的收益能够覆盖掉工作的收入，就可以辞掉工作专事股市投资了，甚至有一些基金经理、专业投资者，也是这种观点。

但我认为，这种观点，危险至极，甚至可以说，愚蠢至极！比如，一项工作，按我们的上述算法，价值 1000 万元，每年可以为我们带来 30 万元的年薪收入（折现率按 3% 计算）。那么按上述意见，我们在股市中投入一定资本，只要每年也可盈利 30 万元以上，就可以辞掉职务，专职股市投资了。

应该说，不同的人，有不同的投资能力。如果年化收益率在 10% 的人，30 万元的收益则意味着需要 300 万元的本金；如果年化收益率在 15% 的人，则意味着需要 200 万元的本金；如果年化收益率在 20% 的人，则意味着需要 150 万元的本金就可以实现他们口中的“财务自由”了。

但是，这种假设有四个方面的风险。

（1）经济发展和通货膨胀永不停息，根据工作能随行就市保值增值的特点，现在价值1000万元的工作，十年后可能升值到2000万元，如果折现率还是保持3%的水平，则意味着十年后的年薪将达到60万元。

（2）当年拥有300万元本金的人，如果本金并无增长，那么十年后要想同样达到工作年薪60万元的水平，则必须要求他的投资收益率达到20%；以此类推，拥有200万元的人，则必须把投资收益率提升到30%；拥有150万元的人，则必须把投资收效率提升到40%！

（3）长期年化收益率能达到20%就是“股神”级，你们认为能符合这样条件的人，生活中会有多少呢？

（4）工作收益几乎没有波动的风险，而股市投资则有很大的不确定性风险。就是“股神”，也不能保证年年都能不差一毫地达到某一收益水平。年化收益率和每年达到的实际收益率还不是一回事儿。万一哪年收益不好，为了保持与工作相同的收益，就必须损失本金，而一旦损失本金，则意味着对投资者下一年的收益率有了更高的要求。对熟悉股市投资科学的人来说，这是一件多么艰巨的挑战啊！

我想巴菲特是不会干这样的蠢事的。

所以，仅仅股市投资收益能够覆盖工作收入，是远远不够的。这种观点，本就不经推敲。

资产结构角度下的选择

除了收益的角度，我们还可以从资产结构的角度来重新分析一下这个问题——这就更形象、更有趣了。

如上所述，一个工作着的普通投资者，资产结构包含两部分内容，一部分是工作，一部分是积蓄下的资金。如果一个人的工作按我们的方法计算价值1000万元，而他手中又拥有300万元的积蓄，则他的资产总值就是：

$$资产 = 1000万 + 300万 = 1300万$$

从总资产结构上看，工作占了他总资产的77%，而积蓄仅占总资产的23%。辞掉工作就意味着主动放弃了77%的总资产的使用权和收益权。从理财的角度，抛掉自己资产的大部分的行为，是理性的吗？很显然这是一件非常愚蠢的事情。如果我们拥有的积蓄不是300万元，而是更少的200万元或者150万元，则意味着我们辞职抛掉的资产部分比例更大。愚蠢性会更大比例地显示出来。

辞职的阈值确定

从上述分析对比中看，我们并不能因为用余下的300万元、200万元或150万元的投资能够达到1000万元工作的收益，所以就有抛掉1000万元工作的充足理由。这就跟你有100块钱，丢掉1块钱可能毫无感觉，丢掉10块钱也可能没有什么感觉，但丢掉80元、90元就可能让你很受伤一样。因为不同的人，对痛苦的感受程度是不同的，有的人丢掉1块钱没有感觉，有的人丢掉10块钱没有感觉，有的人丢掉20块钱也没感觉，所以对不同的人，对辞掉工作的阈值限定是不一样的。

对有100块钱而丢掉1块钱没有感觉的人来说，则意味着只有资产是工作价值100倍的时候，辞掉工作对他才是没有痛感的；对丢掉10块钱没有感觉的人来说，则意味着只有资产是工作价值10倍的时候，辞掉工作对他才是没有痛感的；同理，对丢掉20块钱没有感觉的人来说，则辞掉工作的前提，是资产价值大约相当于工作价值的5倍。

因为我自感无端丢掉1块钱是我可忍受痛感的界限，所以对我来说，只有当资产价值是工作价值100倍的时候，我才能对辞掉工作毫不介意。所以有一次网上撰文，我说根据测算，我工作的价值大约500万元，那么这就意味着我总资产达到5亿元的时候，才会对这500万元的工作不是那么介意。此语一出，喷者甚众。他们以讹传讹，很快谣传腾腾爸把自己的工作价值计算成5个亿了。对这类谣传者，我真为他们的理解力难过，实在是无言以对。

我的意思是，你决定是否辞职，即丢掉工作这项资产时，你是选 100 倍的阈值，还是选 50 倍、10 倍，甚至是 3 倍、2 倍，完全应根据你自己对痛苦的感受程度以及你真实的投资能力而定。

你若天天都能在股市里抓涨停，我认为你可以不受任何限制。

05 最大的投资

在网络上，我不止一次写文章表达这样一种观点：经营好家庭、干好工作才是人生最大的投资。后来我发现，质疑者和赞成者一样众多，尤其是对于工作的价值，太多的人没有充分认识到它在投资学和经济学上的意义。

第一桶金

作为普通投资者，我们大多数生于寻常百姓之家，人生的第一桶金不能靠天赋，不能靠遗传，偶中彩票也是万中之一，不具复制性。对绝大多数人而言，只有靠踏踏实实地工作才能挖掘或积蓄出人生的第一桶金。对暴富之心未泯的人来说，这是一个令人沮丧的结论，但又是一个活生生的现实。接受这个现实，顺应这个现实，踏踏实实地工作，先解决生存的问题，然后再积累出适当的余钱，开始投资。这是普通投资者的正途，也是普通投资者的必经之路。

经济学计算

干好工作的经济学意义也同样非常巨大。我们知道，工作的价值等于

年薪除以折现率。如果把折现率的倒数称为职业的话，则工作价值的计算公式就转化成

工作价值 = 年薪 × 职业乘数

在这个公式中，一旦折现率确定，即职业乘数就是确定的。比如，折现率为1.5%时，职业乘数是67倍；折现率为2%时，职业乘数是50倍；折现率为3%时，职业乘数是33倍。工作月薪增加1000元，则意味着年薪增加1.2万元，职业乘数为67倍时，则意味着工作价值增加约80万元，职业乘数为33倍时，也意味着工作价值增加近40万元。

干好工作的经济学意义就是这样神奇：看起来只增加了一点收入，而你的身家却已得到了几何级数的增长。很多朋友没有领悟其中道理，只凭一时的感觉生活，完全忽略了努力工作、提职加薪的经济意义，殊为憾事。正如在刻板印象中讲述的，人在投资领域，不能完全靠印象来做判断、做决策，一定要有抓住核心要素的计算。否则，聪明自去，愚蠢自来。

财务自由

为股市投资者所津津乐道、孜孜以求的另一个永恒话题，非财务自由莫属。但是我忍不住想提醒你的是：通过几十年的努力工作，你得以安然退休，开始从容不迫的晚年生活，这难道不就是一种财务自由状况吗？

当然，退休是一种最低等级的财务自由——正因为如此，我们才会对这种自由形式形成集体的漠视——但通过工作的坚守，实现正常的退休，却是大多数普通人都能实现的自由方式。

无论如何，这也是工作的一项内含价值。

最好的投资

当然，工作的本身，还包含许多超越金钱的价值，如通过工作，我们

可以实现与社会的有效沟通，工作就是我们在社会上呼吸的有效管道。比如，通过工作，我们可以在社会上得到尊重和认可，实现自我的价值认定。这些都具有金钱无法衡量的意义。

在干好工作的前提下，再依循本书探讨和宣扬的投资方法、投资理念，将扣除必要生活开支后的积蓄拿出来，享受股市带给我们的种种红利，让我们的积蓄和人生在股市中继续奔跑、延续、增长、壮大，这才有可能铸就我们丰盈而辉煌的人生。

在工作收入的基础上，利用好股市这个资产放大器，让我们离财务自由的境界更近一点，把财务自由的标准提升得再高一点，岂非美事一桩？

普通投资者，就得遵循普通投资者的玩法——这就是普通投资者的玩法！

雪球投资经典　和聪明的投资者一起学习投资

手把手教你读财报

唐朝　著

财报是用来排除企业的。

以一份真实的财报为案例，告诉你如何探知财报背后的企业秘密。

低风险投资之路 2

徐大为　刘　颖　著

投资不是生活的全部。

通过投资实现财务自由，享受生活才是重点。

穿过迷雾：巴菲特投资与经营思想之我见

任俊杰　著

系统归类整理巴菲特的投资与经营思想，投资者、经营者、企业主，都将从中获益。

投资第一课

那一水的鱼　著

大师没教你的投资技巧，投资必读“防雷”指南。

告诉你如何稳获十年十倍收益，赢在起点。

理财不用懂太多

那一水的鱼　著

你的一个决定，等于人生一半的努力！

富在思维，对穷忙说NO！

读懂银行股

那一水的鱼　著

价值投资无法忽视的领域！

详解银行股背后的投资逻辑。

专注投资：迈向安心投资之路

西点老A　著

投资自己不了解的公司就是赌博。

股市生存的核心是建立自己的能力圈，不懂不做，不熟不做。

投资的本源：稳健均衡投资策略

宋　军　著

优质公司的股权是世界上最好的投资品种。

我们的目标是找到它们，用合理的价格买入，并长期持有。

超越专业投资：

一位业余投资者的股市获利之道

臧　蔚　著

以“专业化”对抗“情绪化”，详解套利、动态再平衡和配对等专业手段。

分享获取长期 30% 年化收益率的方法。

手把手教你读财报 2：

18 节课看透银行业

唐朝　著

一学就会的银行股财报阅读指南。

将银行股纳入能力圈的绝佳助手。

格雷厄姆之道：

如何在中国实践价值投资

姜开舰（Passion 启航）　著

轻松版的《证券分析》。

结合中国投资市场实践，易懂易学。

九位投资大师联手教你格雷厄姆式价值投资。

港股滚雪球：

交易策略、风险应对与案例解析

杨饭　著

不同的市场，不同的风险，不同的风格。

洞察港股市场特色，规避风险，建立正确的交易理念。

十年十倍

散户也可以学习的量化投资方法

金伟民 （@持有封基）著

没有天才的数学头脑和“高大上”的投资工具不用怕。

借助 Excel 以及互联网量化投资平台，“小散”也能轻松做量化。

跟巴菲特学习仓位管理

被忽视的成功投资秘籍

庞浩 （@三言九鼎）著

不要让关于“股神”的种种流言蜚语误导了你的投资。

寻找巴菲特成功背后的真相，做一名合格的价值投资者 。